U0905087

铁路PPP项目实施机构管理实务

以杭绍台铁路PPP项目管理实践为例

周华富 ◎主编

·北京·

图书在版编目（CIP）数据

铁路PPP项目实施机构管理实务 ：以杭绍台铁路PPP项目管理实践为例 / 周华富主编. -- 北京 ：中国市场出版社有限公司，2022.3

ISBN 978-7-5092-2173-0

Ⅰ.①铁… Ⅱ.①周… Ⅲ.①政府投资－合作－社会资本－应用－铁路运输管理－中国 Ⅳ. ①F532.1

中国版本图书馆CIP数据核字(2021)第259097号

铁路PPP项目实施机构管理实务
——以杭绍台铁路PPP项目管理实践为例

TIELU PPP XIANGMU SHISHI JIGOU GUANLI SHIWU
——YI HANG-SHAO-TAI TIELU PPP XIANGMU GUANLI SHIJIAN WEI LI

主　　编：周华富
责任编辑：张再青（632096378@qq.com）
出版发行：中国市场出版社
社　　址：北京市西城区月坛北小街2号院3号楼（100837）
电　　话：(010）68024335/68022950/68020336
经　　销：新华书店
印　　刷：北京中献拓方科技发展有限公司
规　　格：170mm×240mm　16开本
印　　张：19.5　　　　字　　数：300千字
版　　次：2022年3月第1版　　　　印　　次：2022年3月第1次印刷
书　　号：ISBN 978-7-5092-2173-0
定　　价：138.00 元

版权所有　侵权必究　　　　印装差错　负责调换

《铁路PPP项目实施机构管理实务》
编委会

主　　编：周华富

副 主 编：吴红梅　周世锋

编　　委：汪　东　柴贤龙　吴洁珍　王永龙　陆　军

编写人员：靳丽芳　王　畅　徐　斌　范高龄　汪　洋　祝诗蓓
陈明雨　洪祎丹　徐呈程　陈明华　牛美晨　阚小洲
吴培荣　蒋理标　肖文华　熊　玮　周　伟　杨　蕾
陈　松　汪小莉　陆文俊　卢　璐

序　言

深化铁路投融资体制改革事关铁路改革发展全局，自 2013 年开始，国务院以及国家有关部委先后印发《国务院关于改革铁路投融资体制加快推进铁路建设的意见》（国发〔2013〕33 号）、《国务院关于创新重点领域投融资机制鼓励社会投资的指导意见》（国发〔2014〕60 号）、《关于进一步鼓励和扩大社会资本投资建设铁路的实施意见》（发改基础〔2015〕1610 号）等文件，明确提出鼓励社会资本投资建设铁路，全面开放铁路投资与运营市场、推进投融资方式多样化等改革意见，为社会资本进入铁路行业创造了良好的政策环境。2015 年底，在浙江省委省政府的强力谋划推动下，浙江积极适应铁路项目投资、建设和运营市场化水平不断提高的宏观形势，引导有实力的民营企业有序参与铁路行业市场竞争，成功推动杭绍台铁路纳入国家首批社会资本投资铁路示范项目，由此开始探索一条民营资本参与铁路建设的有效、共赢途径，打通社会资本投资建设铁路“最后一公里”，发挥社会资本投资铁路示范项目带动作用。杭绍台铁路作为我国第一条建成通车的社会资本控股投资的铁路，其诞生主要得益于国家铁路投融资体制深化改革、浙江民营经济实力和优越营商环境、浙江有为政府和有效市场有机结合和协同发力。

2016 年 11 月，经浙江省人民政府授权，浙江省发展规划研究院（以下简称浙江发规院）成为杭绍台铁路 PPP 项目实施机构；2017 年 4 月和 2020 年 12 月，又先后承担杭温铁路一期国家示范 PPP 项目和甬舟铁路 PPP 项目的实施机构任务，管理的铁路 PPP 项目总投资达 1 061 亿元，建设总里程达 544 公里。五年来，在浙江省委省政府的高度重视下，在浙江省发展改革委的坚强领导下，在国家发展改革委、国家铁路局、国铁集团以及浙江省财政厅、自然资源厅等省级部门和沿线地方党委政府的大力支持下，浙江发规院按照国家 PPP 项目相关管理规定，认真履行实施机构职责，依法合规、多方协调、创新探索，在国内开创了咨询机构作为铁路 PPP 项目实施机构的先河。

探索创新咨询机构承担民营资本投资铁路 PPP 项目实施机构的新路径。浙江发规院作为浙江省省直事业单位、省级高端智库试点单位，是具有多项甲级业务资信的工程咨询服务机构。咨询服务类事业单位担任铁路 PPP 项目的实施机构，在国内尚属首例；同时作为三条铁路项目的实施机构，更是开创了 PPP 行业的先河。面对前所未有的诸多困难和挑战，具有多年工程咨询经验的浙江发规院，边探索、边创新、边推进，历经五年奋斗实践，走出了一条综合性咨询机构和铁路 PPP 项目实施机构、全过程工程咨询和 PPP 事务高度融合的路子，对项目的顺利实施起到了重要支撑作用，为深化工程咨询服务供给侧改革先行探路。

探索创新铁路 PPP 项目全过程“工程咨询 + 工程管理”的新业态。浙江发规院依托综合交通领域课题研究和工程咨询基础优势，围绕杭绍台、杭温铁路一期 PPP 项目开展了综合性投资决策和工程建设咨询服务，解决原先单项服务供给模式难以满足多样化需求的问题。以全面提升铁路 PPP 项目的投资效益、工程建设质量和运营效率为目标，浙江发规院从 PPP 项目识别、准备、采购、执行和移交的全生命周期角度，提供跨投资决策、工程建设、项目运营三个阶段的智力技术服务，走出了从 PPP 工程咨询向 PPP 项目全过程咨询和管理的转型之路，探索出了铁路 PPP 项目全过程咨询新业务发展模式。

探索支撑浙江省 PPP 事业发展和铁路领域咨询服务的新模式。自浙江发规院承担铁路 PPP 项目实施机构职责以来，在 PPP 项目合同履约监管、跟踪审计及争议受理等方面开展了大量工作，积累了大量实践经验。2021 年 4 月，经浙江省委机构编制委员会批复同意，浙江发规院铁路所增挂“浙江省 PPP 项目发展中心”牌子，为浙江省 PPP 项目行业发展和管理提供政策研究支撑，为浙江省铁路全过程工程咨询提供技术支撑。同时，浙江发规院实施机构与浙江省铁路建设推进攻坚专班相互协作、携手共进，承担专班综合性管理职责，支撑浙江省铁路项目建设和全过程工程管理工作。

目　录

第一篇　实施机构管理综述

第二篇 实施机构前期管理

第三篇 实施机构建设期管理

第四篇　实施机构运营期管理

第一篇

实施机构管理综述

第一章
PPP 模式在铁路领域的应用

第一节　我国PPP模式发展概况

一、PPP 模式政策背景

2014 年，国务院出台地方政府性债务管理意见，提出对地方政府债务余额实行限额管理，要求地方政府加快建立规范的举债融资机制，防范化解地方债务风险。2014 年 9 月，财政部出台《关于推广运用政府和社会资本合作模式有关问题的通知》（财金〔2014〕76 号），将 PPP 模式正式推向市场，国内掀起一股 PPP 热潮，PPP 市场急剧膨胀，PPP 模式被广泛应用于政府投资项目的各个领域，特别是交通、能源、市政、生态环保、仓储物流、产业园区、保障性租赁住房等领域的项目，吸引了国内社会资本的高度关注。

到 2016 年，全国入库项目规模已达 5.87 万亿元。随着项目数量和投资规模的急剧扩大，PPP 模式推广运用中的不合理、不规范现象也逐步涌现。2017 年以来，随着 PPP 规范审查及清库行动的开展，PPP 项目规模开始急速萎缩,PPP 发展进入规范调整期。2020 年，全国新入库 PPP 项目投资额 1.6 万亿元，同比下降 25%[1]，PPP 市场在规范清理中逐步回归理性。2014 年以来，国家发展改革委、财政部等国家部委密集出台了大量的政策文件，规范引导 PPP 模式应用。具体见表 1。

［1］ 财政部 PPP 中心发布的全国 PPP 综合信息平台管理库项目 2020 年报。

表1　2014年以来国内PPP领域主要政策文件

时间	文件名	部门	内容概要
2014.9	《关于推广运用政府和社会资本合作模式有关问题的通知》(财金〔2014〕76号)	财政部	拓宽城镇化建设融资渠道，促进政府职能加快转变，完善财政投入及管理方式，尽快形成有利于促进政府和社会资本合作模式（Public-Private Partnership，PPP）发展的制度体系
2014.11	《关于创新重点领域投融资机制鼓励社会投资的指导意见》(国发〔2014〕60号)	国务院	实行统一市场准入，创造平等投资机会；创新投资运营机制，扩大社会资本投资途径；优化政府投资使用方向和方式，发挥引导带动作用；创新融资方式，拓宽融资渠道；完善价格形成机制，发挥价格杠杆作用
2014.11	《关于印发政府和社会资本合作模式操作指南（试行）的通知》（财金〔2014〕113号）	财政部	规范项目识别、准备、采购、执行、移交各环节操作流程
2014.12	《关于开展政府和社会资本合作的指导意见》(国发〔2014〕60号)	国家发展改革委	鼓励和引导社会投资，增强公共产品供给能力，促进调结构、补短板、惠民生。国家发展改革委投资司委托中咨公司研究中心起草《政府和社会资本合作项目通用合同指南(2014版)》，用于规范和引导政府和社会资本合作（PPP）项目合同编写工作的专业指南
2015.3	《关于推进开发性金融支持政府和社会资本合作有关工作的通知》(发改投资〔2015〕445号)	国家发展改革委、国家开发银行	灵活运用基金投资、银行贷款、发行债券等各类金融工具，推进建立多元化、可持续的PPP项目资金保障机制
2015.4	《基础设施和公用事业特许经营管理办法》(2015年第25号令)	国家发展改革委、财政部、住建部、交通运输部、水利部、人民银行	鼓励和引导社会资本参与基础设施和公用事业建设运营，提高公共服务质量和效率，保护特许经营者合法权益
2015.7	《关于进一步鼓励和扩大社会资本投资建设铁路的实施意见》(发改基础〔2015〕1610号)	国家发展改革委、财政部	积极鼓励社会资本进入铁路领域，参与国家批准的专项规划和区域规划的各类铁路项目

续 表

时间	文件名	部门	内容概要
2016.2	《关于推进交通运输领域政府购买服务的指导意见》(财建〔2016〕34号)	财政部、交通运输部	要求通过引入市场机制，将公路水路交通运输领域部分政府公共服务事项从“直接提供”转为“购买服务”
2016.8	《国家发展改革委关于切实做好传统基础设施领域政府和社会资本合作有关工作的通知》(发改投资〔2016〕1744号)	国家发展改革委	重点鼓励社会资本投资建设和运营城际铁路、资源开发性铁路，鼓励吸引社会资本参与投资铁路客货运输服务业务和铁路走出去项目
2017.4	《进一步规范地方政府举债融资行为的通知》(财预〔2017〕50号)	财政部	力求建立一个规范的PPP市场，积极发挥政府规范举债，实行规范化的市场化运作，引导社会资本投资经济社会发展的重点领域或者薄弱环节，防范风险，促进PPP理性发展
2018.2	《关于进一步增强企业债券服务实体经济能力严格防范地方债务风险的通知》(发改办财金〔2018〕194号)	国家发展改革委、财政部	进一步严格了PPP模式的适用范围，同时通过健全责任主体信用记录，进一步增强优质企业、优质项目开展债券融资，确保企业债券市场的平稳发展
2018.9	《关于全面实施预算绩效管理的意见》(中发〔2018〕34号)	国务院	优化财政资源配置，加快建成全方位、全过程、全覆盖的预算绩效管理体系
2019.3	《关于推进政府和社会资本合作规范发展的实施意见》(财金〔2019〕10号)	财政部	切实防控地方政府隐性债务风险，加大重点领域、重点项目推进力度，规范和优化PPP发展环境，促进PPP规范健康地发展
2019.5	《关于推进政府和社会资本合作规范发展的实施意见》(财金〔2019〕10号)	财政部	规范推进PPP项目实施
2019.6	《政府和社会资本合作(PPP)项目资产证券化业务尽职调查工作细则》(中基协字〔2019〕292号)	中国证券投资基金业协会	规范ABS的尽职调查工作的原则和标准，要求各参与方严格履行尽职调查过程中相应的义务

续　表

时间	文件名	部门	内容概要
2019.9	《关于依法依规加强PPP项目投资和建设管理的通知》（发改投资规〔2019〕1098号）	国家发展改革委	对PPP项目可行性研究论证、资本金制度和全过程项目监管等提出了具体要求
2020.2	《关于加快加强政府和社会资本合作（PPP）项目入库和储备管理工作的通知》（财政企函〔2020〕1号）	财政部	加强PPP项目入库和储备管理工作
2020.3	《政府和社会资本合作（PPP）项目绩效管理操作指引》（财金〔2020〕13号）	财政部	明确了PPP项目绩效管理的目标和内容

从我国PPP模式推广的政策演进来看，以2017年为分水岭，大致划分为2014—2016年的爆发式发展阶段，以及2017年至今的规范理性发展阶段。2016年以前，国家及部委的PPP政策主要以引导共识、提供流程、指导推进为主；2017年以来，政策导向出现了一系列转向：从政府项目“大干快上”转向严控地方债务风险、从项目类型“一筐装”转向要求规范项目边界、从轻决策快推进转向强化规范操作、从重项目建设转向既重建设更重运营、从倾向国有成分社会投资人转向鼓励民营外企投资参与等。在系列政策的引导下，PPP发展逐步规范化、精细化，在带动地方投资、刺激投资增长、探索创新示范等方面起到积极作用。2019年以后，国家发展改革委、财政部针对PPP项目的前期储备、过程管理和绩效管理等具体工作，发布指导性和规范性文件，将PPP项目纳入政府投资“严监管”范畴。

二、铁路项目PPP模式的必要性和可行性

（一）引入PPP模式的必要性

1. 是适应国家铁路投资方式转变的需要

根据国铁集团发布的《新时代交通强国铁路先行规划纲要》，至2035

年，全国铁路网营业里程将达到 20 万公里左右，其中高铁 7 万公里左右，比 2020 年底里程数[1]增加 50% 左右，全国铁路项目规划建设持续推进，国铁集团负债及新增项目投资也将持续高位运行。为此，国铁集团主导下铁路投资方式由国家投资为主向地方主导投资转变，对新建铁路项目投资更加谨慎。2021 年 3 月，国务院办公厅下发《关于进一步做好铁路规划建设工作意见的通知》（国办函〔2021〕27 号），明确“分类分层建设”，干线铁路由中央地方共同出资，城际铁路、市域（郊）铁路、支线铁路及铁路专用线以地方和企业出资为主。意味着，国铁集团在铁路长大干线的出资比例逐渐降低，在区域干线出资比例减少，城际、支线等项目则完全由地方政府主导建设。

2. 是适应基础设施领域投资结构优化的需要

在市场主导背景下推行 PPP 模式，能够充分调动社会资本的积极性和主动性，有利于构建符合市场经济运行规律的 PPP 模式制度体系。随着 PPP 市场法制环境的进一步完善和诚信体系的建立，特别是地方政府履约能力的提升，民营资本将逐步成为 PPP 项目投资的主力军，国有企业占据 PPP 投资行业的地位将逐步转变。民营资本参与铁路 PPP 项目投资有利于进一步改善基础设施项目和公用事业项目的投资结构。

3. 是适应地方财政管理体制创新的需要

铁路作为交通基础设施的重要领域之一，是满足国民经济和社会发展需要的重要支撑因素，目前资金需求和未来增量都较为庞大。但由于城际高铁项目的建设投入逐步转向以地方政府投资建设为主，且随着《国务院关于加强地方政府性债务管理的意见》（国发〔2014〕43 号）的出台，政府举债规模、举债程序和资金用途受到控制，政府财力限制和债务管控压力成为推进铁路项目建设的现实障碍。因此，铁路建设推广应用 PPP 模式，引进社会资本投资基础设施建设，是缓解政府直接投资压力的有效路径，有助于地方财政管理体制的创新。

---

［1］ 2020 年底全国高铁里程约 3.9 万公里。参见 2020 年 12 月国务院新闻办公室《中国交通的可持续发展白皮书》。

（二）引入 PPP 模式的可行性

1. PPP 模式发展政策环境较为成熟

为了解决铁路建设资金缺口，吸引社会资本投资铁路工程建设领域，国务院及国家有关部门连续发布相关政策，指导、促进和规范 PPP 模式在铁路工程中的运用，为社会资本进入铁路领域提供通道，为铁路 PPP 项目的开展提供有利的政策环境，为政府和社会资本合作模式科学、规范地开展提供依据。特别是 2013 年《国务院关于改革铁路投融资体制加快推进铁路建设的意见》（国发〔2013〕33 号）、2014 年《国务院关于创新重点领域投融资机制鼓励社会投资的指导意见》（国发〔2014〕60 号）和 2015 年国家发展改革委《关于进一步鼓励和扩大社会资本投资建设铁路的实施意见》（发改基础〔2015〕1610 号），对铁路领域引入社会资本、铁路建设项目采用 PPP 模式，均有明确要求，对于加快推进铁路投融资体制改革具有重要指导作用。

2. 社会资金储备较为充足

依据中国统计年鉴，2016 年以来，金融机构各项存款稳步增长，截至 2020 年底，我国金融机构本外币存款余额 218.4 万亿元，比年初增加 20.2 万亿元，其中人民币各项存款余额 212.6 万亿元，增加 19.6 万亿元（如图 1 所示）。

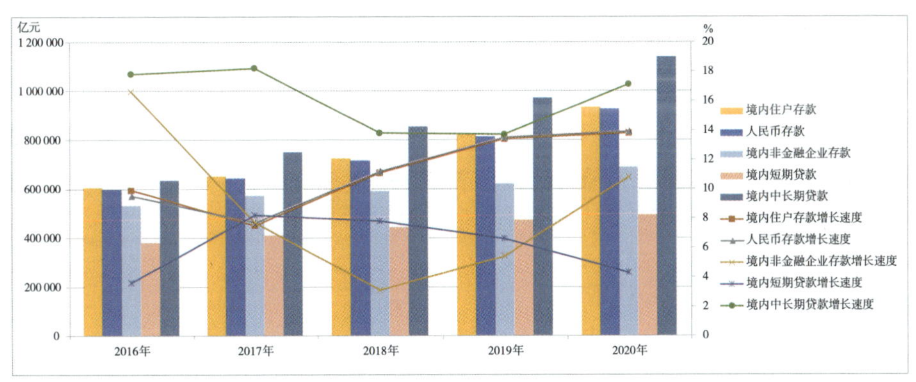

图1 2016—2020年金融机构本外币存贷款余额及其增长速度

资料来源：《中国统计年鉴2021》。

国内居民储蓄存款连年增多意味着民间资本雄厚的闲置资金，在社会资本方中承担融资角色的企业可以充分有偿利用民间资本，拓宽融资渠道。与此同时，随着全球无风险收益率的不断降低，民间资本也亟待找到可替代银行储蓄的新途径。因此，充足的民间资本为 PPP 模式应用于铁路建设提供了可行性。

3. 社会资本投资轨道交通实践经验较为丰富

2014 年以来，在国家相关政策的规范、引导和支持下，PPP 模式在基础设施建设领域推广应用，轨道交通领域也出现了一批 PPP 项目案例。如北京地铁 4 号线、杭州地铁 1 号线项目，采用 PPP 模式由特许经营公司负责融资、设计、建设和运营。项目工程投资建设采用“A+B”模式，其中 A 部分指车站、区间、轨道等土建工程，由市地铁集团负责融资、设计和建设；B 部分指车辆、装修、信号等机电设备工程。采用该种运作模式有效地引入了具备丰富经验的社会资本方，在一定程度上也缓解了政府的资金压力，降低了政府方需承担的风险。这些项目的成功实施，为社会资本方在 PPP 领域积累了丰富的投融资、开发建设、后期运营维护等各阶段实操经验。社会资本方在各个领域不断提高自身技术和管理水平，完善、提升 PPP 项目的操作水平，向专业化公司发展。将 PPP 模式引入到铁路项目的建设中，不但能推动铁路高质量发展，提供优质的铁路服务，还能借助社会资本自身的优秀经验提升社会资源利用率。

第二节　铁路建设项目投融资探索

一、铁路建设项目投融资背景

（一）中央财政事权责任分担改革加快推进

近年来，为贯彻《国务院关于推进中央与地方财政事权和支出责任划分改革的指导意见》（国发〔2016〕49 号）和《国务院办公厅关于印发交通运输领域中央与地方财政事权和支出责任划分改革方案的通知》（国办发〔2019〕33 号）精神，中央财政在铁路项目建设中的出资责任越来越小。总体上来看，国发〔2016〕49 号文件要求体现基本公共服务受益范围，兼顾政府职能和行政效率，实现权、责、利相统一，做到支出责任与财政事权相适应，可概括为“谁受益、谁支出、谁负责”；国办发〔2019〕33 号文件针对铁路项目的财政支出责任，分别对中央财政事权、中央与地方分担事权以及地方财政事权做了具体规定。具体见表 2。

表2　财政事权责任划分及承担

层级	责任内容
中央	规划、政策、监督及宏观路网统一调度和管理职责等宏观管理，由中央决策的铁路公益性运输，标准制定、事故调查、科技创新等其他事项由中央（含中央企业）承担支出责任
地方	城际、市域（郊）、支专线等建设、养护、管理、运营等由地方实施或由地方委托中央企业实施，由地方决策的铁路公益性运输及其他事项由地方承担支出责任
共同承担	干线铁路的组织实施职责，中央（含中央企业）与地方共同承担支出责任

因此，按照财政支出责任的承担对象，不同的铁路建设项目财政出资责任也大不相同，比如，温福铁路、甬台温铁路、杭长客专铁路等由国铁集团主导出资、地方参与，衢丽铁路、金建铁路、沪杭城际铁路（规划）等由地方主导出资、国铁集团参与，通苏湖铁路（前期）、水乡旅游线铁路（前期）、

沪嘉城际铁路（前期）等都市圈城际铁路则完全由地方出资建设。

（二）国家出台政策支持铁路项目建设 PPP 模式

国家积极鼓励社会资本投资进入铁路建设和运营领域，陆续出台多个引导政策，大力提倡 PPP 等投融资模式，提升铁路建设效率和运营效益。比如《国务院关于改革铁路投融资体制加快推进铁路建设的意见》（国发〔2013〕33 号），在铁路投融资体制、运价机制、运输补贴制度、土地综合利用、企业经营管理和项目前期工作等方面提出指导性意见；《国务院关于创新重点领域投融资机制鼓励社会投资的指导意见》（国发〔2014〕60 号），指出要改革完善交通投融资机制，加快推进铁路投融资体制改革；《国务院办公厅关于支持铁路建设实施土地综合开发的意见》（国办发〔2014〕37 号），对以沿线土地综合开发支持铁路建设明确了政策方向；国家发展改革委等部委《关于进一步鼓励和扩大社会资本投资建设铁路的实施意见》（发改基础〔2015〕1610 号），提出要全面放开铁路投资与运营市场，并在投融资方式、实施机制、投资环境、政策支持和工作机制等方面提出完善性意见。2015 年 12 月，《国家发展改革委关于做好社会资本投资铁路项目示范工作的通知》（发改基础〔2015〕3123 号），发布首批 8 个铁路领域引入社会资本示范项目，推动 PPP 模式在铁路领域落地实施。

二、铁路项目投融资现状特点

铁路建设项目作为国家重要的基础设施和民生工程，先后有国家财政拨款、原铁道部筹资建设、地方政府和社会资本参与投资等模式。20 世纪 80 年代以前，铁路项目投融资体制具有浓厚的“计划经济”色彩：中央政府投资、国家财政拨款，由原铁道部负责铁路项目的投资、建设、运营全生命周期活动。这一时期，铁路建设项目极少使用银行贷款，其他社会资金也无法进入铁路领域。与之对应，铁路资产的流动性很差，项目投资收益率一直在 1% 左右徘徊。改革开放以后，长期银行贷款成为铁路建设资金的重要来源，在铁路项目融资中比例逐年增大；地方政府投资铁路热情不断高涨，部省合资建设铁路逐步成为主流模式；“十二五”以来，地方政府和企业投资逐步加大，社会资金投资铁路势头加快，但受管理体制客观约束，尚未出现大规模社会资本投资铁路项目。从原铁道部统一管理到目前国铁集团统筹管理，全国铁路项目投融资呈现出以下特点：

（一）铁路建设存量债务规模较大

2010 年以前，全国铁路建设规模保持平稳缓速增长，原铁道部资产负债率保持在 40% 左右。“十二五”时期，铁路建设规模急剧扩大，一大批高铁投资项目集中上马，所需的巨额建设资金主要依靠铁路部门通过银行贷款、发行债券、各种短期融资等方式解决。2012 年，原铁道部的资产负债率上升到 62.2%[1]。根据国铁集团 2020 年（财务）年报信息，集团资产总额 87 075 亿元，相比 2019 年增加 3 926 亿元，增长 4.7%，负债总额 57 143 亿元，资产负债率 65.6%，债务主要是建设投资负债。

（二）国家资金仍是铁路建设资金主要来源

根据国家铁路局 2020 年铁道统计公报，2020 年，全国铁路固定资产投资完成 7 819 亿元，受新冠肺炎疫情影响，比上年略有降低。近五年来全国固定资产投资总额基本在 8 000 亿元左右。从铁路固定资产投资的资金来源来看，除占比最高的银行贷款（占比 33.2%）外，中央财政和地方政府出资、铁路建设基金占比合计 31.4%，仍是建设资金的主要来源。值得一提的是，社会资本以及资本市场出资比例合计已达 19.6%，成为增长最快的部分。具体如图 2 所示。

“十三五”以来，国家对重大基础设施项目融资渠道创新给予大力支持，特别是中共中央办公厅国务院办公厅印发的《关于做好地方政府专项债券发行及项目配套融资工作的通知》（厅字〔2019〕33 号）指出，对于实行企业化经营管理的项目，鼓励和引导银行机构以项目贷款等方式支持符合标准的专项债券项目；鼓励保险机构为符合标准的中长期限专项债券项目提供融资支持。允许项目单位发行公司信用类债券，支持符合标准的专项债券项

[1] 数据来源：原铁道部 2012 年审计报告。

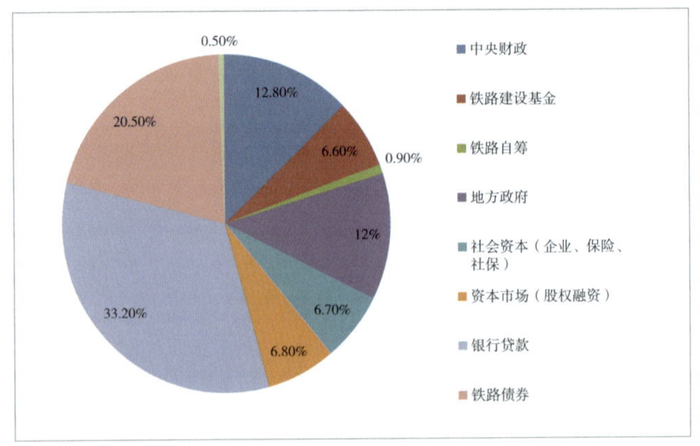

图2　2020年全国铁路项目建设资金来源组成图

数据来源：根据公开数据整理。

目。对于铁路建设项目主体而言，开辟了债券支持通道。专项债券资金可用于铁路、轨道交通等基础设施项目资本金，比例一般控制在20%左右，是项目建设资金来源强有力的保障之一。同时，资本市场融资也逐步成为合资铁路公司的选择之一。2020年1月，京沪高铁在A股成功上市，市值超3 000亿元，是名副其实的“中国高铁第一股”。未来沪昆铁路、宁杭铁路、杭甬铁路等效益好的线路均有可能上市融资。

（三）社会资本成为投资多元化引导方向

2015年12月，国家发展改革委下发《关于做好社会资本投资铁路项目示范工作的通知》（发改基础〔2015〕3123号），在铁路领域推出济南至青岛高速铁路、武汉至十堰铁路、杭州至温州铁路、廊涿城际铁路、重庆主城至合川铁路、合肥至新桥机场至六安铁路、杭绍台城际铁路、三门峡至禹州铁路八个社会资本投资示范项目（见表3）。示范目的是发挥社会资本投资铁路示范项目带动作用，探索并形成可复制推广的成功经验，进一步鼓励和扩大社会资本对铁路的投资，拓宽铁路投融资渠道，完善投资环境，促进铁路事业加快发展。

从目前情况看，八个示范项目中杭绍台铁路、杭温铁路一期是引入社会资本以PPP方式参与铁路建设成功的示范项目，其他同批列入国家示范项目则基本采用了传统 DBB 建设模式。杭绍台铁路在党的十九大召开前夕载入《党的十八大以来大事记》，央视《新闻联播》播报 9 次，国家媒体报道百余次，项目建设受到各界高度关注，项目 2017 年 12 月 28 日开工建设，2021 年 11 月 26 日开始试运行，按照既定目标在 2021 年底顺利建成通车，它将是我国铁路投融资体制改革史上具有里程碑意义的事件。具体见表 3。

表3　国家社会资本投资铁路示范项目情况表

项目名称	投融资模式	建设模式
杭绍台铁路	资本金占比 30%，浙江省市政府、社会资本各承担资本金的 49%、51%。资本金以外资金利用银行贷款解决	PPP+EPC+ 咨询管理模式
杭温铁路一期（义乌至温州段）	资本金占比 30%，浙江省市政府、社会资本各承担资本金的 49%、51%。资本金以外资金利用银行贷款解决	PPP+ 总承包 + 代建模式
济南至青岛高速铁路	资本金占比 50%，山东省政府、国铁集团各承担资本金的 80% 和 20%。资本金以外资金利用银行贷款解决	传统 DBB 建设模式
武汉至十堰铁路	资本金占比 50%，湖北省政府、国铁集团各承担资本金的 80% 和 20%。资本金以外的资金利用银行贷款解决	传统 DBB 建设模式与 EPC 建设模式相结合
重庆主城至合川铁路	早期由中建交通为牵头单位的联合体中标并签订 PPP 合同，未实施。目前主要是由重庆市地方铁路建设运营公司建设	一期在建，采用传统 DBB 建设模式
三门峡至禹州铁路	资本金占比 25%，由河南禹亳铁路发展有限公司自筹。资本金以外的资金利用银行贷款解决	采用传统 DBB 建设模式，施工采用施工总承包模式
廊涿城际铁路	暂未开工，部分已改线	
合肥至新桥机场至六安铁路	暂未开工，“十四五”规划建设项目	

数据来源：根据公开资料整理。

第三节　浙江省PPP模式应用实践

一、浙江省在库 PPP 项目总体情况

根据全国 PPP 综合信息平台项目管理库统计信息，截至 2021 年 11 月，浙江省在库 PPP 项目数量为 512 个，项目投资额 10 152 亿元，占比分别是 5.07%、6.38%，分别位列全国第 5 位和第 4 位，处于全国领先水平。在示范项目占比方面，浙江省国家级示范项目 32 个，项目投资额 1 377 亿元，占比分别是 3.52% 和 6.72%，示范项目数量在全国处于中游水平，但项目金额位列全国第 4 位，示范项目少而精，项目体量普遍更大。浙江省 PPP 项目的主要特点表现为以下五个方面：

（一）区域分布：地方财力较为雄厚地市 PPP 增量明显

杭州、温州、台州等地方财力较为充裕的地市，PPP 入库项目增量保持高位。如台州，作为全国唯一民间投资创新综合改革试点城市，自 2015 年起，连续三年发布市级 PPP 推介项目库，推介项目 266 个，总投资 6 178 亿元。其中，有 32 个项目列入财政部项目库，第三批示范项目中台州入选的项目数和投资额均居浙江省第一。具体如图 3 所示。

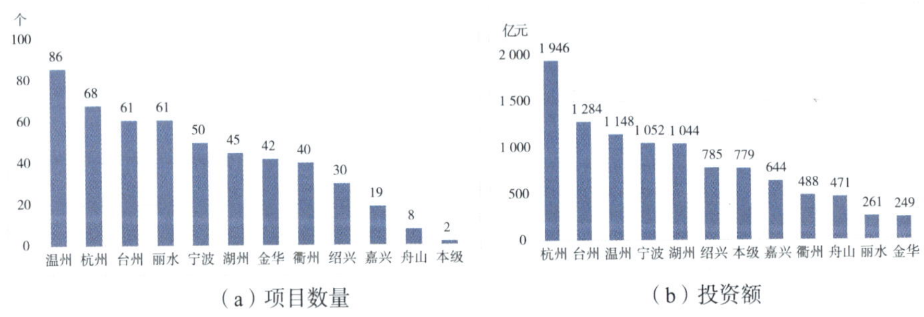

图3　浙江省各地级市入库PPP项目数量和投资额

（二）项目质量：项目投资体量大、落地执行率高

浙江省入库项目中，投资规模在 3 亿元以上的项目合计 356 个，占比 69.0%，其中，项目投资 10 亿元以上的项目有 196 个，占比 38.0%，入库项

目体量大、项目前期工作充分，推进实施顺利。浙江省入库项目中处于准备阶段的项目数量为 14 个，采购阶段的项目数量为 50 个，执行阶段的项目数量为 448 个，落地率 87.5%，落地率明显高于全国平均水平 74.9%（见图 4）。

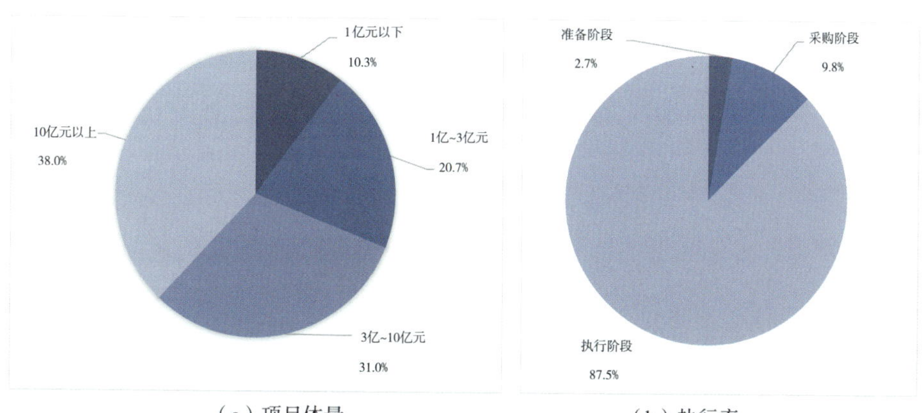

（a）项目体量　　（b）执行率

图4 浙江省在库PPP项目体量与执行率

（三）主要投向：交通工程、市政工程是 PPP 热点领域

从近年来浙江省 PPP 项目入库数据来看，交通运输、市政工程领域在项目数量和投资额上均占据绝对优势。截至 2020 年 11 月底，两大领域项目数量分别为 107 个和 168 个，投资额分别为 3 822 亿元和 2 271 亿元，占浙江省项目总量的 32.8% 和 20.9%（见图 5）。

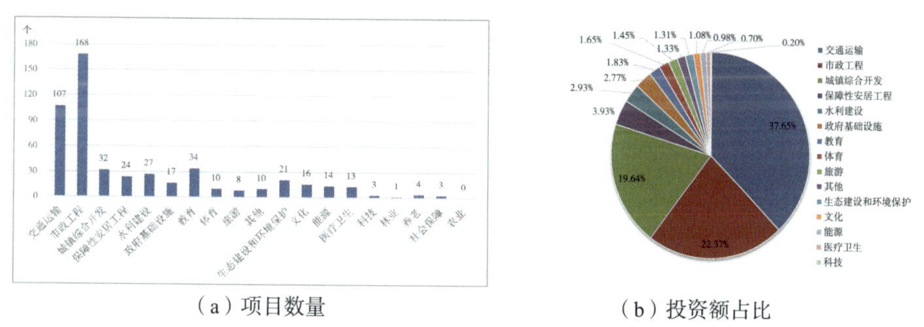

（a）项目数量　　（b）投资额占比

图5 浙江省各行业在库PPP项目数量和投资额占比

特别是轨道交通领域，浙江省在高速铁路、城际铁路、市域铁路、地铁等方面均开展了 PPP 模式实践。具体见表 4。

表4　浙江省轨道交通领域PPP项目情况表

项目名称	投资规模（亿元）	资本金比例（%）	股权机构	运作方式	回报机制	合作期限
杭绍台铁路	448	30	民营社会资本方占比 51%、国铁集团占比 15%、省市地方政府占比 34%	BOOT	使用者付费 + 可行性缺口补助	建设期 4 年，运营期 30 年
杭温铁路（一期）	383	30	民营社会资本方占比 51%、省市地方政府占比 49%	BOOT	使用者付费 + 可行性缺口补助	建设期 4 年，运营期 30 年
甬舟铁路	270	30	社会资本方占比 51%，省市地方政府占比 49%	BOT	使用者付费 + 可行性缺口补助	建设期 6 年，运营期 30 年
杭衢铁路	218	30	社会资本方占比 51%，省市地方政府占比 49%	BOT	使用者付费 + 可行性缺口补助	建设期 3.5 年，运营期 30 年
温玉铁路	71	30	社会资本方占比 51%，省市地方政府占比 49%	BOOT	使用者付费 + 可行性缺口补助	建设期 3.5 年，运营期 30 年
杭海城际	142	50	社会资本方占股 65%、政府方占股 35%	BOT	使用者付费 + 可行性缺口补助	建设期 4 年，运营期 25 年
台州市域铁路 S1 线一期工程	212	30	社会资本方占股 80%、政府方占股 20%	BOT	使用者付费 + 可行性缺口补助	建设期 4 年，运营期 26 年
温州市域铁路 S1 线一期工程	90	30	社会资本方占股 65%、政府方占股 35%	TOT	使用者付费 + 可行性缺口补助	建设期 4 年，运营期 26 年
杭州地铁 1 号线	221（B 部分机电 82）	55	社会资本方占股 49%、政府方占股 51%	A（土建）+B（机电）	使用者付费 + 可行性缺口补助	运营期 25 年

（四）运作模式：BOT、BOOT为主，其他模式并行发展

根据国家发展改革委对PPP项目运作方式的指引，对于具有明确收费基础，并且经营收费能够完全覆盖投资成本的项目，通过政府授权特许经营权，采用建设-运营-移交（BOT）、建设-拥有-运营-移交（BOOT）等模式推进。交通领域PPP项目多采用此类模式，如杭州庆春路隧道、杭绍台铁路、杭温铁路一期、杭绍甬高速公路等项目；对于缺乏“使用者付费”基础，主要依靠“政府付费”回收投资成本的项目，浙江省其他正在实施的数个片区开发和市政设施PPP项目，如温州高铁新城产城融合项目、玉环海山国际旅游岛项目，以及杭州大江东产业集聚区基础设施项目，都采取了DBFOT模式或EPC+PPP模式。

（五）政府服务：“最多跑一次”提升项目审批效率

从制度设计而言，PPP项目审批管理，呈现出审批环节多、关联事项多、涉及部门多、协调工作多等特点，特别是铁路、高速公路等跨行政区域的PPP项目，前期工作周期会更长。为了加快项目落地实施，浙江省各级项目审批管理部门将“最多跑一次”改革服务理念与PPP项目前期工作推进紧密结合起来，大幅提升项目审批效率。如省交通厅强化交通建设项目全过程审计，加大对重点交通PPP项目督查力度，积极协调解决有关难题；在土地报批受理、审批，项目占优补优等方面优化审批流程，助力项目尽快全面开工。

二、浙江省PPP项目实践效果

（一）PPP流程规范发展，项目管理逐步精细

经历了“集中整顿管理库项目”“严控地方政府债务”“规范金融企业投融资行为”等多项改革事件后，地方对于PPP项目的投资决策、全过程监督管理有了更加理性的认识。如杭州市为提高各区（县、市）PPP项目规范化水平，专门制定《杭州市PPP项目信息平台操作流程》，对全杭州市域的PPP项目进行节点化、清单化信息管理，实现“项目库＋机构库＋专家库＋

投资库”的合一管理；成立PPP项目管理机构杭州市PPP中心，组织开展全市PPP项目的征集、储备、发布和项目评估工作，承担市本级PPP项目的实施方案评估、物有所值评估、财政承受能力评估、绩效评价、中期评估等工作，实现PPP项目全流程管理。

（二）PPP理念深入人心，民间投资成为主力

随着政府对于社会资本参与PPP项目的政策引导和激励力度不断加大，社会资本大量进入加快了地方基建的发展，比如轨道交通、园林建设、海绵城市、地下管网、水利工程以及体育馆、图书馆、学校、医院等民生工程。民营资本成为PPP项目投资的坚实力量，PPP事业回归到“提高公共服务的质量和效率”的本源。如列入国家首批PPP示范项目的杭绍台铁路、杭温铁路，两个PPP项目的投资主体均为民营联合体主导，民营联合体充分发挥自身优势，在项目融资、沿线综合开发、运营模式创新和未来基建REITs产品策划等方面取得了积极的创新效果。

（三）PPP带动地方投资，推动区域活力释放

政府通过PPP模式带动了切实需要的项目投资建设，提高了财政资金效率，平滑了财政收支压力，实施了更多的基础设施建设，达到了“少花钱，多办事”的目的。体育场馆、医院、养老院、学校等公共基础设施PPP项目投资，实现了政府资源和社会资本能力的强强联手，是深化公共服务和基础设施领域供给侧结构性改革的创新之举。PPP项目的实施与区域投资增速的正相关性凸显，如杭州市，全市2017年实施PPP项目18个、总投资562亿元，2018年实施PPP项目28个、总投资786亿元，固定资产投资增速由2017年的1.4%提高到2018年的10.8%。

总体上来看，PPP发展将沿着规范化决策、合理化推进、精细化管理道路继续推进，特别是《政府投资条例》，以及《关于推进政府和社会资本合作规范发展的实施意见》（财金〔2019〕10号）、《关于依法依规加强PPP项目投资和建设管理的通知》（发改投资规〔2019〕1098号）等文件的出台，进一步明确了新上PPP项目的“审慎要求”、合规PPP项目的监管规则等，为

PPP 项目的规范发展提供了更全面、稳定的制度依据，可以预见，今后一段时期，PPP 仍将成为“稳投资”的重要手段之一。

三、浙江省轨道交通 PPP 模式实践经验

（一）审势而谋，多领域探索市场化改革

PPP 模式在浙江省铁路、轨道交通领域的应用涉及多个领域，包括高速铁路、城际铁路、市域铁路、地铁等。浙江省运用 PPP 模式建设运营的轨道交通线路包括杭州地铁 1 号线、杭州地铁 5 号线和绍兴市城市轨道交通 1 号线，高速铁路包括杭绍台铁路、杭温铁路、舟山铁路、杭衢高铁（建衢段）和温岭至玉环高铁，运用 PPP 模式建设运营的城际铁路是杭州至海宁城际铁路，运用 PPP 模式建设运营的市域铁路包括浙江省台州市域铁路 S1 线一期工程和温州市域铁路 S1 线。PPP 模式在轨道交通多领域进行探索，为不同领域引入优质社会资本做了有益的尝试。

（二）因时施宜，合理设置运作模式

轨道交通领域 PPP 项目采用的运作模式分为“A + B”资产包模式和整体 BOT 模式。其中，“A + B”资产包模式是指土建部分由政府按传统招投标模式实施，仅运营部分实施 PPP 模式；整体 BOT 模式是指整体采用“建设一运营一移交”的 BOT 模式，PPP 项目公司负责整体的融资、建设、运营工作，特许期满后将项目设施无偿移交给政府指定接收单位。

采用“A + B”资产包模式的优势是社会资本资金压力小、项目重运营；劣势在于增大了两部分工作衔接的难度，特别是对双方权利义务的划分，以及互相承担的责任和风险，都难以准确定义。采用整体 BOT 模式的优势是有利于保持项目整体完整性和政府监管；劣势在于对资金实力要求高、联合体各成员一般具有不同的目标及利益诉求，难以整合各方。在杭州地铁 1 号线和 5 号线实施过程中，考虑到项目投资额巨大、收益周期长以及国内融资环境的不确定性，项目均采用“A + B”资产包模式；在绍兴轨道交通 1 号线项目中，考虑到绍兴市政府希望通过引入优良的、有实力的城际铁路建设和

运营团队，绍兴市城市轨道交通 1 号线 PPP 项目采用整体 BOT 模式。

（三）统筹兼顾，建立多层次回报机制

《政府和社会资本合作模式操作指南（试行）》（财金〔2014〕113 号），将 PPP 项目回报机制定义为社会资本取得投资回报的资金来源，包括使用者付费、可行性缺口补助和政府付费等支付方式。如杭绍台铁路项目建立了“使用者付费 + 可行性缺口补助”框架下的多层次回报模式。首先，项目公司作为运营责任主体，在运营期内可通过铁路运输与多元开发等获取收入，具备使用者付费基础。其次，鉴于项目建设投资成本高昂、只依靠经营收入难以覆盖投资成本并使社会资本获取合理利润回报，设计了多重可行性缺口补助渠道，政府可通过资源补偿、财务救助及财政补贴等形式支持项目公司正常运作。最后，项目约定了总投资调整、列车开行对数调整、利率调整、超额收入分配等多项补助调整机制，充分考量项目可能面对的风险状况，通过机制设计真正实现社会资本与政府共担风险。

（四）创新引领，灵活制定股权结构

股权结构约定政府出资方与社会资本方共同出资设立项目公司时，分别占项目资本金的比例，间接表明了政府出资方与社会资本方在项目公司中的权利义务关系。根据《PPP 项目合同指南（试行）》（财金〔2014〕156 号）规定：项目公司可以由社会资本（可以是一家企业，也可以是多家企业组成的联合体）出资设立，也可以由政府和社会资本共同出资设立。但政府在项目公司中的持股比例应当低于 50%，且不具有实际控制力及管理权。杭衢铁路、杭温铁路、杭绍台铁路三个 PPP 项目的股权结构中，省市地方政府占股均为 49%，既符合政策导向要求，也为社会资本方提供了更多主动权。

第四节 杭绍台铁路PPP项目情况

一、项目基本情况

新建杭州至绍兴至台州铁路（以下简称“杭绍台铁路”或“本项目”）是连接杭州、绍兴、台州三地的一条客运专线铁路，是我国沿海快速客运通道的组成部分，也是长三角地区综合交通网和城际快速交通网的重要组成部分。项目建成后，将紧密串联长三角南翼的环杭州湾城市群、杭州都市圈以及温台城市群，形成一条从长三角核心区域辐射浙江西南地区的骨干城际轨道交通线。

杭绍台铁路线路北接杭甬高铁，由既有绍兴北站接轨，经绍兴市（越城区、上虞区、嵊州市、新昌县）和台州市（天台县、临海市、椒江区、路桥区、温岭市），终于既有温岭站新建杭台场南端。设 8 座车站：绍兴北站、上虞南站、嵊州北站、嵊州新昌站、天台山站、临海站、台州站、温岭站。其中，绍兴北站、台州站、温岭站配设办理始发车条件，其余车站为办理客运的中间站。途经县市区总人口合计约 922 万人。

杭绍台铁路线路长度为 269 公里，其中新建正线 224 公里。线路速度目标值为 350 公里 / 小时。全线包括椒江特大桥、台州中心站特大桥、绍兴特大桥、嵊州特大桥、东茗隧道、白罗山隧道、狮子岩隧道、林盘山隧道等重要桥梁、隧道工程。全线主要技术参数见表 5。

表5 杭绍台铁路主要技术参数表

项目	参数
铁路等级	高速铁路
正线数目	双线
速度目标值	350 公里 / 小时
轨道类型	CRTSI 型双块式无砟轨道（椒江桥范围采用有砟轨道）、无缝钢轨

续 表

项目	参数
轨道标准	1 435 毫米（标准轨）
最小曲线半径	一般地段 7 000 米，困难地段 5 500 米
正线线间距	5.0 米
最大坡度	一般地段 20‰，困难地段 25‰
到发线有效长度	650 米
列车运行控制方式	自动控制
列车调度指挥方式	调度集中
最小追踪间隔	3 分钟
车辆基地	东关动车存车场、温岭动车存车场（预留动车运用所）

二、PPP 合作主要情况

杭绍台铁路采用 PPP 模式建设，项目建设期 4 年（2018—2021 年），运营期 30 年，期满后移交给政府。项目投资概算总额 448 亿元，资本金 123.64 亿元。其中，社会资本方占比 51%、国铁集团占比 15%、省市地方政府占比 34%，具体股权结构见表 6。

表6　杭绍台铁路股权结构表

序号	出资单位	股本占比（%）	资本金（万元）
1	台州杭绍台高铁投资管理合伙企业（有限合伙）	51.0	630 564.00
2	浙江省交通投资集团有限公司	13.6	168 150.40
3	台州市铁路建设投资有限公司	10.2	126 112.80
4	绍兴市交通投资集团有限公司	10.2	126 112.80
5	中国铁路发展基金股份有限公司	15.0	185 460.00
合计		100	1 236 400

三、项目沿线情况及带动效应

（一）对台州的综合带动效应

（1）**推动台州高质量融入国家发展战略。**杭绍台铁路建成后，即可实现台州市民到杭州市“一小时”交通圈的预想，大大缩短了旅客出行的时间，拉近了台州与杭州之间的时空距离，同时预留了规划沿海高铁的接入条件，对于加快台州市融入长江经济带和“一带一路”建设等都具有重要意义。

（2）**优化台州市区综合交通网络体系。**杭绍台铁路建成通车后，台州中心站（台州站）将是集高速铁路客运、城际铁路客运、公路客运等多种社会交通方式为一体，兼具对外以及市内换乘功能的综合客运交通枢纽。在台州市域轨道交通与道路交通的集疏运体系中，台州站将成为衔接与联系台州市区客流的重要枢纽。台州站枢纽可以通过内环路、市府大道、现代大道与台州大道建立与椒江、黄岩、路桥三区之间的联系，有利于枢纽交通的高效集散、快进快出，缩短出行时间成本。

（3）**构建台州“双客站双枢纽”格局。**杭绍台铁路通车后，台州将形成双客站布局，甬台温铁路台州西站（原台州站）保留原有功能，办理地区城际、普速客车始发终到功能。两条北上通道格局，将进一步释放甬台温铁路的运输能力，使台州西站有更多能力办理始发终到客车，同时便于将来恢复甬台温铁路的货运功能。随着台州市域铁路建设，台州站将和台州西站共同成为台州的两个枢纽站，完善城市功能，提升中心城市的首位度。

（4）**促进台州市区“三区融合”和同城化效应。**台州站位于市府大道南侧，在建内环东路和妇女儿童医院东侧，紧邻内环线，距离椒江城区约 6.5 公里，距离黄岩城区约 12 公里，距离路桥城区约 12.5 公里。这一位置地处台州中心城市核心，紧邻绿心，是椒江、黄岩、路桥各城市组团联动发展的重要节点。杭绍台铁路将与台州市域铁路、有轨电车等其他交通方式实现无缝对接，便捷换乘；通过内环线、中央通道等快速连接椒江、路桥、黄岩，加快三区融合进程；同时强化中心城区与临海、温岭两市的沟通，同城效应将进一步显现。

(5) **带动城市区域综合开发。**随着台州站建成投用，中心站片区还将形成集商贸办公、商业金融、休闲娱乐为一体的高铁新区。新区的城市居住板块，将按照浙江省未来社区建设理念，打造“人本化、生态化、数字化”的美好生活场景，造福台州人民。

（二）对绍兴的综合带动效应

(1) **打通绍兴沟通长三角城市群的快捷通道。**杭绍台铁路设绍兴北站（既有站）、上虞南站、嵊州北站、嵊州新昌站。其中上虞南站为3台7线、嵊州新昌站为2台6线，站房面积均为1万平方米。在上虞南站预留今后接杭州湾跨海通道条件，以打通绍兴地区、温台地区向上海、苏南及北部城市通道，从而实现杭绍台铁路的沿海快速客运通道功能。同时，杭绍台铁路在绍兴北站与杭甬客专对接，联通了杭州、南京、合肥等长三角城市群，实现了杭绍台铁路的城际功能。

(2) **大幅提升绍兴北站铁路运输服务功能。**杭绍台铁路在既有绍兴北站基础上扩建，站台数和铁路线由目前的2台6线，扩大为4台12线，届时，杭甬客运专线和杭绍台铁路在此交汇，北站将成为高铁十字枢纽，预计也会有更多的列车，途经这里或从这里始发。站房面积上，高铁绍兴北站未来的站房面积将达5万平方米左右。规划建设中的绍兴轨道交通1号线将在此设站，杭绍台铁路二期也计划由此继续延伸至萧山机场，未来北站有望成为一座拥有地铁、高铁、公交、机场线等的立体综合交通枢纽和区域换乘中心，更便捷地对接杭、甬两大都市区，搭上“湾区经济”的快车。

(3) **嵊州新昌两地迈入“高铁时代”。**杭绍台铁路连接杭州、台州两城，与金甬铁路相汇于嵊州，通过铁路，嵊州、新昌更深入的融入沪杭城市群，一小时内到达杭州、台州、温州、宁波、金华五城，辐射长三角，意义深远。随着杭绍台铁路、甬金铁路建设的启动，嵊州新昌两地迈进了高铁时代；对嵊州新昌衔接沪杭大都市、融入长三角、全域旅游发展等方面也具有重要意义。

第二章 铁路 PPP 项目组织管理模式

第一节　建设项目组织管理模式

一、建设项目组织管理模式理论

随着社会分工体系的进一步深化细化，工程项目技术含量和管理难度越来越大，对工程项目的管理也提出了更高的要求，采用委托方式开展项目管理已成为大势所趋。一般而言，项目委托管理模式主要有以下几种。

（一）项目管理服务模式

项目管理服务（Project Management，PM）是指从事工程项目管理的企业受业主委托，按照合同约定，代表业主对工程项目的组织实施进行全过程或若干阶段或部分内容的管理和服务。项目管理企业按照合同约定，在工程项目决策阶段，可为业主编制可行性研究报告，进行可行性分析和项目策划；在工程项目的准备和实施阶段，可为业主提供招标代理、设计管理、采购管理、工程监理、施工管理和试运行（竣工验收）等服务，代表业主对工程项目进行质量、安全、进度、费用、合同、信息等管理和控制。项目管理企业不直接与该工程项目的总承包企业或勘察、设计、供货、施工等企业签订合同。项目管理企业一般应按照合同约定承担相应的管理责任。[1]

[1] 全国咨询工程师（投资）职业资格考试参考教材编写委员会，工程项目组织与管理（2021 年版）[M]. 北京：中国统计出版社，2020.

（二）项目管理承包模式

项目管理承包（Project Management Contracting，PMC）模式是指由业主通过招标方式聘请项目管理承包商，作为业主代表或业主的延伸，对项目全过程进行集成化管理。该模式下，PMC 承包商须与业主签订合同，并与业主聘用的咨询单位、专业咨询顾问密切合作，对工程进行计划、管理、协调和控制。业主一般不与施工单位和材料、设备供应商签订合同，但对某些专业性很强的工程内容和工程专用材料、设备，业主可直接与施工单位和材料、设备供应商签订合同。业主与 PMC 承包商所签订的合同既包括管理服务的内容，也包括工程施工承包的内容。PMC 作为一种项目管理模式本质上只是受业主委托，代表业主对原有的项目前期工作和项目实施进行管理、监督和指导，是工程公司或项目管理公司利用其管理经验、人才优势在项目管理领域的拓展。[1]

（三）阶段发包模式

阶段发包（Construction Management，CM）模式又称阶段发包方式（Phased Construction Method）或快速轨道方式（Fast Track Method），与设计图纸全部完成之后才进行招标的传统的连续建设模式（Sequential Construction Approach）不同，其特点是：由业主委托的 CM 模式项目负责人与设计单位、咨询工程师组成一个联合小组，共同负责组织和管理工程的规划、设计和施工。在项目的总体规划、布局和设计时，要考虑到控制项目的总投资，在主体设计方案确定后，完成一部分工程的设计，即对这一部分工程进行招标，发包给一家承包商施工，由业主直接与承包商签订施工承包合同。[1]

（四）代建制模式

“代建制”是指投资方通过规定的程序，委托或聘用具有相应资质的工程管理公司或具备相应工程管理能力的其他企业，代表投资人或建设单位

[1] 全国咨询工程师（投资）职业资格考试参考教材编写委员会，工程项目组织与管理（2021 年版）[M]. 北京：中国统计出版社，2020.

组织和管理项目建设的模式。“代建制”是一种特殊的项目管理方式。“代建制”除项目管理的内容外，还包括项目策划，报批，办理规划、土地、环评、消防、市政、人防、绿化、开工等手续，采购施工承包商和监理单位等内容。依据《基本建设项目建设成本管理规定》(财建〔2016〕504号)，政府设立(或授权)、政府招标产生的代建制项目，代建管理费由同级财政部门根据代建内容和要求，按照不高于项目建设管理费标准核定，计入项目建设成本。对于建设地点分散、点多面广以及使用新技术、新工艺等的项目，代建管理费确需超过本规定确定的开支标准的，按照有关权限进行审核批准与备案。

（五）DBB 模式

DBB（设计–招标–建造，Design-Bid-Build）是传统发包模式，将设计、施工分别委托不同单位承担。该模式的核心组织为“业主–咨询工程师–承包商”。我国自 1984 年学习鲁布革水电站引水系统工程项目管理经验以来，先后实施的“招标投标制”“建设监理制”“合同管理制”等均参照这种传统模式。这种模式由业主委托咨询工程师进行前期的可行性研究等工作，待项目立项后再进行设计，设计基本完成后通过招标选择承包商。业主和承包商签订工程施工合同和设备供应合同，由承包商分别与分包商和供应商单独订立分包及材料的供应合同并组织实施。业主单位一般指派业主代表(可由本单位选派，或从其他公司聘用)与咨询方和承包商联系，负责有关的项目管理工作。施工阶段的质量控制和安全控制等工作一般授权监理工程师进行。[1]

（六）EPC 模式

EPC 模式指工程总承包企业按照合同约定，承担工程项目的设计、采购、施工、试运行服务等工作，并对承包工程的质量、安全、工期、造价全面负责，使业主获得一个现成的工程，由业主“转动钥匙”就可以运行。EPC 工程管理模式代表了现代西方工程项目管理的主流。EPC 模式的重要特点是

[1] 全国咨询工程师（投资）职业资格考试参考教材编写委员会，工程项目组织与管理（2021 年版）[M]. 北京：中国统计出版社，2020.

充分发挥市场机制的作用，促使承包商、设计师、建筑师共同寻求最经济、最有效的方法实施工程项目。EPC 模式为我国现有的工程项目建设管理模式的改革提供了新的变革动力。

（七）各组织管理模式优缺点和适用情况

不同的组织管理模式中，参建单位介入项目的时间点，以及承担的具体职责均有不同，各种模式均涉及项目建设业主、项目施工方以及其他参建单位等，在具体项目的推进过程中，体现出各种的优缺点。具体如表 7 所示。

表7　建设项目组织管理模式优缺点比较

模式	优点	缺点	适用对象
项目管理服务模式（PM）	1. 管理机构从项目建设一开始就对项目全过程进行管理，可以充分发挥项目管理企业的专业经验和优势，做到专业的人做专业的事，且管理思路前后统一，确保项目目标的一致性和有效持续。 2. 业主方可以比较方便地提出必要的设计和施工方面的变更，通过专业的项目管理人员与设计单位沟通，可提高沟通效率和质量	没有合约管理经验的业主，难以明确项目管理职责边界，管理过程中出现问题难以追究责任	大型项目或复杂项目，特别适用于业主管理能力不强的项目
项目管理承包模式（PMC）	1. 充分发挥管理承包商在项目管理方面的专业技能，统一协调和管理项目的设计与施工，减少矛盾。 2. 管理承包商负责管理项目准备阶段和施工阶段，有利于减少设计变更。 3. 业主与管理承包商的合同关系简单、组织协调比较有利，可以提早开工，可采用快速路径法施工，缩短项目工期	由于业主与施工承包商没有合同关系，控制施工难度较大；业主对工程费用也不能直接控制，存在很大风险	一般建设项目
阶段发包模式（CM）	1. 以缩短工程项目从规划、设计到竣工的周期，整个工程可以提前投产，节约投资，减少投资风险，较早地取得收益。 2.CM 单提早介入项目，以改进设计的可施工性，还可运用价值工程改进设计，以节省投资。 3. 可以先进行分项设计，分项竞争性招标，并及时施工，因而设计变更较少	分项招标可能导致承包费用较高，因而要做好分析比较，研究项目分项的多少，充分发挥专业分包商的专长	一般建设项目

续　表

模式	优点	缺点	适用对象
DBB 模式	1. 管理方法成熟，各方对有关程序熟悉。 2. 业主可自由选择设计人员，便于控制设计要求，施工阶段也比较容易掌控设计变更。 3. 可自由选择监理人员监理工程；可采用各方均熟悉的标准合同文本，有利于合同管理和风险管理	1. 项目设计-招投标-建造的周期较长，监理工程师对项目的工期不易控制。 2. 管理和协调工作较复杂，业主管理费较高，前期投入较高。 3. 对工程总投资不易控制，出现质量事故时，设计和施工双方容易互相推诿责任	大部分工程项目
代建模式	1. 有助于规范政府投资项目管理行为，加快政府职能的转变。 2. 代建单位在权限范围内根据法律法规和行业规范要求进行项目工程管理，建设方与承包商、供应商的直接接触被严格限制，实现专业的人干专业的事。 3. 代建项目执行严格的政府预算约束要求，遏制了政府投资项目“超投资、超规模、超标准”的顽疾	1. 代建模式下若有设计方面的缺陷，导致施工阶段设计变更增多、施工效率低下、建设进度拖延、工程费用增加，不利于项目总体控制和合同管理。 2. 项目设计单位和承包商之间互相推诿责任，容易损害项目建设方的利益	政府投资项目，特别是公益项目
EPC 模式	解决设计、采购、施工、试运转整个过程的不同环节中存在的突出矛盾，使工程项目实施获得优质、高效、低成本的效果	1. 对项目前期研究，特别是设计的质量和深度有较高要求，否则容易出现项目造价控制偏差。 2. 项目委托单位对总承包单位的过程管控力弱	用于化工、冶金、电站、铁路等专业性强、技术复杂的大型基础设施工程，以及含有机电设备的采购和安装的工程项目等

二、铁路建设项目组织管理模式

新中国成立以来，铁路行业一直按照计划经济模式，发挥“行政优势”“体制优势”推动全国大规模铁路建设项目的投资、建设和运营。随着时间的推移，铁路项目建设模式由早期的铁路方（国家）负责建设，逐步走向国铁集团主导、部省共建，地方主导、省部共建，地方负责建设。国铁集团主导通道功能强、效益好的干线铁路，部省共建；地方主导具有一定路网功能城际铁路，国铁集团参与；国铁集团逐步退出地方城际项目。

铁路项目管理模式复杂，参与主体众多，包括国铁集团、地方政府、勘察、设计、施工、监理、社会资本、金融机构、专业咨询机构等诸多参与成员。各方关系复杂，都有自己的诉求与利益。目前，我国铁路项目组织管理模式主要有工程建设指挥部模式、工程建设总承包模式（EPC）、铁路局代建模式和项目公司建设模式等。

（一）工程建设指挥部模式

工程建设指挥部是计划经济体制下，我国大中型基本建设项目，特别是铁路建设项目，管理采用的基本组织形式，主要依靠指挥部领导的权威和行政手段，集中大量人力、物力和财力开展工作，确保铁路工程建设项目在较短的时间内完成。[1]工程建设指挥部模式具有权威性高、行政权力高、经验性高等特点，项目建设过程由部门指挥人员全权指挥，有效提高了建设效率，但该模式比较适用于计划经济体制下的铁路建设，具有明显的行政命令特征，难以适应信息时代下的铁路建设项目管理需求。

（二）工程建设总承包模式

工程建设总承包（EPC），是由工程总承包单位代替建设单位全面负责工程建设的组织管理工作，最终向建设项目主管部门或建设单位“交钥匙”的项目管理模式。在铁路建设领域，由于设计阶段、施工阶段的工作界面完全不同，能够既承担设计任务又能承担施工任务的铁路工程总承包单位数量极少。近几年，中国铁路“走出去”的重大建设项目都采用了EPC模式，如已成功建成并投入运营的沙特麦加轻轨项目、土耳其安伊高铁二期工程、亚

[1] 刘伊生，曾学贵，陈峰．中国铁路建设项目管理模式研究[J]．铁道工程学报，1998（3）：141-145.

吉铁路、蒙内铁路等，目前在建的印尼雅万高铁项目、中老铁路项目也是采用 EPC 模式。[1]铁路行业实行 EPC 模式的优点在于：工程总承包单位负责铁路工程项目的设计、采购、施工，避免了工作衔接、设计缺陷、分包转包等给项目造成的不利影响，实现铁路建设项目各环节高效整合，使项目建设全过程效率大大提升。

（三）铁路局代建模式

铁路建设项目采用代建模式建设，指的是项目的业主单位委托国铁集团工程管理中心和铁路局集团公司作为代建单位，按照代建协议约定开展项目建设。由铁路项目业主单位或 PPP 项目公司作为甲方，与铁路局签署铁路工程代建协议，明确代建委托关系。在代建协议中，双方的权责主要是：甲方为项目业主单位，负责项目前期手续办理工作，筹集建设资金，协调建设项目征迁和征地组件报批等工作。乙方铁路局公司，负责代建范围内工程的建设管理、工程质量、工程安全等，保证铁路运行试验的顺利进行，组织工程验收和竣工结算。代建协议明确的代建内容主要包括：铁路项目工程实施阶段建设管理工作，自施工图审核报告审查至工程竣工验收交接至运营单位接收运营等全过程建设管理，包括参与施工图审核、工程实施、竣工验收、安全评估、清理概算、代建范围内工程结算，参与竣工结算等工作。同时，代建协议中，还需要具体明确代建范围和金额、建设工期、招投标管理、竣工验收要求、综合开发等内容。浙江省已建、在建的大多数铁路项目，如杭黄铁路、湖杭铁路、金甬铁路、宁波三四线、金建铁路、衢丽铁路等项目，均采用铁路上海局集团公司代建模式建设。

（四）项目公司建设模式

对与地方政府、企业合资建设的项目以及一些国内外瞩目的项目，如达成铁路、京沪高铁、青藏铁路等的建设管理，由原铁道部委托中国铁路建设投资公司和地方政府（或企业）联合按照《中华人民共和国公司法》的规定组

[1] 徐涛，刘玉明，孙玉辰，刘宝阳，周肖杉．铁路建设行业推行路建设行业推行 EPC 模式面临的问题及对策 [J]. 工程经济，2020，30（1）.

建规范化的铁路公司，由组建的铁路公司负责项目的建设管理和建成以后的经营管理。[1]

三、铁路建设项目“PPP+EPC”模式

（一）“PPP+EPC”模式的理解

“PPP+EPC”的复合模式，是指在采用PPP模式的项目中，以EPC总承包的模式进行项目建设。[2] PPP+EPC模式可以将PPP模式与EPC工程总承包模式的优点相互结合，充分发挥EPC总承包商的项目管理经验，合理控制项目建设成本，在缓解建设资金压力的基础上，保证项目建设工期及质量，降低政府部门项目投资风险，是一种多方共赢的合作模式。[3] 2016年7月15日，中国铁路总公司下发《关于开展铁路建设项目工程总承包试点工作的通知》（铁总建设〔2016〕169号），在铁路建设项目中试点开展EPC工程总承包模式。

根据财政部《关于在公共服务领域深入推进政府和社会资本合作工作的通知》（财金〔2016〕90号）和《招标投标法实施条例》第九条，对于涉及工程建设、设备采购或服务外包的PPP项目，已经依据政府采购法选定社会资本合作方的，合作方依法能够自行建设、生产或提供服务的，合作方可以不再进行招标。因此，PPP+EPC模式中的PPP中标社会投资人和EPC总承包商有可能“合二为一”——兼具项目投融资实力和工程建设总承包能力的社会投资人，可以通过“两标并一标”方式介入项目，按照EPC合同约定完成设计、施工、采购等服务，按照PPP合同获得项目特许经营权获取运营回报，在约定合作期满将项目移交给政府。

随着PPP模式在基础设施领域的广泛使用，优质PPP项目也受到非建筑施工类企业、无工程建设背景公司、金融类投资公司等关注。具有较强资

[1] 黄喜兵．铁路建设项目代建制研究[D]. 成都：西南交通大学，2010.
[2] 赵周杰 .PPP+EPC模式的实现路径及相关思考[J]. 中国工程咨询，2018（2）.
[3] 付祖南．浅析PPP+EPC模式实践与分析[J]. 居舍，2018（6）.

本募集和丰富融资经验的金融类投资公司，与经验丰富的工程建设施工单位组成联合体，参与PPP项目社会投资人遴选。项目中标后，联合体中的工程建设施工单位既是PPP项目的投资人，按照相关程序要求，也可作为PPP项目的建设承包商与项目公司签订建设合同。

（二）杭衢铁路“PPP+EPC”实践

杭衢铁路PPP项目东起建德市，途经龙游县、衢江区、柯城区，西至江山市。全线新建建德南、龙游北和衢州西等3座车站，预留1座衢江站，建德东、江山站等2座为既有车站。项目全线长130.9公里，为双线设计时速350公里/小时的高速铁路。投资概算总额236.3亿元，资本金比例30%；其中，社会资本方占比51%，省市地方政府占比49%。项目建设期3.5年，运营期30年，期满后移交给政府。

根据《杭衢铁路PPP项目实施方案》，杭衢铁路PPP项目的建设组织实施方式采用工程总承包（EPC）模式，项目公司与工程总承包（EPC）单位签署工程总承包（EPC）合同，工程总承包（EPC）单位对工程总承包（EPC）合同范围内工程的质量、安全、工期和造价等全面负责。项目公司作为本项目法人，负责项目的投融资、建设和运营工作，依法承担项目建设安全、质量、投资、进度控制责任。实施方案明确的杭衢铁路项目建设管理框架如图6所示。

杭衢铁路是国内首个“PPP+EPC”铁路项目。2019年3月，杭衢铁路（建衢段）筹建办公室经公开招标方式，选中EPC工程总承包单位——中铁第四勘察设计院集团有限公司牵头，中铁四院集团投资有限公司、中铁十一局集团有限公司、中建铁路投资建设集团有限公司为成员的联合体。但在后续项目推进过程中，又引入代建模式推进实施。目前，杭衢铁路项目已累计完成投资约131亿元，占项目总投资的55.6%，剩余工程正在按照施工组织设计有序推进。

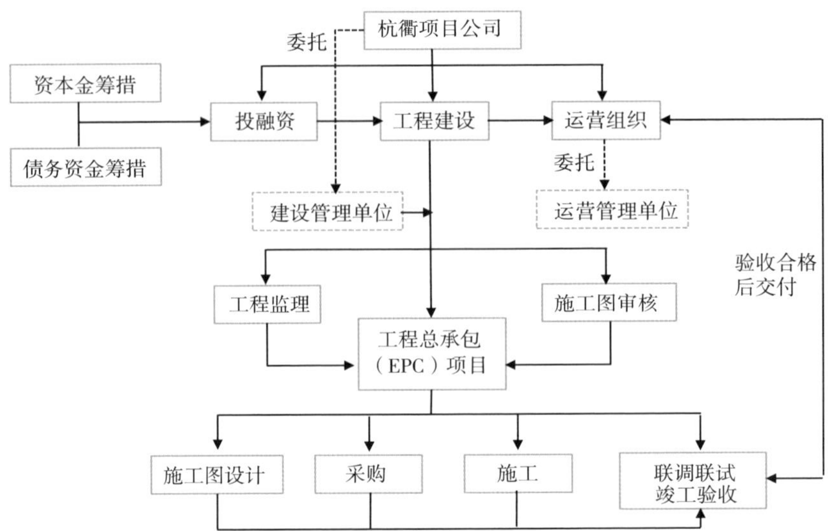

图6　杭衢铁路项目建设管理组织框架图

第二节　铁路PPP项目组织管理

一、参建各方及相关职责

铁路项目参建方共有五类，分别是建设管理单位、监管单位、组织实施单位、项目管理单位和其他参建单位。一般而言，建设管理单位特指国铁集团，监管单位特指国家铁路局。

（一）铁路建设管理单位

国铁集团负责组织铁路建设，统一管理建设项目前期工作，统一安排、推进铁路建设项目实施。国铁集团相关部门和单位按照职责分工对建设项目实施管理，与铁路建设项目具体工作关联较大的是工程管理中心、鉴定中心。具体职责如表 8 所示。

表8　铁路项目建设管理单位具体分工职责

名称	职责概括	职责内容
工程管理中心	按国铁集团批准的设计和总概算，对建设项目的投资、规模、标准、工期和质量等实施全面控制和管理	①负责大中型铁路建设项目组织实施工作，负责施工组织设计审查、施工图审核管理工作，参与大中型铁路建设项目前期工作。 ②负责大中型铁路建设项目标准化管理推进工作。 ③负责大中型铁路建设项目工程调度管理、质量安全日常管理工作。负责建设管理机构日常管理并进行考核，提出初步建议。 ④牵头组织、指导总公司管理的高速铁路和时速 200 公里重点建设项目联调联试工作。 ⑤检查、指导大中型铁路建设项目计划、合同和投资管理工作。考核投资完成情况，提出在建项目年度投资计划建议。 ⑥ 检查、指导大中型铁路建设项目物资设备管理工作，对供应商合同履约情况进行监督、检查。 ⑦检查、指导大中型铁路建设项目工程实施中征地拆迁、用地手续办理、三电迁改、外电引入、环境保护和水土保持等工作。 ⑧指导大中型铁路建设项目现场工程技术、科研工作，组织研究解决工程实施中的重大技术问题。 ⑨在总公司相关部门指导下，负责总公司管理的大中型铁路建设项目和铁路货车购置等招投标驻场监督工作。 ⑩参与大中型铁路建设项目竣工验收工作，指导项目静态、动态验收工作

续 表

名称	职责概括	职责内容
鉴定中心	铁路工程技术咨询和管理	①受国铁集团和其他业主委托，承担铁路建设项目立项及可研决策咨询、路网发展和运量规划、软科学研究和管理咨询工作。 ②受国铁集团委托或授权，负责铁路建设项目的初步设计审查、Ⅰ类设计变更审查、概算清理工作。 ③受国铁集团委托承担铁路工程技术标准的具体业务管理工作

资料来源：根据中国铁路集团公司官网公开资料整理。

（二）铁路建设项目监管单位

根据《国务院办公厅关于印发国家铁路局主要职责内设机构和人员编制规定的通知》（国办发〔2013〕21号），国家铁路局职责主要包括：

①起草铁路监督管理的法律法规、规章草案，参与研究铁路发展规划、政策和体制改革工作，组织拟订铁路技术标准并监督实施。

②负责铁路安全生产监督管理，制定铁路运输安全、工程质量安全和设备质量安全监督管理办法并组织实施，组织实施依法设定的行政许可。组织或参与铁路生产安全事故调查处理。

③负责拟订规范铁路运输和工程建设市场秩序政策措施并组织实施，监督铁路运输服务质量和铁路企业承担国家规定的公益性运输任务情况。

④负责组织监测分析铁路运行情况，开展铁路行业统计工作。

⑤负责开展铁路的政府间有关国际交流与合作。

（三）铁路建设项目建设单位

铁路项目的建设单位一般是国铁集团管理的合资铁路公司、铁路局集团有限公司。其中，合资铁路公司负责快速铁路网项目、跨局路网主骨架长大干线项目以及建设难度大的项目等建设工作，承担项目前期相关工作、工程实施、运营阶段资产管理和资产经营开发。

铁路局集团公司负责既有线、枢纽和局管内新线的建设管理工作。铁路公司管理的建设项目引入铁路枢纽、既有线和大型客站部分，可委托铁路局代为建设，铁路公司和铁路局应签订委托代建协议。负责协调管内铁路建设与地方的关系，做好管内总公司其他工程项目的后勤保障和服务工作。

（四）铁路建设项目管理机构

铁路建设项目的管理单位一般指建设单位法人，即业主单位，是由铁路局按照专业化、职业化要求，组建的区域性和专业化的项目管理机构，具体负责管内铁路建设项目管理工作。主要职责包括：

①贯彻国家有关工程建设方针政策、法律法规、工程建设强制性标准和国铁集团制度标准，根据批准的建设规模、建设方案、技术标准、建设工期和投资，组织铁路工程项目建设，对质量、安全、工期、投资、环保、稳定等全面负责。

②参与建设项目前期工作，审查勘察大纲，验收勘察资料，核实征地拆迁数量和补偿费用，与产权单位签订道路(管线)改移等有关协议，负责初步设计文件初审和施工图审核。

③依法选择具备相应资质的勘察设计、施工、监理、咨询等单位承担相关工作，负责物资设备招标工作，与中标企业签订合同。

④组织办理规划选址、环评、水土保持、土地、节能、社会稳定风险评估、文物、立交、压覆矿产补偿等手续，以及实施过程中相关手续补充、变更工作。组织开展职业病防护有关工作。

⑤负责建设项目的征地拆迁工作，落实国铁集团与有关方面合作要求，负责与地方实施部门签订征地拆迁协议，督促落实地方征地拆迁工作推进和资金到位；落实项目沿线综合开发有关工作。

⑥组织编制指导性施工组织设计，组织制定营业线施工实施方案和安全措施，组织设计交底，办理批准单项工程开工手续；按规定编报工程项目建设期内滚动投资计划和年度投资计划，严格按批准的投资计划组织实施；按规定筹集使用建设资金，负责验工计价，及时办理工程价款等资金的拨付与结算；负责统计、报告工程进度，按规定办理变更设计。

⑦负责合同管理，认真履行合同，加强合同履约检查，实行动态管理。

⑧负责申办质量监督手续，健全落实质量、安全管理体系，建立事故处置机制，报告质量、安全事故，参与质量、安全事故的调查和处理，组织营

业线施工安全培训。

⑨按规定负责工程竣工验收相关工作，编制工程竣工文件、竣工决算和工程总结；办理资产移交或维管交接、文件归档和档案移交。

（五）铁路建设其他参建单位

铁路建设项目其他参建单位主要是勘察设计、施工、监理、审核咨询、审价、第三方检测单位。各单位职责分别是：

1. 勘察设计单位

根据《铁路建设项目勘察设计管理办法》（铁总建设〔2014〕124号），铁路勘察设计单位的主要职责包括：

①完成初测和可行性研究报告。应通过多方案比选，优化确定建设方案、建设规模、技术标准、重大技术方案、运输组织及运营管理模式，充分论证项目的经济性、技术性和可实施性，科学合理提出投资估算和建设工期，并明确项目经营开发、生产生活配套设施建设等相关内容。完成可行性研究报告批复前的前置性文件报批工作，主要包括规划选址、土地预审、环境评价、节能评估、水土保持、社会稳定风险评估等。

②完成项目定测和初步设计文件，签订各项外部条件协议，做好初步设计文件初审工作。勘察工作和初步设计文件应达到规定的深度要求，征地拆迁范围、数量及费用准确，大临工程和过渡工程应按规定完成设计并纳入概算，与铁路建设项目直接关联的综合开发项目应按规定同步完成设计。

③按照初步设计批复意见开展补充定测和施工图设计，按供图计划交付施工图，组织做好施工图优化、施工图审核、指导性施工组织设计编制等工作。

④组建施工现场设计配合机构，按照设计配合工作细则进行现场设计配合。进行施工图技术交底，做好现场地质资料核对确认工作。根据现场变化，及时完善勘察设计工作。交接测量控柱，维护管理测量控制网，指导施工单位测设施工控制网。参与施组、重大方案编制审查，为现场施工提供技术指导和技术咨询。

⑤参加过程工程质量验收和竣工验收。

2. 施工单位

根据铁路建设项目施工合同等文件约定的内容，施工单位的主要职责包括：

①承担铁路项目基本建设工程施工任务，按照有关规定和合同约定，组建项目部及架子队（标准化作业队），配备各项目部管理人员及架子队管理人员和作业人员。

②负责执行实施性施工组织设计；做好施工组织、作业指导书（工艺工法等）、施工方案等的审查、发布、交底和执行；严格施工过程的考核、检查、评定工作，做好工程自验；做好工艺工法创新等。

③做好质量控制、安全控制。

3. 监理单位

铁路建设项目应按国家规定实施工程监理，监理单位依法对施工质量安全承担监理责任。按照国家有关法律、法规、《铁路工程施工监理规范》（TB 10402—2019）、《监理服务合同》等要求，铁路项目监理单位的职责主要包括：监督、审核施工复测；审核实施性施组并监督实施；审核关键施工技术方案和专项施工安全技术方案，组织或参与检验批、分项、分部、单位工程质量检查和验收；监督施工单位按图施工；监督、检查施工质量、安全保证体系运行情况，加强日常施工现场质量安全监督、检查；审核、签认工程计量与工程款支付等。

4. 施工图审核（咨询）单位

根据《铁路建设项目施工图审核管理办法》（铁总建设〔2014〕299号）明确的工作要求，施工图审核（咨询）单位的主要职责包括：

①依据国家有关法律法规、国铁集团有关规章和规范性文件、工程建设强制性标准、初步设计批复意见等，开展施工图审核。

②按照先进行现场核对，再进行施工图图纸审核，最后进行投资检算审核的程序开展审核工作。

③向建设单位、设计单位分批提交审核报告和审核总报告，审核报告包括基本情况、存在问题和建议等内容。

5. 第三方审价单位

根据原铁道部《关于细化铁路建设项目初步设计和清理概算送审文件要求的通知》(鉴综函〔2012〕82号)要求，涉及项目价差、征地拆迁、岩溶和采空区处理工程的变更设计要完成第三方审价。第三方审价单位的主要职责包括：

①要针对变更设计审核、概算清理、工程结算等内容，按照约定时间完成审价、审核工作，提出咨询意见、审核意见，出具审价情况报告。

②根据建设单位要求，对征地拆迁、三电迁改工程、管线迁改、材料设备价差、初步设计概算第十一章明确费用、变更设计、概算清理、工程结算进行审核并出具审核报告，配合建设单位、设计单位整理概算清理资料，全面参与概算清理。项目概算清理批复后对竣工结算资料进行审核，提出审核意见。

③整理、分析建设项目全过程造价控制的有关资料，复核工程造价的各项计量，审核建设单位报送的竣工结算书及竣工结算资料，对工程竣工结算价款形成初步审核意见。

④建设单位根据审价机构对工程竣工结算价款的初步审核意见，组织审价机构和施工、监理、设计等单位进行会商，经建设、施工单位和审价机构三方达成共识后签署工程结算定案单。审价机构根据会商结果向委托人出具“竣工结算审核报告”。

6. 第三方检测单位

根据原铁道部《关于开展隧道衬砌等铁路工程质量第三方检测的通知》(铁建设〔2011〕172号)要求，为保证客运专线桥梁工程质量，自2006年起，要求在铁路客运专线开展桥梁基桩第三方检测工作；为进一步加强隧道衬砌、路基填筑等铁路工程质量控制，彻底消除重要隐蔽工程的质量隐患，要求在铁路工程建设中涉及的隧道衬砌、桥梁基桩、路基填筑、路基挡墙、抗滑桩和锚杆（索）开展第三方检测。第三方检测单位按照投标承诺、合同要求和标段施工进展情况开展检测工作，制定完善的检测工作管理制度，编制检测计划和实施方案，报建设单位核备。检测单位必须及时完成现场检测工作，并按时提交中间报告（初步结论通知单）和最终检测报告，确保工程施工顺利进行。

二、杭绍台铁路 PPP 项目组织管理

（一）杭绍台铁路项目管理组织架构

2017 年 9 月 11 日，杭绍台铁路 PPP 项目正式签约后，在原中国铁路总公司（简称铁总）、浙江省政府的沟通协调下，确定杭绍台铁路采用 EPC 模式建设。2017 年 11 月，杭绍台铁路公司作为项目业主单位，通过公开招标方式，选定 EPC 工程总承包单位中国铁路设计集团有限公司，并于当年年底签订项目 EPC 合同，试水铁路 PPP 项目 EPC 建设。

杭绍台铁路是铁总首个 EPC 总承包的高铁项目，杭绍台铁路公司作为项目业主方承担建设单位职责，项目管理组织架构如图 7 所示。

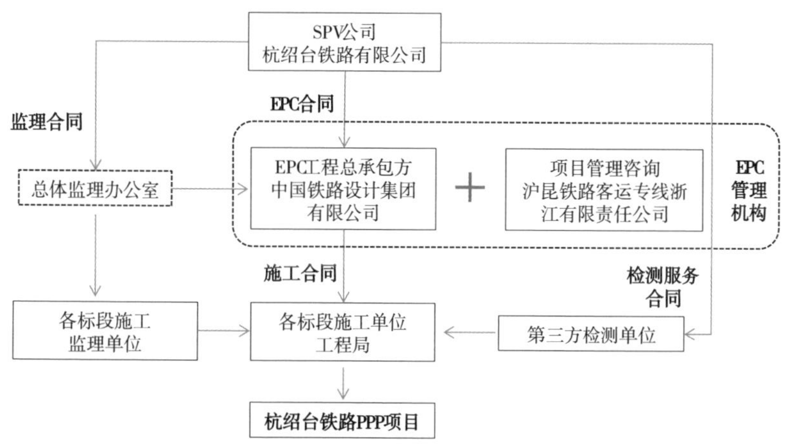

图7　杭绍台铁路项目管理组织架构图

根据杭绍台铁路公司与 EPC 单位签署的《新建杭州经绍兴至台州铁路 EPC 工程总承包合同》，EPC 单位的主要工作界面是：负责施工图设计、设

备材料采购、工程施工、联调联试、竣工验收及缺陷期服务等全过程，对承包工程的质量、安全、工期、造价全面负责。监理单位的服务界面是：所有施工项目的施工全过程和缺陷责任期监理，协助招标人做好项目开工准备工作、竣工验收工作和按中国国家铁路集团公司现行规定应纳入监理范围的其他内容，提供项目全过程咨询服务。[1]

EPC 工程总承包单位采用公开招标方式选择全线各标段施工单位工程局，并与各施工单位签署施工合同。杭绍台铁路公司通过公开招标方式选择监理服务单位、第三方检测单位等。杭绍台铁路按照工段位置，在台州市、绍兴市境内共有 7 个标段，各标段监理、检测工作由各自的监理检测单位分别负责。为提高沟通工作效率，杭绍台铁路公司与 EPC 管理机构沟通，从各标段监理公司抽调骨干成员，根据不同专业设置对应专业部门，组成总体监理办公室（简称总监部），由总监部负责项目公司、EPC 管理机构和各施工标段的联络，大大提升了管理效能。

为进一步指导全国首条铁路 PPP 项目的 EPC 实践，引入项目管理咨询单位沪昆铁路客运专线浙江公司，与中国铁路设计集团有限公司组成“EPC 管理机构”，履行 EPC 总承包的职责，与项目公司“三位一体”共同推动项目建设。在项目公司组织下，三方积极贯彻“有利于加快工程推进、有利于明确各方责任、有利于加强现场管理”的原则，定期召开三方联席会议，协调解决重大问题，共同推进工程建设。

（二）杭绍台铁路 EPC 模式经验

2017 年底，杭绍台铁路正式开工建设，目前，项目建设内容已基本完成，线路开通运营在即。杭绍台铁路在推进 PPP 模式落地过程中，又叠加了 EPC 模式，这种组合模式在项目建设实践中积累了一些经验。

(1) 加大 EPC 模式下现场管控力度，形成施工安全工作合力。杭绍台铁路公司充分利用三方联席例会制度，发挥“项目公司 +EPC 单位 + 工程管

[1] 左锋 .EPC 管理模式下的杭绍台城际铁路 PPP 建设项目实践 [J]. 建设监理，2020（5）：21-24.

理咨询机构”建设合力，确保项目有序快速推进。以指导性施组为统领，实现全线工程建设顺利推进，建设期内投资计划和实体工程量均顺利完成。

（2）**充分发挥总监部衔接服务功能，实现工程建设“统抓统管”。**杭绍台铁路公司组建成立的总体监理办公室（总监部），解决了施工过程中现场出现的较大的安全和质量问题，对重难点工程、控制性节点等开展现场安全、质量、进度等的监督和检查工作，确保整个铁路项目有序开展工作。总监部在协调建设单位与总承包单位、各标段监理单位与总承包单位之间的关系和工作方面发挥了巨大作用，实现了工程项目管理过程的无缝对接。

（3）**严格质量安全红线管理要求，扎实推进项目实施。**杭绍台铁路公司根据工程进度要求，督促 EPC 工程总承包单位组织各标段施工队伍，切实开展好桥梁铺架、营业线（邻近）施工、站房施工、“四电”工程等质量安全管理工作。扎实开展火工品管理、大型机械设备管理、防洪防汛防台等季节性施工安全管理工作，确保现场安全生产有序。

（4）**落实 EPC 考核管理机制，提升施工现场管理水平。**[1]为充分调动 EPC 总承包单位的积极性和提升现场管理水平，杭绍台铁路公司依据《铁路建设单位考核办法》《铁路建设项目标准化管理绩效考评实施办法》等规定，以及 EPC 工程总承包合同和招标文件，结合杭绍台铁路建设项目的特点，制定了对 EPC 总承包单位的考核办法。通过考核，提升了现场管理效果，确保项目在安全和保证质量的基础上有序向前推进。

［1］ 左锋 .EPC 管理模式下的杭绍台城际铁路 PPP 建设项目实践 [J]. 建设监理，2020（5）：21-24.

第三章
实施机构职责与工作机制

第一节　实施机构的职责

2014 年以来，国家发展改革委先后发布《关于开展政府和社会资本合作的指导意见》（发改投资〔2014〕2724 号）和《关于印发〈传统基础设施领域实施政府和社会资本合作项目工作导则〉的通知》（发改投资〔2016〕2231 号），对实施机构的定位、工作机制和工作职责做出具体规定。

一、实施机构定位和职责

实施机构是 PPP 项目的实施主体，是 PPP 项目规范管理的核心。按照地方政府的相关要求，明确相应的行业管理部门、事业单位、行业运营公司或其他相关机构，作为政府授权的项目实施机构。实施机构在授权范围内负责 PPP 项目的前期评估论证、实施方案编制、合作伙伴选择、项目合同签订、项目组织实施以及合作期满移交等工作。实施机构的以上工作职责覆盖 PPP 项目全生命周期。

（一）PPP 项目前期准备阶段职责

实施机构具体参与 PPP 项目筛选工作，会同行业管理部门，及时从项目储备库或社会资本提出申请的潜在项目中筛选条件成熟的建设项目，编制实施方案并提交联审机制审查，明确经济技术指标、经营服务标准、投资概算构成、投资回报方式、价格确定及调价方式、财政补贴及财政承诺等核心事项。实施机构负责 PPP 项目实施方案编制。对纳入年度实施计划的 PPP 项目，重视征询潜在社会资本方的意见和建议。根据经批准的可行性研究报告或项目核准、备案有关要求，完善并确定 PPP 项目实施方案。重视重大基础设施政府投资项目初步设计方案的深化研究，细化工程技术方案和投资概算等内容，作为确定 PPP 项目实施方案的重要依据。

（二）PPP 项目采购阶段职责

实施方案审查通过后，实施机构配合行业管理部门，按照《招标投标法》《政府采购法》等法律法规，通过公开招标、邀请招标、竞争性谈判等多种方式，公平择优选择具有相应管理经验、专业能力、融资实力以及信用状况良好的社会资本作为合作伙伴。实施机构组织起草 PPP 项目合同供社会投资人遴选谈判。依据审查批准的实施方案，组织起草 PPP 合同草案，包括 PPP 项目主合同和相关附属合同（如项目公司股东协议和章程、配套建设条件落实协议等）。PPP 项目合同主要内容参考国家发展改革委发布的《政府和社会资本合作项目通用合同指南（2014 年版）》。项目合同应明确服务标准、价格管理、回报方式、风险分担、信息披露、违约处罚、政府接管以及评估论证等内容。实施机构组织 PPP 合同谈判和签署。根据需要组织项目谈判小组，必要时邀请第三方专业机构提供专业支持。与中选社会资本方签署确认谈判备忘录，并根据信息公开相关规定，公示合同文本及相关文件。按相关规定做好公示期间异议的解释、澄清和回复等工作。公示期满无异议的，由项目实施机构会同当地投资主管部门将 PPP 项目合同报送当地政府审核。政府审核同意后，由项目实施机构与中选社会资本方正式签署 PPP 项目合同。

（三）PPP 项目执行阶段职责

实施机构代表政府方及政府相关部门根据 PPP 项目合同及有关规定，对项目公司或社会资本方履行 PPP 项目融资建设责任进行监督。实施机构在项目实施过程中加强工程质量、运营标准的全程监督，确保公共产品和服务的质量、效率和延续性。实施机构会同行业主管部门，根据 PPP 项目合同约定，定期对项目公共产品和服务的数量、质量以及资金使用效率等方面进行综合评价，评价结果向社会公示，作为价费标准、财政补助以及合作期限等调整的参考依据。实施机构会同行业主管部门，自行组织或委托第三方专业机构对项目进行中期评估，及时发现存在的问题，制订应对措施；项目实施结束后，可对项目的成本效益、公众满意度、可持续性等进行后评价，评价结果作为完善PPP模式制度体系的参考依据。实施机构对项目进展情况进行监管，社会资本方如出现重大违约或者不可抗力导致项目运营持续恶化，危及公共安全或重大公共利益时，受政府方指定，由实施机构及时做好接管，保障项目设施持续运行，保证公共利益不受侵害。

（四）PPP项目移交阶段职责

实施机构与项目公司或社会资本方在合作期结束前一段时间（过渡期）共同组织成立移交工作组，启动移交准备工作。实施机构在项目政府和社会资本合作期满后，按照合同约定的移交形式、移交内容和移交标准，及时组织开展项目验收、资产交割等工作，妥善做好项目移交。依托各类产权、股权交易市场，为社会资本提供多元化、规范化、市场化的退出渠道。

二、杭绍台铁路实施机构职责约定

根据2017年9月11日省政府与中选社会资本方签署的《杭绍台铁路PPP项目投资合同》，以及实施机构与杭绍台铁路项目公司签署的《杭绍台铁路PPP项目合同》，实施机构浙江发规院根据法律法规及合同约定，代表政府方对杭绍台铁路项目的投资、建设、运营进行全过程的监督、指导和检查。

（一）实施机构的主要权利

实施机构具有以下权利：授予乙方经营权，确保项目实施正常进行；对建设标准、建设规模和工程范围等按程序进行调整；书面同意项目融资方案、股东协议、公司章程、股权变更；对本项目投资与工程进度进行监管；对乙方签署的项目重大合同文件进行参与、监督、审核；制定本项目绩效考核办法，并据此对项目建设、运营和维护进行监督考核；对不符合建设或运营标准的违约行为进行惩罚，并收取相应的违约金；对影响项目运行的行为进行监管、要求改正和撤销，并有权要求乙方进行赔偿；依据合同约定在乙方不履行约定义务时，单方面解除本合同并接管本项目；对项目已完成建设工程量进行政府审计或委托有审计资质的审计单位进行审计；授权政府出资代表参与乙方经营和管理，推荐项目公司高级管理人员；法律规定及本合同约定的其他权利或权力。

实施机构有权开展以下工作：负责协调本项目相关前期立项、报建审批及相关行政许可等工作，按照管理权限负责涉及本项目的重大事项审批；协助乙方与国家铁路局、国铁集团的沟通和联络；对本项目的投融资全过程抽查、检查、监督；对项目资金（包括资本金与融资资金）的到位、使用情况进行监督与审查；对农民工工资支付进行监管；对项目工程建设质量和安全、水保、环保、生态等进行抽查、检查和监督；组织政府行政管理部门对本项目进行年度、专项等审计工作；依法检查乙方的财务，并要求乙方提供相应的财务报表，以便监督乙方资金使用情况。

（二）实施机构主要义务

根据《杭绍台铁路 PPP 项目合同》，实施机构代表政府方承担以下义务：项目可行性缺口补助纳入相关政府财政预算，绍兴与台州两市各自协调市内所辖沿线县（市、区）政府的补助分配比例；协调沿线县（市、区）政府按照工程实施计划开展征地拆迁工作，沿线县（市、区）政府负责征地拆迁工作及有关的三电迁改、三改工程等工作，乙方全力配合相关工作顺利实施；负责落实、协调规划、国土部门制定建设用地方案并获得审批；协助提供满足本项目工程施工需要的临时用地；积极争取国家和上级政府相关政策性补助和优惠政策，用于支持本项目的建设；积极协助配合乙方的项目融资，依法予以办理相关手续；在现行规章制度要求的可行范围内，尽最大努力帮助、协调投资人及乙方获得、保持和延续与本项目有关批准，减少投资人和乙方为获得、保持或延长该等批准的各级有关部门审批环节等。

鉴于《杭绍台铁路 PPP 项目投资合同》签署在前，且合同中已规范了省、市政府和社会资本方等各方的权利义务，明确界定了各方责任义务和相应违约责任。2017 年 9 月 30 日，浙江省发展改革委经省政府同意，正式印发《关于杭绍台铁路 PPP 项目投资合同政府方相关义务分解的函》（浙发改函〔2017〕179 号），将《杭绍台铁路 PPP 项目投资合同》中的主要责任义务分解到各相关单位。文件中明确要求各单位高度重视杭绍台铁路项目推进工作，并明确具体责任人，制订履约工作计划，严格按照合同约定的时间节点要求履行好各项义务。

浙发改函〔2017〕179 号文件对实施机构的主要义务进行了分解，总体可分为审查核实类义务、协助类义务和监督执行类义务，各项工作内容如表 9 所示。

表9　实施机构工作内容分解表

序号	工作内容	备注
审查核实		
1	审查核实投资合同与项目合同的所有变更、修订、补充等	实施机构负责
2	审查核实项目公司股东协议与公司章程	
3	审查核实项目公司股权融资与债权融资方案	
4	审查核实项目公司与金融机构或关联方之外的其他第三方之间的贷款、借款合同	
5	审查核实项目公司股权转让、变更、质押等任何可能导致股权变更的申请	
6	审查核实项目施工、监理、审价等招标活动的招标文件，并监管招标过程	
7	审查核实 I 类工程变更，在接到变更申请文件之日起 30 日内明确是否同意该变更	
8	收到项目公司递交的要求延长合作期（按合同约定情形）的书面申请后 30 个工作日内给予书面回复	
9	收到项目公司报送的融资及投资完成情况与计划融资及投资报表后，如果对内容有异议应当在收到报表后 5 个工作日内书面通知	
协助类义务		

续　表

序号	工作内容	备注
1	协助办理社会资本或项目公司负责办理的各类报批手续	实施机构与相关职能部门负责
2	落实、协调规划与国土部门制定建设用地方案并获得审批	
3	积极争取国家和上级政府相关政策性补贴和优惠政策，用于支持该项目的建设	
4	积极争取保障杭绍台铁路实现自主定价	
5	积极协助配合项目公司进行融资，依法予以办理相关手续	
6	为项目公司融资提供增信条件，包括但不限于项目立项文件、可行性研究报告、项目用地及规划手续、工程建设手续、项目补贴及补偿纳入财政预算及中长期财政规划的合法性文件等与项目有关的文件资料以及为融资所需的手续、批复、承诺函等	
	监督执行类义务	
1	与项目公司共同确认先行段已完成部分的工程，并移交给项目公司；若发现先行段工程质量不符合建设标准，督促该工程的原施工单位进行整改直至其通过验收	实施机构与相关职能部门负责
2	聘请审计机构对工程建设进行全过程跟踪审计，相关费用由项目公司承担	
3	每年安排第三方机构对项目公司运营收入进行审计	
4	运营期内，按约定对项目进行绩效考核	
5	运营期内，委托专业机构开展对本项目的中期评估和后评价，中期评估按 4 年进行一次，重点分析项目运行状况和项目合同的合规性、适应性和合理性	
6	合作期届满日前 24 个月，与项目公司共同成立移交委员会，负责项目移交相关事宜	
7	移交准备期内，与项目公司共同聘请独立注册会计师事务所对项目设施上存在的抵押、质押或任何其他形式的担保及第三方追索情况开展调查。双方平摊调查费用	
8	合同提前解除情形下，接收项目资产，并根据合同约定回购项目	

第二节　实施机构工作机制

一、工作机制概要

杭绍台铁路实施机构浙江发规院为了切实履行职责，按照系统化、规范化、精细化的要求，在学习领会国家、省等对PPP项目实施机构职责的规定和《杭绍台铁路PPP项目投资合同》《杭绍台铁路PPP项目合同》约定的条款基础上，学习借鉴地方PPP管理中心运行机制，形成了《铁路PPP项目实施机构职责和工作机制（试行）》（以下简称《工作机制》）。《工作机制》分总则、主要职责、组织架构、业务管理、内部管理、经费保障、附则等7部分，共30条。

（一）总则

明确实施机构是浙江发规院服务省委省政府中心工作的重要平台，主要职责依据两类规范文件：第一类是杭绍台和杭温铁路经批复的实施方案、项目合同；第二类是国家发展改革委和财政部关于政府和社会资本合作的指导意见，以及省发展改革委对实施机构进行任务分解等文件。

（二）主要职责

实施机构总的职责是在授权范围内，负责铁路PPP项目准备期、采购期、执行期和移交期，涉及前期评估论证、实施方案编制、合作伙伴选择、项目合同签订、项目组织实施以及合作期满移交等工作。依据是国家发展改革委、财政部和省发展改革委等对PPP项目实施机构职责的界定。实施机构关于不同铁路PPP项目的具体的权利与义务，按照签订的PPP项目合同规定条款执行。

（三）组织架构

实施机构是浙江发规院承担的具有公益性质的重大专项工作，组织架构纳入全院管理体系。2019年起，实施机构工作开展主要依托院城乡建设处，后更名为基础设施研究所；2020年4月16日，省委机构编制委员会印发《浙江省发展规划研究院主要职责、内设机构和人员编制规定》（浙编〔2020〕8 号），正式明确设立“铁路 PPP 项目研究所”，承担铁路 PPP 项目实施机构工作任务。2021 年 4 月 19 日，省委机构编制委员会印发《关于调整省发展规划研究院机构编制事宜的批复》（浙编〔2021〕54 号），同意铁路 PPP 项目研究所增挂“省 PPP 项目发展中心”牌子，增加“为浙江省 PPP 项目行业发展和管理提供政策研究支撑，为浙江省铁路全过程工程咨询提供技术支撑”的职责；增加事业编制 8 个。实施机构设综合部、工程部、投资部，按照相应职责进行任务分工。

（四）业务管理

明确审核管理、绩效考核管理、沟通协调等 3 项业务管理工作机制，以及具体的工作流程要求。

（五）内部管理

建立工作例会、工作计划管理、汇报沟通、信息报送、考核激励、学习交流、协作协同、请示报告及廉政风险防范等 9 项机制，明确了各机制主要内容。

（六）经费保障

实施机构工作经费专款专用，人员绩效奖励由院统筹安排。

二、主要工作规程

（一）日常监管机制

（1）**建立审核管理机制。**实施机构在授权范围内依据 PPP 项目合同、国家有关 PPP 项目管理政策，开展项目投资、建设、运营全过程监督、指导和检查，对涉及合同变更、股权变更、工程变更、投融资活动、招投标活动以及 PPP 项目合同约定的其他事项进行审核管理。审核管理工作流程如图 8 所示。

（2）**建立绩效考核管理机制。**实施机构对 PPP 项目公司的考核采取定期绩效考核和不定期抽查等形式。定期考核是项目合作期内，以半年度为单位对项目公司进行常规考核，以年为单位出具对项目公司的考核结果。绩效考核按照PPP项目合同确定的绩效考核办法，参照国家PPP项目绩效管理的相关文件开展。考核内容主要包括项目资金、工程进度、工程质量、安全管理、环境保护、内部制度、公众满意度、项目公司考核与整改等。绩效考核工作由工程部发起，工作方案经院领导审核同意，报省发展改革委。年度考核结果经院长办公会议审定后报省发展改革委。具体工作流程如图9所示。

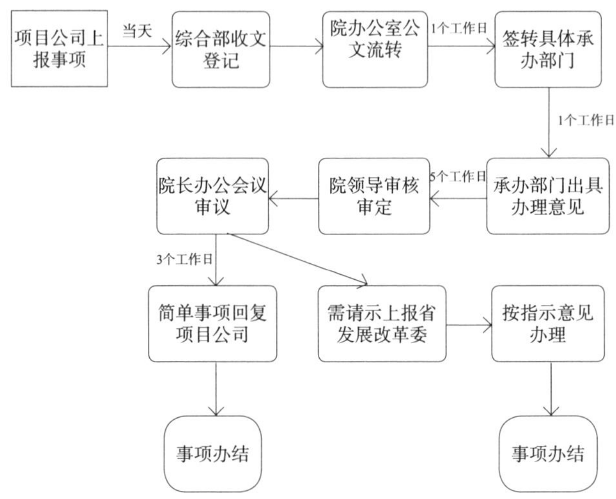

图8　实施机构审核管理机制工作流程图

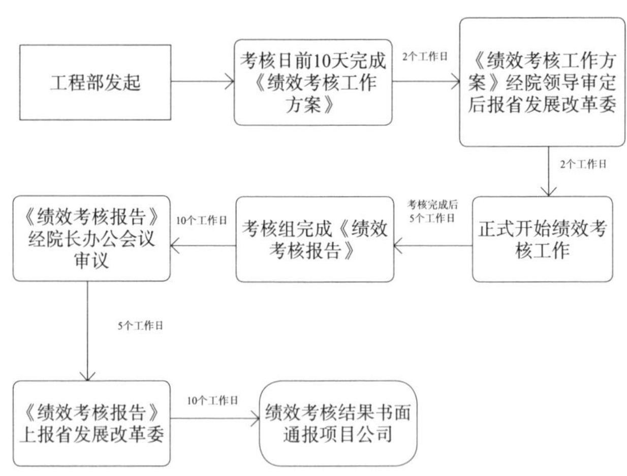

图9　实施机构绩效考核管理机制工作流程图

（3）**建立沟通协调机制。**按照 PPP 项目合同要求，开展需要协助项目公司及其他需要沟通协调的事项。

（二）日常工作机制

（1）**建立工作例会机制。**建立周例会、月度例会和专题会议工作机制，周例会主要内容是上周工作进展和本周重点工作安排；月度例会主要内容是本月已完成和推进中的工作事项，确定下月进度目标和工作重点；专题会议主要内容是工作推进中的重难点问题，以及实施机构半年度、年度总结等。

（2）**建立工作计划管理机制。**实施机构日常工作按照工作计划管理，各部门负责编制月度、半年度、年度工作计划，并按照工作计划推进相关工作。各部门工作计划完成情况纳入部门和个人的考核内容。综合部负责汇总工作计划，定期报送院领导。

（3）**建立汇报沟通机制。**汇报沟通分工作性汇报、总结性汇报和实时汇报。工作性汇报侧重工作进度和完成情况；总结性汇报侧重前一阶段工作、计划完成情况及下步打算；实时汇报侧重重要会议、突发事件等事项。实施机构每半年度向省发展改革委报告工作进展情况，并专题报告重要工作情况。

（4）**建立信息报送机制。**每周编报《铁路 PPP 项目实施机构工作动态》信息，及时反映工程动态，总结交流工作经验，研究探讨工作举措。及时跟踪信息报送对象的收文情况以及相关工作反馈情况。

（5）**建立考核激励机制。**实施机构各部门针对工作计划完成情况、节点控制情况、学习成果转化、领导交办的任务完成等情况，进行客观、公正的考核。考核激励细则另行制定。

（6）**建立学习交流机制。**营造学习氛围，以铁路建设工程、PPP 模式、基础设施投融资、混合所有制改革、项目管理等专业内容为主，以内部研讨、专家授课、外部培训、调研考察等多种形式开展学习。每月度定期组织学习交流活动，不定期开展专题学习，形成学习记录。

（7）**建立协作协同机制。**实施机构各部门按照职责分工定向联系省发展改革委及相关部门的业务管理处室，建立工作协同机制。充分依托第三方咨询机构、律师事务所等力量，支撑实施机构的业务管理工作。建立高层次的专家团队，借智借力解决项目推进过程中的难点问题。

（8）**建立重大事项请示报告机制**。参照院关于重大事项请示报告文件执行。

（9）**建立廉政风险防范机制**。参照院《关于印发廉政从业风险防控机制汇编的通知》（党组〔2017〕34 号）规定执行。

第三节　铁路PPP项目管理架构

一、PPP 项目治理结构

伴随着 PPP 模式的兴起与繁荣，PPP 项目治理结构引起学术界的广泛讨论。从 PPP 项目推进实施层面而言，先后有学者提出基于契约视角、基于产权结构和政府监管、基于网络化治理视角 PPP 项目治理结构等的理论探索。[1]铁路 PPP 项目管理架构的理论探索不多，以杭绍台铁路为例，整体上是从政府监管的角度来进行管理架构的搭建。

（一）基于契约视角的 PPP 项目治理结构

从契约的视角，按照 PPP 项目参与主体的划分，从所有层、决策层、执行层等层次进行 PPP 项目治理结构的搭建。第一层次是所有层，行使 PPP 项目所有者权利的一般是项目投资人，包括政府和民营企业；第二层次是决策层，项目经理在项目组织中处于核心地位，拥有对项目活动的决策权和管理权，同时也受到来自所有者和其他项目成员的多元化和全方位的激励和约束；第三层次是执行层，承包商是项目在建设阶段的实施者，这里所说的承包商是一个比较宽泛的概念，包括设计、施工、供应等所有项目参与者，承包商是项目的具体执行和实施者，项目的经营或管理权在项目经理和承包商之间动态配备。此外，社会公众和项目用户等潜在的利益相关者也对项目产生一定的影响，具有一定的治理功能。[2]

（二）基于产权结构和政府监管的 PPP 项目治理结构

基于产权结构和政府监管的视角，PPP 项目是一种基于不完全契约的公私双方参与的合作，公共部门和私人部门之前存在利益矛盾和信息不对称的情况，需要从以上两个方面建立 PPP 项目的治理框架。PPP 项目的产权结构是公共部门和私人部门以项目资产所有权为基础的权利集合，通过对 PPP 项

[1] 国福旺 李和 .PPP 项目第三方监管实务指南 [M]. 北京：中国建筑工业出版社，2018.
[2] 陈帆 . 基于契约关系的 PPP 项目治理机制研究 [D]. 长沙：中南大学，2010.

目产权结构的研究，能够确定公私双方的最佳投资结构，选择最能促进 PPP 合作效率的具体模式。PPP 项目往往具有自然垄断的属性，且多为基础设施、公用事业。为了保证公众利益，参与方公共部门同时作为政策的制定者要承担对私人部门的监管责任，需要运用委托–代理理论，涉及合理的监管机制，建立有效的激励与约束。[1]

（三）基于项目治理视角的 PPP 项目治理结构

基于 PPP 和项目治理的基本内涵和特征进行分析，PPP 项目治理结构可分为政府治理、公司治理和 PPP 项目的治理三个层级。第一层次是政府治理，核心就是最优化社会资源配置以提供公共产品，通过从统治到主导的角色转换，由统治转变为治理的合作管理范式；第二层次是公司治理，公司治理的重要对象是项目和项目经理；第三个层次是 PPP 项目治理，就是通过针对具体项目的管理模式、契约关系和项目组织结构影响项目人员的行为，进而确保项目的整体目标。[2]

二、铁路 PPP 项目治理结构

结合铁路 PPP 项目管理特点，从内部治理和外部协作出发，绘制出基于协同关系的铁路 PPP 项目治理结构，如图 10 所示。

项目内部治理体现的是投资主体与其他工程建设项目直接利益群体之间的内部决策过程和各利益相关者参与项目治理的方法和途径。[3]围绕铁路 PPP 项目内部存在的广泛合同关系，项目的利益相关者，包括股权投资人、EPC 或代建单位、施工单位、监理单位、咨询公司等直接参与项目的主体。通过以项目公司为中心的“委托–代理”链条和业务上的监督协调关系[4]，各

[1] 申宽宽 . 基于产权结构和政府监管的 PPP 项目治理机制研究 [D]. 天津 ：天津大学，2012.

[2] 郑传军，徐芬，成虎 . 基于项目治理视角的 PPP 治理结构研究 [J]. 建筑经济，2016，37（4）.

[3] 王华，尹贻林，基于委托 - 代理的工程项目治理结构及其优化 [J]. 中国软科学，2004（11）：93-96.

[4] 沙凯逊 . 建设项目治理 ：从外生到内生 [J]. 项目管理技术，2010（10）:13-17.

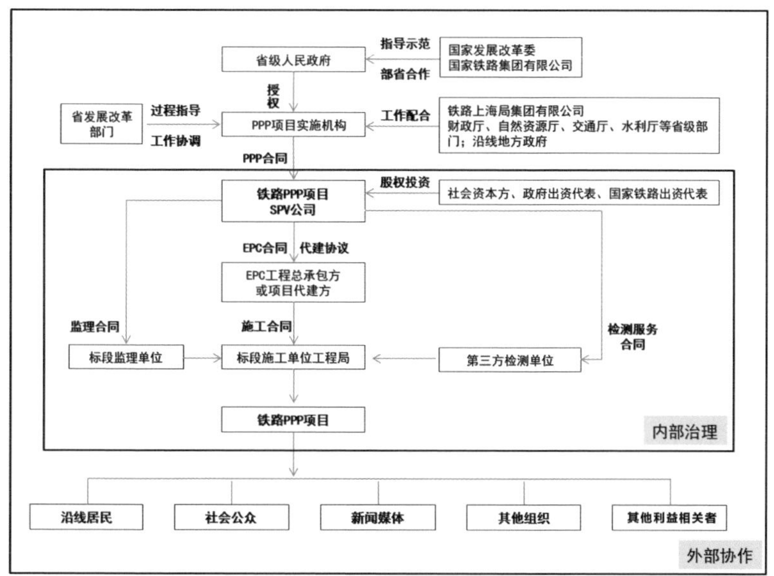

图10 铁路PPP项目治理结构示意图

方参与主体以铁路 PPP 项目的建设实施为脉络，发挥各自职能作用，比如股权投资人通过出资代表，按期缴纳资本金、提取银行融资额度以满足项目建设需要；EPC 工程总承包单位或项目代建机构按照投资进度和形象进度要求组织项目建设实施；施工单位按照标段工作界面做好具体施工工序并确保工程质量安全；监理单位、检测机构、咨询公司等按照服务需要，对项目进行第三方评价服务，监督项目按质按量实施，为项目建设业主单位决策提供现场依据等。

项目外部协作体现的是围绕铁路 PPP 项目，在项目全生命周期内，地方政府、社会民众、媒体公众以及其他组织对项目的监督。具体包括：铁路 PPP 项目识别阶段，地方政府及其授权实施机构对项目的必要性、可行性进行充分论证，预见项目的潜在实施效果及其带动作用，社会公众关注项目建设给居民出行带来的便捷交通服务，同时，建设期由于施工给沿线征迁居民带来的不便等；媒体公众关注项目建设的重大进展以及在时代发展进程中该项目承载的重大创新意义等。通过内部治理和外部协作的共同作用，构建起多元合作的铁路 PPP 项目建设模式，实现铁路项目的最佳治理效果。

第四节 铁路PPP项目各阶段监管重点

实施机构与铁路 PPP 项目公司正式签署合同后，即开始了合作期的合同关系。实施机构的监管内容由具体合同条款约定。总体而言，实施机构的管理重点，在 PPP 项目的不同阶段有不同侧重：

一、识别阶段

本阶段铁路 PPP 项目实施机构尚未明确，不涉及管理内容。但是根据财政部 2014 年 11 月发布的《财政部关于印发政府和社会资本合作模式操作指南（试行）的通知》（财金〔2014〕113 号），承担实施机构任务的主体，可以有三类，分别是地方政府、地方政府指定的有关职能部门和地方政府指定的事业单位。三类主体基于各自职责定位要求，在项目识别阶段，或多或少均会参与地方 PPP 项目的识别过程，会较早介入项目前期过程。

二、准备阶段

实施机构经政府授权明确后，即开展 PPP 项目的具体工作。实施机构需要在 PPP 项目准备阶段，做好采购咨询机构、组织编制“两评一案”并通过审查、组织社会投资人尽职调查、组织编写社会投资人招标采购文件并审查等工作。

三、采购阶段

PPP 项目实施方案经政府审批同意后，实施机构要按照实施方案明确的条件遴选社会资本方。根据已公示的社会投资人招标采购文件，采用不同的遴选方式进行，包括公开招标、邀请招标、竞争性谈判、竞争性磋商、单一来源采购等方式。采购完成后，实施机构需要组织谈判小组与中选社会资本方，就 PPP 合同内容进行谈判，经政府同意后，由政府方与中选社会资本方签订 PPP 项目投资合同；并在此基础上进行 PPP 项目合同的谈判，中选社会资本方按照股权结构要求成立项目公司，实施机构与项目公司签署经谈判的PPP项目合同，标志着PPP项目采购阶段的正式结束。

四、执行阶段

实施机构围绕铁路PPP项目建设期和运营期管理重点开展监督工作。其中，建设期管理围绕“资金、投资、进度、质量安全”四方面内容开展，职责范围以项目合同约定为主要依据，工作内容涵盖建设工程重难点问题协调、项目公司与政府方工作协调与监督、建设期绩效进展情况等。运营期管理围绕公众服务功能的发挥和铁路资产管理为重点，以运营期绩效考核结果为依据，管理好政府可行性缺口补助等相关工作。

五、移交阶段

实施机构作为政府方代表，按照PPP项目合同约定的移交阶段职责，做好资产评估、移交接管等任务。

铁路PPP项目实施机构全生命周期监管内容如图11所示。

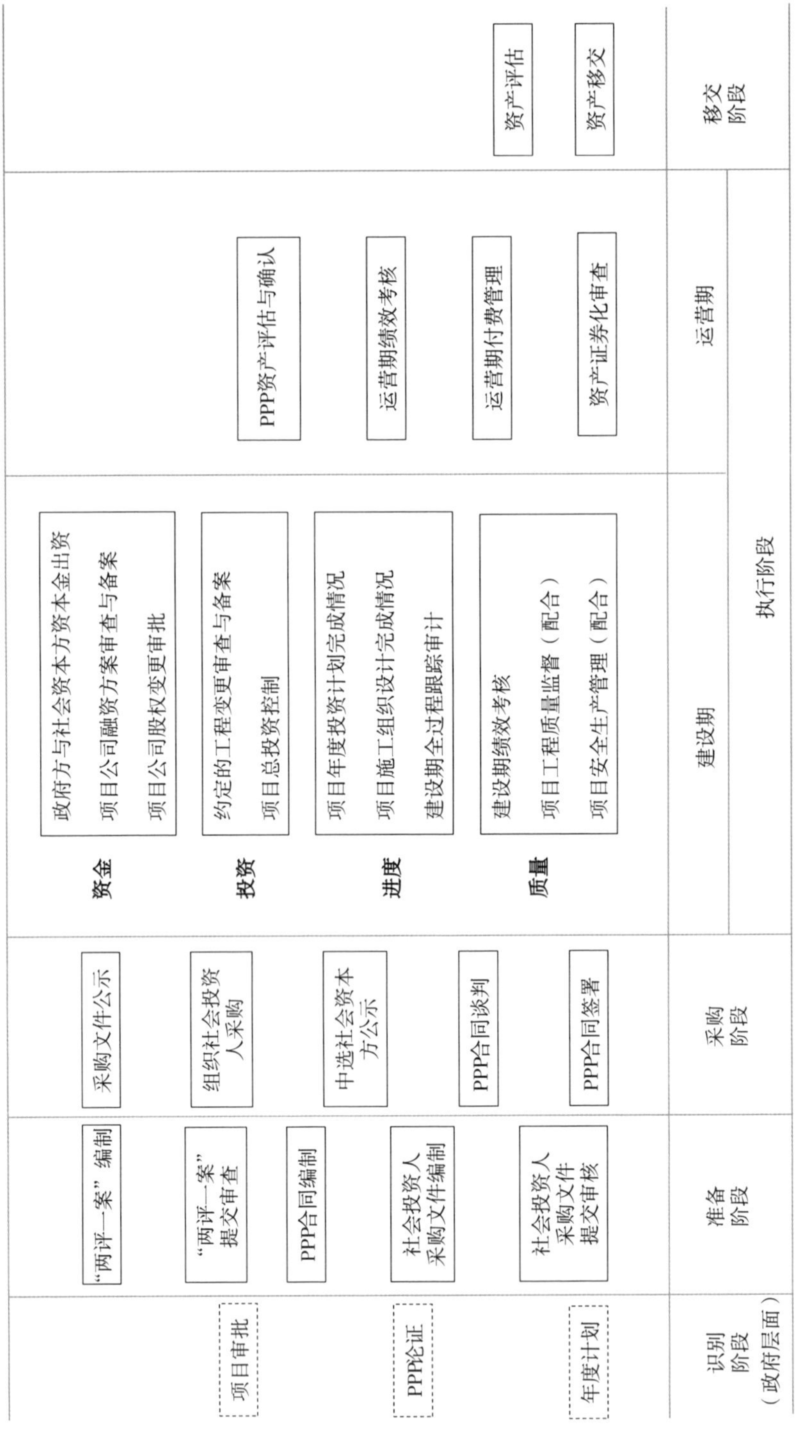

识别阶段（政府层面）	准备阶段	采购阶段	执行阶段：建设期	执行阶段：运营期	移交阶段
项目审批	“两评一案”编制	采购文件公示	**资金**：政府方与社会资本方资本金出资；项目公司融资方案审查与备案；项目公司股权变更审批	PPP资产评估与确认	资产评估
PPP论证	“两评一案”提交审查	组织社会投资人采购	**投资**：约定的工程变更审查与备案；项目总投资控制	运营期绩效考核	资产移交
年度计划	PPP合同编制	中选社会资本方公示	**进度**：项目年度投资计划完成情况；项目施工组织设计完成情况；建设期全过程跟踪审计	运营期付费管理	
	社会投资人采购文件编制	PPP合同谈判	**质量**：建设期绩效考核；项目工程质量监督（配合）；项目安全生产管理（配合）	资产证券化审查	
	社会投资人采购文件提交审核	PPP合同签署			

图11　铁路PPP项目实施机构全生命周期监管内容

第四章
实施机构管理手段

实施机构对铁路 PPP 项目的管理，采用了尽职调查、绩效考核、数字化管理、动态评价跟踪等手段。

第一节 尽职调查

实施机构在铁路 PPP 项目的识别、准备、执行阶段，对项目采用 PPP 模式的可行性、社会资本方的投资意愿、潜在社会投资人的实力情况等，都需要通过尽职调查的方式，获取完整全面的项目信息。根据 2016 年 10 月中国资产评估协会发布的《PPP 项目资产评估及相关咨询业务操作指引》，PPP 项目尽职调查有 5 种基本方式，如表 10 所示。

表10 尽职调查的主要方式

方式名称	主要内容	工作重点
案卷研究	通过案卷分析，明确不同来源的数据存在差异，需要分析差异的原因，并且在访谈、实地调研中进行核查，最后确定选择使用的数据	对处于同一行业的不同地区数据进行对比核实
访谈	调查人员与被调查对象相关人员之间直接面对面谈话和交流，获得调查所需信息，或者对有关问题进行阐述或交换意见	做好访谈对象的选择以及重点沟通问题的清单，访谈期间需要做好访谈记录
现场勘察	亲临 PPP 项目所在地或调查目的地，详细查看项目地理方位、交通条件、环境设施、项目实施进度等，增强项目的感性认识，获得项目的第一手资料	现场工作对于尽职调查非常重要

续 表

方式名称	主要内容	工作重点
书面核实	在尽职调查中，核对 PPP 项目的批准文件、产权证明、财务报表等资料原件，对于部分资料，调查人员还可以前往出具文件的单位或部门进行独立验证	甄别真伪，确认书面资料的真实性、准确性和可靠性
其他必要的方式	对于专业技术性较强的调查内容，调查人员可以借助函证、计算、分析性复核、第三方佐证等方式进行调查核实	确保调查内容的客观真实

一、新建铁路 PPP 项目尽职调查

2016 年 10 月发布的《PPP 项目资产评估及相关咨询业务操作指引》明确了新建项目、存量项目、社会资本尽职调查的操作。结合有关要求，新建铁路 PPP 项目尽职调查的主要内容包括：

（1）**项目基本情况**。对项目基本情况的调查了解，主要包括项目名称、项目发起方、项目建设规模、项目总投资额、项目产出涉及的具体公共产品或公共服务内容、项目合作期、项目回报及其调整机制、项目风险分配等内容。通过对项目基本情况的了解，大致把握项目的总体概况。

（2）**项目背景及区域状况**。项目背景主要包括拟实施的 PPP 项目公共产品或公共服务的需求及供给情况、实施 PPP 项目的必要性和意义。项目区域状况包括项目区域位置，区域人口状况，区域经济发展状况，社会发展状况，市政、交通及公共服务发展情况，地方政府关于土地、税收等方面的优惠政策，相关收费标准等。

（3）**项目实施的可行性**。根据项目的可研报告及其他调研资料，从拟实施 PPP 项目的自然环境、交通运输、资金筹措、项目建设、运营管理、市场需求、市场竞争等方面调研项目的可行性，考虑 PPP 项目全生命周期内可能遇到的重大节点问题对项目实施的影响程度，最终对项目实施的可行性做出客观分析。

（4）**项目实施的主要内容**。社会资本特别关注 PPP 项目的具体实施内容

和方式，一般包括对社会资本选择的条件和方式、项目风险内容及风险分配原则、项目拟采用的运作方式及项目合作期限、项目建设投资总额、项目回报及现金流测算、项目定价机制及调整方式、业绩考核内容及标准、项目投融资结构及相关配套安排、PPP项目合同的主要权利义务内容、政府或项目实施机构等对项目的监管内容及方式等。上述内容主要从项目（初步）实施方案中获得，也可直接与政府相关部门、项目实施机构进行沟通获取。项目实施的主要内容，需要明确各个细节，做到边界清晰、权利义务内容详尽具体。

（5）**项目的可融资性。**PPP项目投资总额大、期限长，建设运营资金主要通过融资获得，除了自身的融资能力外，社会资本更关注项目在设计、建设、运营阶段项目自身的融资可行性，包括能否利用项目收益权和项目资产进行抵质押融资、能否通过发行项目收益债等方式融资。

（6）**项目市场调查及现金流测算。**建设和运营PPP项目，都是为了适应和满足市场需求。但在PPP项目实施前，应对影响市场需求的各方面因素进行客观、合理分析，进而做好项目现金流测算。在进行项目市场调查时，需要对影响供给和需求的各个因素进行调查分析，影响需求的因素一般包括公共产品或公共服务的价格、替代品的价格、消费者收入水平、消费者的数量和习惯偏好、消费者的预期等。需要结合PPP项目自身的实际情况，对现金流测算进行复核，应做到有依有据、客观合理，符合项目实际、行业当前情况及客观发展规律。

（7）**项目的付费机制及价格调整机制。**项目的付费机制是社会资本、政府、使用者等重点关注的核心内容，涉及相关各方的核心利益。在对PPP项目尽职调查时，根据PPP项目具体情况的不同，需要明确该项目拟采取政府付费、使用者付费、可行性缺口补助中的哪一种付费机制，各种付费机制下具体的条件、绩效标准、扣减机制、定价方式、计算方式、唯一性条款、补助形式等如何确定，调整机制是否设定明确的条件和标准等。同时，还应了解在各种付费机制下，设置的定价和调价机制，以明确项目定价的依据、标准，调价的条件、方法和程序等内容。对项目的付费机制和调整机制，一定要有明确的操作方式和标准，便于准确测算项目回报，减少项目实施纠纷。

(8) **项目相关配套安排。**PPP 项目往往涉及社会公共产品或公共服务，需要政府协调并提供与 PPP 项目匹配的政策措施及设施，包括项目用地、税收优惠、信贷扶持、项目审批、水电气路等连接设施。

(9) **项目退出机制。**社会资本退出包括项目合作期满时的正常退出和非正常退出。需要调查了解项目正常退出时的移交标准、移交方式、移交内容，是否存在补偿及补偿如何测算。在非正常退出时，需要事先约定相关事项和处置措施。

(10) **项目可能面临的风险。**PPP 项目时间跨度长、参与方多、涉及因素复杂。在尽职调查中，需要全面调查分析 PPP 项目可能面临的各阶段风险、各种类别风险，识别包括政策风险、市场风险、安全风险、财务风险、质量风险、不可抗力风险等各项风险内容，并对风险按照重要性和可能性分类后做恰当分析，提示项目相关方合理分配及防范，关注相关方风险与收益是否对等。

(11) **社会资本参与 PPP 项目的可能性与优劣势分析。**通过对上述 PPP 项目各个项目进行调查了解后，需要关注类似项目的传统投资模式、传统投资模式下各参与方的角色定位和大致运行情况、社会资本在 PPP 模式下的资源整合能力、主观能动性，比较优势和劣势。

(12) **项目调查总体结论。**调查结论主要包括 PPP 项目的可行性、社会资本参与 PPP 项目的效率和效益、项目主要风险、分配及防范，以及对项目存在的问题和不足提出改进措施和建议。

二、铁路 PPP 项目社会资本尽职调查

铁路投资规模大、建设周期长、收益率相对偏低，对于社会资本而言，投资铁路项目是一项巨大挑战。为此，由政府方或授权实施机构发起的铁路 PPP 项目社会资本尽职调查，主要目的是了解潜在社会投资人的投资意愿和

实力。根据《PPP 项目资产评估及相关咨询业务操作指引》，社会资本尽职调查的主要内容及关注点包括：

（1）**企业概况。**企业工商注册情况、历史沿革及历次股权变化、企业主营业务及产品、组织结构及下属分子公司情况、行业资质获得情况、管理层及员工构成、主要荣誉等。

（2）**企业财务状况。**资产权属、是否存在虚增资产、主要资产运营的情况，应付款、借款以及或有事项或表外事项等负债管理情况；所有者权益中实缴资本、资本公积、盈余公积等的合理合规性；近 3 年营业收入、主营业务成本、期间费用、非正常损益、税收、现金流量等企业运营情况；重大投资及分子公司经营等情况。

（3）**人员及管理情况。**人员总数、构成（性别构成、年龄构成、学历构成、职业职称构成）、管理团队、技术研发团队、管理模式。行业情况及企业在行业中的竞争地位。主要包括行业政策、行业需求及其影响因素、目前行业竞争格局、主要竞争对手情况、企业在行业及区域中的竞争地位、优劣势分析等。

（4）**企业在相关行业领域的业绩、经验、能力和优势。**企业从事相关行业项目业绩（客户名称、签约情况、完成进度、结算情况）、业主评价反馈意见书、经验总结、企业承接 PPP 项目的能力和优势分析。

（5）**企业的融资能力分析。**PPP 项目投资额巨大，通常社会资本需要具有强大的融资能力。在调查企业融资能力时，可基于财务调查情况计算资产负债率、速动比率、利息保障倍数，了解其负债程度和潜在融资空间，并需要了解企业主要资产的抵押情况、授信额度及其使用、银企关系、通过发行债券和股票等方式融资的可行性、控股股东的资金实力和可担保情况等。

（6）**对企业产生重大影响的有关抵押、担保、诉讼及或有事项。**通过查询会议纪要、借款合同、律师函等，了解企业存在的有关抵押、担保、诉讼事项，同时还应关注安全、环保、税务、协议（义务）约定等可能产生的其他或有事项对企业的重大影响。

第二节　绩效管理

一、PPP 项目绩效管理政策规定

自 PPP 模式推广应用以来，国家及各部委印发的相关指导文件，均对绩效考核做出了明确要求。根据 PPP 项目的阶段不同，绩效考核的工作内容也各有侧重（具体见表 11）。在实践应用中，由于政策部门职能差异、政策针对重点不同，出现了一些政策相互冲突的情况。2020 年 3 月，财政部印发《政府和社会资本合作（PPP）项目绩效管理操作指引》（财金〔2020〕13 号，以下简称《指引》），提出将绩效考核纳入 PPP 项目合同作为履约条款，将 PPP 项目产出说明与绩效要求相关联，并要求财政支出责任与绩效考核结果挂钩。《指引》全面梳理了绩效管理全过程各环节工作内容和程序，明确了实施机构、项目公司、社会资本三方的绩效评价管理的指标体系和制度标准。

根据《指引》要求，PPP 项目建设期和运营期，对项目公司（社会资本方）的绩效评价指标框架如表 12 和表 13 所示。

表12　PPP项目建设期项目公司（社会资本方）绩效评价共性指标框架（参考）

一级指标	二级指标	指标解释
产出	竣工验收	评价项目是否通过竣工验收及竣工验收情况
效果	社会影响	评价项目建设活动对社会发展所带来的直接或间接的正负面影响情况。如新增就业、社会荣誉、重大诉讼、公众舆情与群体性事件等
	生态影响	评价项目建设期间对生态环境所带来的直接或间接的正负面影响情况。如节能减排、环保处罚等
	可持续性	评价项目公司或社会资本是否做好项目运营准备工作，如资源配置、潜在风险及沟通协调机制等
	满意度	政府相关部门、项目实施机构、社会公众（服务对象）对项目公司或社会资本建设期间相关工作的满意程度
管理	组织管理	评价项目公司组织架构是否健全、人员配置是否合理，能否满足项目日常运作需求
	资金管理	评价社会资本项目资本金及项目公司融资资金的到位率和及时性
	档案管理	评价项目建设相关资料的完整性、真实性以及归集整理的及时性
	信息公开	评价项目公司或社会资本履行信息公开义务的及时性与准确性

表11　PPP项目绩效考核的政策文件要求汇总

项目阶段	政策要求	主要内容	涉及文件
PPP 项目准备阶段	PPP 项目启动前，在合同中约定项目具体产出标准和绩效考核指标，建立事前设定绩效目标、事中进行绩效跟踪、事后进行绩效评价的全生命周期绩效管理机制	《国务院办公厅关于政府向社会力量购买服务的指导意见》（国办发〔2013〕96 号）要求，“建立健全由购买主体、服务对象及第三方组成的综合性评审机制，对购买服务项目数量、质量和资金使用绩效等进行考核评价”。 《政府和社会资本合作项目财政管理暂行办法》（财金〔2016〕92 号）规定，在 PPP 项目合同审核时，应将“约定项目具体产出标准和绩效考核指标，明确项目付费与绩效评价结果挂钩”作为重点审核内容。 《财政部办公厅关于规范政府和社会资本合作（PPP）综合信息平台项目库管理的通知》（财办金〔2017〕92 号）规定，未建立按效付费机制不得入库。 《政府和社会资本合作（PPP）项目绩效管理操作指引》（财金〔2020〕13 号）提出，PPP 项目准备阶段，项目实施机构应根据项目立项文件、历史资料，结合 PPP 模式特点，在项目实施方案中编制总体绩效目标和绩效指标体系并充分征求相关部门、潜在社会资本等相关方面的意见	国办发〔2013〕96 号、国办发〔2015〕42 号、财金〔2016〕92 号、发改投资〔2016〕2231 号、财办金〔2017〕92 号、财金〔2018〕54、财金〔2020〕13 号等
PPP 项目执行阶段	按照事先约定的绩效目标，对项目产出、实际效果、成本收益、可持续性等方面进行综合评价，作为项目建设期和运营期的全流程过程绩效监测的主要内容；此外，应适时进行中期评估，及时发现存在的问题，制订应对措施予以纠偏，政府方在此过程中要不断完善相关制度；政府对项目的实际付费必须与绩效评价结果挂钩，绩效评价结果是项目公司取得项目回报的依据	《财政部关于推广运用政府和社会资本合作模式有关问题的通知》（财金〔2014〕76 号）规定，“财政补贴要以项目运营绩效评价结果为依据”“绩效评价结果应依法对外公开，接受社会监督。同时，要根据评价结果，依据合同约定对价格或补贴等进行调整，激励社会资本通过管理创新、技术创新提高公共服务质量”。 《财政部关于印发〈政府和社会资本合作模式操作指南（试行）〉的通知》（财金〔2014〕113 号）规定，“项目实施机构应根据项目合同约定，监督社会资本或项目公司履行合同义务，定期监测项目产出绩效指标”。 《财政部关于进一步加强政府和社会资本合作（PPP）示范项目规范管理的通知》（财金〔2018〕54）提出，要“加强运行情况监测。及时更新 PPP 项目开发目录、财政支出责任、项目采购、项目公司设立、融资到位、建设进度、绩效产出、预算执行等信息，实时监测项目运行情况、合同履行情况和项目公司财务状况，强化风险预警与早期防控”。 项目实施机构应根据项目合同约定，在执行阶段结合年度绩效目标和指标体系开展 PPP 项目绩效评价	国办发〔2013〕96 号、财金〔2014〕76 号、财金〔2014〕113 号、发改投资〔2014〕2724 号、财金〔2016〕92 号、发改投资〔2016〕2231 号、财金〔2020〕13 号等

续 表

项目阶段	政策要求	主要内容	涉及文件
PPP 项目移交阶段	项目实施结束后，需要对项目的成本效益、公众满意度、可持续性等进行后评价	《国家发展改革委关于开展政府和社会资本合作的指导意见》（发改投资〔2014〕2724 号）提出，“项目实施结束后，可对项目的成本效益、公众满意度、可持续性等进行后评价，评价结果作为完善 PPP 模式制度体系的参考依据”。《传统基础设施领域实施政府和社会资本合作项目工作导则》（发改投资〔2016〕2231 号）要求，“项目移交完成后，地方政府有关部门可组织开展 PPP 项目后评价，对 PPP 项目全生命周期的效率、效果、影响和可持续性等进行评价。评价结果应及时反馈给项目利益相关方，并按有关规定公开”。《政府和社会资本合作（PPP）项目绩效管理操作指引》（财金〔2020〕13 号）要求，“PPP 项目移交完成后，财政部门应会同有关部门针对项目总体绩效目标实现情况，从全生命周期的项目产出、成本效益、物有所值实现情况、按效付费执行情况及对本地区财政承受能力的影响、监管成效、可持续性、PPP 模式应用等方面编制绩效评价（即后评价）指标体系”	发改投资〔2014〕2724 号、财金〔2016〕92 号、发改投资〔2016〕2231 号、财金〔2020〕13 号等

表13 PPP项目运营期项目公司（社会资本方）绩效评价共性指标框架（参考）

一级指标	二级指标	指标解释
产出	项目运营	评价项目运营的数量、质量与时效等目标完成情况。如完成率、达标率与及时性等
	项目维护	评价项目设施设备等相关资产维护的数量、质量与时效等目标完成情况。如设施设备维护频次、完好率与维护及时性等
	成本效益	评价项目运营维护的成本情况。如成本构成合理性、实际成本与计划成本对比情况、成本节约率、投入产出比等。（注：PPP 项目合同中未对运营维护成本控制进行约定的项目适用本指标）
	安全保障	评价项目公司（或社会资本）在提供公共服务过程中安全保障情况。如重大事故发生率、安全生产率、应急处理情况等
效果	经济影响	评价项目实施对经济发展所带来的直接或间接的正负面影响情况。如对产业带动及区域经济影响等
	生态影响	评价项目实施对生态环境所带来的直接或间接的正负面影响情况。如节能减排、环保处罚等
	社会影响	评价项目实施对社会发展所带来的直接或间接的正负面影响情况。如新增就业、社会荣誉、重大诉讼、公众舆情与群体性事件等
	可持续性	评价项目在发展、运行管理及财务状况等方面的可持续性情况
	满意度	政府相关部门、项目实施机构、社会公众（服务对象）对项目公司或社会资本提供公共服务质量和效率的满意程度
管理	组织管理	评价项目运营管理实施及组织保障等情况。如组织架构、人员管理及决策审批流程等
	财务管理	评价项目资金管理、会计核算等财务管理内容的合规性
	制度管理	评价内控制度的健全程度及执行效率
	档案管理	评价项目运营、维护等相关资料的完整性、真实性以及归集整理的及时性
	信息公开	评价项目公司或社会资本履行信息公开义务的及时性与准确性

二、PPP 项目绩效管理工作要求

根据《指引》，绩效考核工作的具体要求包括：

(1) **确立以物有所值为核心的管理原则。**《指引》第五条规定，“各参与方应当按照科学规范、公开透明、物有所值、风险分担、诚信履约、按效付费等原则开展PPP项目全生命周期绩效管理。”PPP项目的核心特质是物有所值和按效付费，因此，必须以经济、效率、效益、公平标准作为绩效管理的规范管理原则。

(2) **明确管理对象覆盖所有PPP项目。**《指引》第四条和附则中明确了管理对象适用于所有PPP项目，包括政府付费、可行性缺口补助和使用者付费项目。同时指出，《指引》施行前已发布中标通知书的项目，沿用采购文件或项目合同中约定的绩效评价指标及结果应用等条款，按照《指引》规定开展绩效监控、绩效评价相关工作，绩效目标与绩效指标体系不完善的，可参照《指引》进行补充完善。

(3) **明确实施机构管理主体职责。**《指引》第三条、第二十五条明确了项目实施机构、行业主管部门和财政部门的绩效管理职责，特别指明了项目实施机构的第一主体责任。项目实施机构的具体职责为：严格履行合同约定，确保各项工作合法合规；做好PPP项目绩效管理具体工作，并对PPP项目实施规范性、财政资金使用的合规性和有效性负责。《指引》要求实施机构根据项目合同约定定期开展PPP项目绩效监控，项目公司（社会资本）负责日常绩效监控。

(4) **明确管理周期覆盖项目全生命过程。**《指引》明确在PPP项目全生命周期中嵌入绩效管理的理念和方法，明确了PPP项目绩效管理的基本环节和PPP项目准备阶段、采购阶段、执行阶段、移交完成后各阶段绩效目标管理举措，要求绩效目标编制与财政预算相衔接。

三、铁路PPP项目绩效考核概况

(一) 铁路PPP项目绩效评价方

铁路PPP项目通过公开招标、竞争性磋商等方式选择社会资本方，政府方通过PPP项目合同，授予社会资本方和政府方指定出资代表方合资成立的特殊目的项目公司特许经营权，由项目公司负责铁路 PPP 项目的投资、融资、建设及项目设施的运营维护工作。

铁路 PPP 项目核心利益相关者在不同阶段略有差异，决策阶段为政府和公众，实施阶段为政府和社会资本方，运营阶段为政府、社会资本方和公众。站在政府的角度，铁路 PPP 项目绩效评价的主体为地方政府或其授权的实施机构，评价主体可组织第三方机构展开绩效评价工作，帮助政府行使监管权力，督促项目公司按合同履约，保障公众利益，接受公众监督。

（二）铁路 PPP 项目绩效评价目的

通过绩效评价与控制，使铁路 PPP 项目的受益方获利高于受损方损失，兼顾效率与公平，从而实现社会整体效益的改进。立足政府角度，对铁路 PPP 项目绩效评价，帮助政府实现监管职能，运用评价结果建立反馈调节机制，探索并形成可复制推广的成功经验。

（三）铁路 PPP 项目绩效评价原则

铁路 PPP 项目绩效评价目前并没有统一的标准，但总体而言，可以参照国际上普遍使用的政府资金绩效考评原则，重点体现铁路作为准公共产品这一本质特征。铁路 PPP 项目的绩效评价借鉴了政府资金效益审计 3E 原则，考虑项目的经济性、效率性及效果性，同时考虑铁路 PPP 项目的公共性，提出铁路 PPP 项目绩效评价的 3E+1P 原则：

（1）**经济性**（Economy）。是指在项目质量有所保证的前提条件下控制支出，获得同样的商品尽可能支付较少的金钱，即在铁路 PPP 项目绩效评价时要考虑资金使用与落实情况。

（2）**效率性**（Efficiency）。是指在投入一定的前提下获得最大产出，或在产出一定的情况下投入最少的资源，即在铁路 PPP 项目绩效评价时要考虑建设和运营的投入产出比，计划目标实现程度等各方面情况。

（3）**效果性**（Effectiveness）。是指项目的实际结果与项目预期设计目标二者间的差异情况，即在铁路 PPP 项目绩效评价时要考虑是否符合当初的规划目标，达到合同约定的质量、产出要求。

(4) **公共性**（Publicity）。是指 PPP 项目要考虑公众福利与社会效益，即在铁路 PPP 项目绩效评价时要考虑社会公众的利益，从社会利益最大化角度衡量铁路 PPP 项目是否成功。

第三节　数字化管理

铁路 PPP 项目管理关系多、管理周期长，传统的项目管理方法无法适应铁路 PPP 项目管理要求。数字化管理手段能够大大提高建设项目管理效率，使各种管理节点可视化、直观化、即时化，已成为项目管理的主流手段。铁路 PPP 项目实施机构的数字化管理仍在探索推进中，需要不断更新迭代，适应新发展阶段的管理要求。

一、数字化管理的必要性

（一）数字化管理是国家对 PPP 项目规范化发展的要求

《国家发展改革委关于依法依规加强 PPP 项目投资和建设管理的通知》（发改投资规〔2019〕1098 号）要求，加强对社会资本方履约能力全过程动态监管；《财政部关于推进政府和社会资本合作规范发展的实施意见》（财金〔2019〕10 号 ）要求，加强对项目全生命周期的跟踪指导和监督检查，建立健全政策落实和项目实施督查机制。实施全过程动态监管，数字化管理是基础。为此，对铁路 PPP 项目实施全生命周期数字化管理，是落实国家 PPP 规范管理规定的具体举措。

（二）数字化管理是加强 PPP 项目风险防控、提高管理效率的需要

按照当前地方政府债务管理和风险防控要求，需要提高 PPP 项目的风险防范意识。利用现代信息技术手段，建立长效管理机制，从项目管理、政府支出责任、项目绩效评估等方面加强管理，严格控制政府支出责任，建立风险预防与预警机制，提高管理效率，是推进 PPP 高质量发展的重要抓手。

（三）数字化管理是解决 PPP 项目管理效率低的必要手段

PPP 项目管理既涉及铁路项目基本建设程序，如项目前期审批、政策处理、施工、采购等建设环节，又涉及 PPP 项目的特有程序，如 PPP 项目履约及监管、绩效监控及考核、政府支付责任的调整与控制、预算安排与支出等。复杂的管理程序，仅靠传统的线下管理模式，管理效率较低。同

时，PPP 项目管理既涉及地方各项目建设主体，也涉及省级各部门、社会资本方、政府方出资代表、项目公司、金融机构、咨询机构、绩效考核机构等，主体多、环节多、风险因素多，风险控制难，亟须借助数字化管理手段支撑。

（四）数字化管理是提升 PPP 项目管理水平的重要工具

PPP 模式交易结构复杂，合同体系庞杂，实施机构对项目公司的管理，除工程建设本身进度、质量等重点以外，还需要关注建设资金的动态，特别是社会资本方资本金及对应融资的到位情况。项目建设过程中，政府方、社会资本方的责任划定与处置均需在合同框架内妥善解决，实施机构的工作开展，既要联系多个省级部门、各沿线地方政府，也要向法律、审计、财务等中介服务机构借力，发挥好政府方与社会投资人之间的桥梁纽带作用，对于实施机构的管理能力提出了很高的要求。工作期间，形成的大量项目资料与管理信息，亟须采用数字化手段加以管理并及时沉淀形成“数字资产”。

（五）数字化管理是 PPP 项目长期、持续管理的重要依据

PPP 项目合作周期长，项目建设期、运营期周期短则十几年，长则三十年。项目资料需长期使用、更新，由于合作周期跨度很大，有关单位机构调整、人员变动等情况时有发生，传统的资料存档、人工记录等方式，难以将工作实时留痕，对项目管理可持续性造成挑战，铁路 PPP 项目数字化管理要求十分迫切。

二、铁路项目数字化管理的实践

（一）国铁集团铁路建设项目数字化管理[1]

2015 年，在原中国铁路总公司统一组织下，按照“互联网 + 铁路工程建设”的思路，推动铁路建设工程信息化建设。目前，国铁集团铁路工程管理平台，围绕铁路工程设计、建设、运营全生命周期管理目标，以 BIM 技术为核心，以云计算、感知技术、移动互联为媒介，实现对铁路建设项目

[1] 资料来自中国铁道科学研究院。

质量、安全和进度等核心建设目标的高效管控，支撑铁路建设项目标准化管理。

国铁集团铁路工程管理平台（见图 12），采用顶层设计、逐点突破的方式，避免对现有的管理行为和管理习惯形成冲击，以调度系统为统筹，快速建立直通生产一线的信息中枢；以施工组织为主线，以加强“现场管理”和“过程控制”为突破，通过信息化手段延伸管理触角，让管理者能够及时掌握现场情况，提高工程建设管理水平。

工作平台分为“综合管理”、“过程控制”和“现场管理”三个板块；服务平台致力于向用户提供面向个人的附加服务，如在线考核和培训；知识平台打造面向工程建设的“百度文库”，提供法律规章、期刊论文等查询和检索服务。

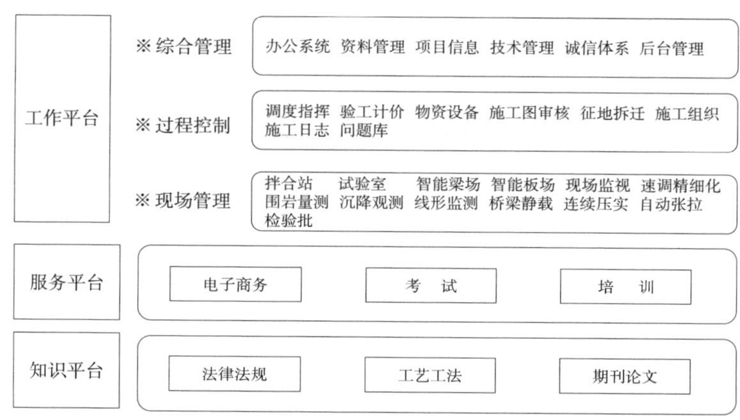

图12 国铁集团铁路工程管理平台功能结构图

（二）浙江省铁路建设项目数字征迁管理

2019 年 5 月 14 日，浙江省发展改革委提出，为积极落实建设数字浙江要求，提升征迁工作水平，保障铁路项目顺利推进，要高起点打造数字征迁平台，高效率启动数字征迁试点，全过程形成推进合力。2020 年 5 月，浙江省发展改革委会同省自然资源厅、华东勘测设计研究院建立了“浙江省数字征迁平台”，并以杭衢铁路为试点项目，开展数字化征迁工作。

“浙江省数字征迁平台”（见图 13）的总体框架，是通过“3 个 1+N”的工作模式和“4 个 1”的管理模式，实现“图上征迁”“掌上监管”。其中，“3 个 1+N”，是指 1 张地图（项目所在地形图）、1 套框架（征迁安置工作全周期、全信息体系框架）、1 套表格（征地拆迁业务输出表）+N 种展现形式（项目联络群、工作指挥舱、移动终端 App 等）；“4 个 1”是指 1 图（征迁位置坐标图）、1 舱（征迁工作指挥舱）、1 群（征迁进度的项目联络群）、1 账（征迁资金、征迁进度台账）。

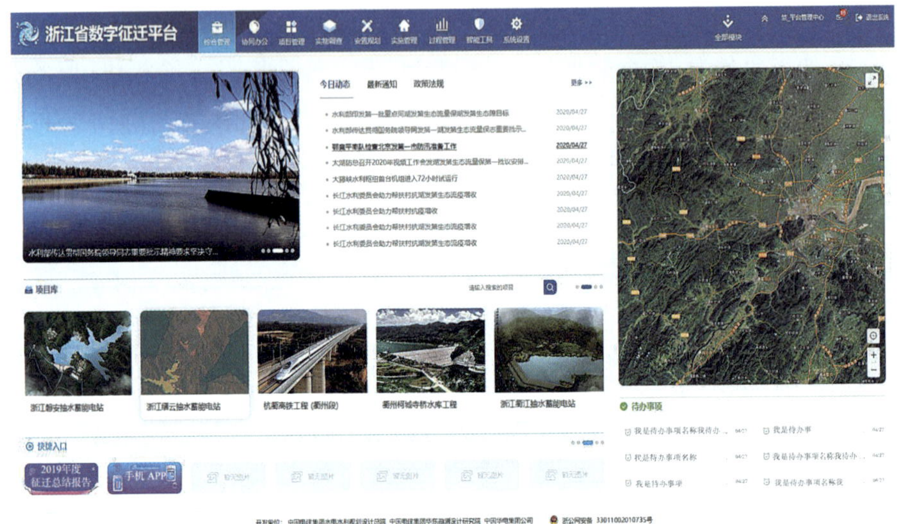

图13　浙江省数字征迁平台界面截图

浙江省部分铁路数字化征迁平台启用后，取得了一定成果，主要表现在：

（1）**从“模糊”到“直观”**。常规征迁，采用纸质表单和图纸开展现场调查工作，确定铁路征迁范围时十分困难。数字征迁，在导航定位、地图影像调阅、大数据分析等技术支撑下，可以实现征迁对象精准可视，相关情况实时可查，关注数据图表展示。

（2）**从“随意”到“规范”**。常规征迁由地方政府为实施主体，委托第三方机构协助，不同机构对征迁政策的理解、征迁工作的执行尺度不一。数字征迁通过数字征迁平台内置调查项目和补偿标准，以规范的电子表单进行补偿测算，做到“一把尺子量到底、一个标准用到底”。

（3）**从“繁杂”到“便捷”**。常规数字征迁通过“数据跑路”让工作更加便捷，通过各类影像信息线上调阅减少现场核对工作；配置自动计算补偿费用减少人工测算校对工作；通过与银行系统互通，提高资金拨付效率；征收信息线上存证、便于查询，亦可直接导出，便于纸质归档。

（4）**从“质疑”到“满意”**。常规征迁中，被征收群众对征迁政策、征收范围、补偿标准等信息的公开和透明存在质疑，一定程度影响征迁工作顺利推进。数字征迁通过数字征迁平台打通信息公开渠道，相关政策规定便捷查询，征收过程“公开透明、阳光操作”，通过“在线签约、实时传送”让补偿资金第一时间发放到位，提升被征收群众满意度。

（5）**从“粗放管理”到“精细管理”**。数字化征迁可实现对征收工作人员实行行为监督，做到人员全覆盖、行为全记录、轨迹可检索，全面、真实、准确地掌握征收工作推进情况，同步开发项目建设卡控点线上办理模块，可支撑各级征迁实施单位强化征迁工作管理，有效助力各级开展征迁工作比学赶超活动。

与传统征迁相比，数字化征迁在工作端、管理端和群众端，都具有明显优势，具体对比情况如表 14 所示。

表14　数字征迁与常规征迁效果对比表

序号	项目	常规征迁	数字征迁	优势
一	工作端			
1	前期准备	1. 纸质文本、图纸； 2. 调查内容存在差异； 3. 签约模板未统一	1. 云端操作、三维地图精准可视； 2. 平台标准化配置统一调查内容； 3. 平台标准化协议模板	推进征迁工作规范高效，保障信息精准
2	现状调查	1. 现场调查，纸质归整； 2. 证件资料、影像信息等收集工作繁杂	1. 云端录入，线上采集； 2. 现场采集，后台自动统计	改变工作方式，提高工作效率

续 表

序号	项目	常规征迁	数字征迁	优势
3	位置确定	现场踏勘，确定位置	三维地图，精准定位	提高工作精准性
4	确权认定	多次往返，现场核对	线上认定，操作简单	简化工作流程，方便快捷
5	公示复核	1. 人工统计公示内容； 2. 线下张榜公示	1. 平台自动生成公示表； 2. 线上推送公示信息	数据跑路，精准送达
6	协议签订	1. 第三方机构人工计算补偿费用； 2. 线下签约，效率低下； 3. 界定不明，存在人为裁量状况	1. 内置计算模型，系统自动计算费用； 2. 线上签约，方便快捷； 3. 调查内容补偿标准统一，杜绝人为裁量	准确高效，公平公正
7	资金拨付	1. 线下审核，流程复杂，审核缓慢； 2. 取补偿款流程繁杂； 3. 资金透明度不高	1. 线上审核，流程简单，审核便捷； 2. 银行互通，资金一键拨付； 3. 全过程覆盖，资金公开透明	公开透明，最多跑一次
8	房屋拆除	拆迁机构全权负责	房屋拆除平台存证	行业管理、线上协同
9	档案管理	纸质归档	电子存档	查询便捷，永久保存
二	管理端			
10	进度盯控	人工统计进度，数据模糊	平台自动汇总，图形交互展示，数据真实客观	系统直观，实时便捷
11	问题协调	情况汇总费时，问题协调难落实	全方位监控动态，卡控问题及时反馈，责任主体限时处理	规范机制，闭环管理
三	群众端			
12	配合征迁	1. 征迁工作透明度不高； 2. 流程繁杂，耗时长，积极性不高	1. 打通共享渠道、信息公开透明； 2. 流程简化，最多跑一次	提高征迁工作透明度，提升群众满意度

2021 年起，为进一步加快推进铁路建设数字化征迁探索实践，提升铁路建设征迁工作管理水平，助力浙江省铁路建设，在杭衢铁路试点实践基础上，浙江省发展改革委制定印发了《浙江省铁路建设数字化征迁实施指导意见》（浙发改基综〔2021〕117 号），在常规征迁工作基础上，坚持依法合规、守正创新，应用数字化手段开展征迁工作，明确各级发展改革部门（铁路建设主管部门）为工作推进主体，提出针对性的实施要求和保障机制，进一步明确责任、统一思想，凝聚更大合力推进铁路建设数字化征迁探索实践。

三、实施机构数字化管理平台建设

实施机构采用数字化管理手段实施 PPP 项目全生命周期管理，是在浙江省全面推进数字化改革，以及浙江发规院数字智库建设的指导下进行的。

（一）浙江省加快推进“1+5+2”数字化改革

2021 年 2 月 18 日，浙江省召开全省数字化改革大会，发布《浙江省数字化改革总体方案》（浙委改发〔2021〕2 号），全面启动浙江数字化改革。方案指出，未来五年内，浙江将以数字化改革撬动各领域各方面改革，运用数字化技术、数字化思维、数字化认知对省域治理的体制机制、组织架构、方式流程、手段工具进行全方位系统性重塑，推动各地各部门流程再造、数字赋能、高效协同、整体智治，整体推动质量变革、效率变革、动力变革，高水平推进省域治理体系和治理能力现代化，争创社会主义现代化先行省。

浙江数字化改革的核心方法路径，是通过 V 字模型持续迭代（见图 14），将“业务协同模型”和“数据共享模型”贯穿到数字化改革的各领域、各方面、全过程。V 字下行阶段，全面梳理党政机关核心业务，从治理与服务两个维度赋予定义，从宏观到微观，实现核心业务数字化。V 字上行阶段，再造业务流程，将核心业务组装集成为“一件事”，推进原有业务协同叠加新的重大任务，从微观到宏观，设计标志性应用场景，找到“破点–线–

成面-立体”的最优方案，推动整体智治体系的整体性优化和系统性重塑。[1]

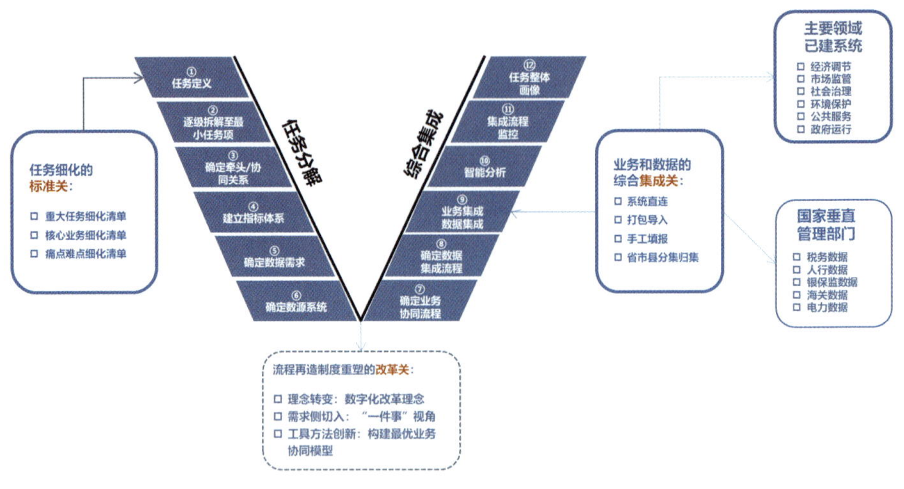

图14　浙江数字化改革V字模型

（二）浙江发规院数字智库加速迭代建设

浙江发规院于2019年启动数字智库建设，智治管理落地新场景，数字智库迭代加速成果凸显。研究出台《院推进数字化改革建设“数字智库”工作方案》，确定了“1+2+N”的数字智库总体架构，数字智库建设不断向纵深推进。加快综合管理系统建设，完成人力资源管理、投标管理模块上线试运行，未来社区全过程管理、专家管理、人员项目协同管理、项目管理驾驶舱等模块开展设计和论证工作。开发上线和迭代完善快速制图、空间分析、指标分析、资料中心等基础功能组件，重点推进GEP核算、县域高质量两大应用场景建设，有序研究能源、气候、创新的场景建设方案。

根据院数字智库建设目标任务，实施机构着手开展铁路PPP项目数字化管理平台建设，力争构建统一安全的铁路PPP项目数据平台，实现铁路PPP项目管理的多部门信息共享和业务协同，缓解“信息孤岛”问题。

[1] 胡利敏．全域数字化改革引领政府数字化转型进入新阶段[J].[2021(3)]. 凤凰网浙江 https://zj.ifeng.com/c/84roUFzo0rN .

（三）铁路 PPP 项目数字化管理平台架构与模块内容

“铁路 PPP 项目综合管理平台”旨在建设覆盖铁路 PPP 项目建设、运营全生命周期的数字化管理平台，面向多主体、多终端、多任务，打造“移动互联、即时互动”管理平台。“多主体”，即实施机构、项目公司、参建单位、第三方机构等。“多终端”，即电脑端、移动终端。“多任务”，即综合管理、过程控制、现场管理、资料查询等工作。

数字化管理系统，包括信息管理、风险预警、投资控制、进度管理、绩效评价、项目监管等功能模块，具有查询统计、信息报送、流程审批、数据查验、协作互动、用户管理、信息通讯、文件资料库等管理功能。系统旨在收集 PPP 项目相关的数据，提供各类报表工具，为管理人员提供全面的工程建设进度、投资完成情况等 PPP 项目综合信息。同时通过整合和分析，开展 PPP 项目趋势分析和风险分析等，用数据辅助决策研判，解决决策和管理的重难点问题，提高决策和管理的科学性，实现 PPP 项目规范管理及高质量发展的目标。系统主体管理架构如图 15 所示。

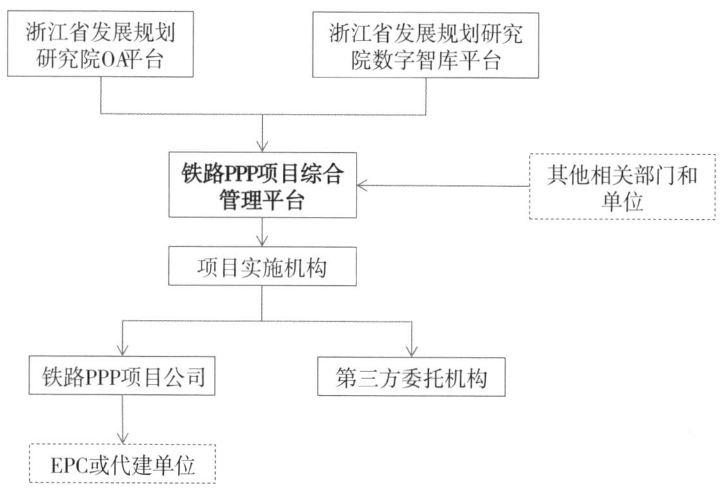

图15 实施机构铁路PPP项目管理平台主体架构图

借鉴国铁集团铁路工程管理平台建设内容，在建设项目过程管理的基础上，铁路 PPP 项目数字化管理平台更突出实施机构职责范围的监管内容。

铁路 PPP 项目综合管理系统场景分为数字大屏、综合管理、项目监管、过程管理、现场管理和资料管理六大模块。数字大屏自动汇总分析其他模块数据、直观展示项目管理信息，其他模块完成日常项目管理，实现管理协同增效、留痕追溯和项目信息资产积累。综合管理系统各模块内容如图 16 所示。

图16 实施机构铁路PPP项目管理平台模块结构图

(1) **数字大屏模块**。根据全面推进数字化改革政策要求，结合可视化技术，搭建铁路 PPP 项目综合管理数字大屏，大屏分为项目群级和项目级，项目群级大屏展示杭绍台、杭温、甬舟三条铁路的概况，铁路概况来源于智库 GIS 地图，通过该模块可了解项目的施工情况，从该模块接可进入到项目级大屏。项目级大屏从在建项目里程碑、项目资金的来源和使用、各项目开工累计进度排名、周报进度情况、工程安全质量动态，多维角度去分析项目公司负责的铁路项目情况，使监管人员可以更加直观科学对项目进行管控。

(2) **综合管理模块**。主要是文件管理模块，包括收文管理和发文管理，体现实施机构与项目各方参与主体之间的公文往来、信息沟通等工作管理留痕。项目级首页综合展示统计项目的基本情况、项目进度情况、资金到位情况、项目工作计划、项目人员通讯录、项目资料、项目实景照片滚动区、项目动态等重要指标。数据来源于系统中过程管理、现场管理、项目监管、资料管理等模块抓取的重点信息，实现项目情况和资源的有效合理化管控。

（3）**项目监管模块**。支持多主体参与项目监管，进行年计划、月计划安排，记录相关责任主体发起的任务清单完成情况。包含工作计划、任务清单、问题清单、上报请示、通知反馈功能模块，用于反映年度重要任务以及相关的推进工作进展情况。

（4）**过程管理模块**。包括标段进度、重点工程进度和征地拆迁进度、项目预警、项目形象施工进度计划图等内容。其中标段进度、重难点工程进度主要反映施工组织管理、标段工程进度和重难点工程进度等内容的实施对照，并进行进度预警和数据管理；征地拆迁进度主要反映正式用地、大临用地和其他征迁的进展情况，以周、月进度进行实时监测管理。

（5）**现场管理模块**。包括质量控制和安全管理。主要依托铁路上海局集团的监测检查图文资料，为实施机构管理提供现场数据参考。

（6）**资料管理模块**。包括项目准备、项目采购、项目执行、项目移交等，支持全文检索功能，包含附件文档内容的关键字搜索。

此外，考虑到建设期结束后的运营管理，实施机构对于可行性缺口补助的管理职责，在数据系统中会预留模块接口，作为二期功能升级开发。系统开发充分考虑浙江发规院现有系统建设情况，采用院数字智库平台 GIS 底图及相关规划功能，并能够与院 OA 平台进行数据对接。后续 PPP 项目用户持续扩展方面，考虑到目前实施机构管理的项目为杭绍台、杭温铁路、甬舟铁路，后续若有其他铁路采用 PPP 模式进行建设实施，可借鉴参考本管理平台建设经验。为保证此类项目均可利用同一管理系统进行数字化管理，系统实现项目级应用功能的横向扩展和便捷初始化。系统通过 SaaS 多租户模式可实现多项目应用方案，并通过采用 Shiro 实现多级权限控制和数据隔离，解决多项目之间认证、授权、密码加密、会话管理等数据安全性问题。

第四节　动态评价跟踪

一、工作动态评价

2019 年 1 月起，实施机构每周出刊《铁路 PPP 项目实施机构工作动态》（见图 17），及时反映铁路 PPP 项目工程动态，总结交流工作经验，研究探讨工作举措。工作动态的主要内容包括五个部分：

一是权威声音板块。主要涉及铁路投融资、铁路项目建设、运营管理、体制改革及 PPP 领域等相关权威信息。信息来源主要是省部级以上有关文件、会议、标准等信息发布，省级领导、中央和国务院直属机构厅局级以上领导讲话，中央和省部级直属媒体报道、评论员文章，以及相关官网报道信息。二是领导关怀板块。主要报道厅局级以上领导直接对杭绍台铁路和杭温铁路实施过程中的视察、讲话等。信息来源主要是发展改革、财政等相关部门官网及直属新闻客户端。三是一周工作板块。主要报道实施机构一周以来的各项主要工作动态。信息来源是实施机构各部组的工作进展信息。四是工程进展板块。主要报道铁路 PPP 项目推进及建设工程进展情况。逢月初反映上月度征迁情况和工程形象进度，并进行月度进度比较；逢季度初反映上季度征迁统计和工程形象进度，并进行季度进度比较。信息来源是项目公司每周六报送实施机构的周工作动态信息，以及其他不定期报告信息等。五是热点资讯板块。主要报道铁路行业、基础设施领域、PPP 领域的相关热点资讯。信息来源是相关厅局级官网和直属媒体报道。

截至本书成稿时，《铁路 PPP 项目实施机构工作动态》已连续出刊 139 期，根据项目推进情况，各期动态重点聚焦阶段性重点工程进展、难点堵点问题梳理等，及时向上级部门、沿线地方政府以及参建单位通报项目最新进展，已成为各方了解项目最新进展的权威信息渠道。

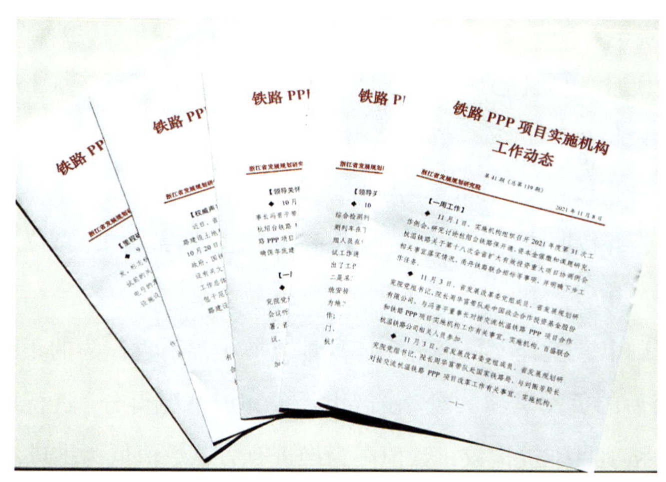

图17　《铁路PPP项目实施机构工作动态》周刊

二、铁路建设推进指数评价

为动态掌握浙江省铁路建设进度，以定量指数方式评价沿线政府工作成效，营造“比学赶超”良好氛围，进一步凝聚浙江省铁路建设合力，实施机构配合浙江省发展改革委研究提出铁路建设推进指数评价工作方案。2020 年 4 月，“铁路建设推进指数评价”工作正式启动。

（一）指数评价原则

“铁路建设推进指数”的设计原则，是根据铁路项目建设推进的实际，从沿线地方政府“出资、出地、出力”三方面工作考量工作推进绩效，数据真实、可得、可比较，结论形象直观、可感受、可追溯，被考核者可查证、能接受、受激励。

（二）指数评价内容和方法

1. 评价内容

以各设区市辖区内在建铁路项目年度投资计划、年度政策处理计划、年度资本金出资计划完成情况，以及项目建设重要事项为参评内容，其中，年度政策处理包括大临用地交地、主线用地交地、管线迁改。

2. 评价方法

按月度统计 3 项计划任务完成情况，计算计划完成率并赋予权重（年度投资 25%、政策处理 60%、资本金出资 15%），参评任务完成率加权合计形成设区市推进指数得分。同时，考虑工作任务量，对各设区市年度投资计划量进行排名，并按照排名赋予投资任务系数（1~3 名系数 1.2,4~7 名系数 1.1，8~11 名系数 1.0）。

在此基础上，梳理项目推进中体现地方敢担当、善作为的正面事项以及造成工期滞后的负面事项，对“设区市任务完成情况得分”进行加减分，得出设区市铁路项目推进指数，数值高为推进有力，数值低为推进不力。

某设区市铁路推进指数 =（投资完成率 25%+ 政策处理完成率 ×60%+ 资本金出资完成率 ×15%）× 某设区市投资任务系数 + 正面事项加分 - 负面事项减分。

2021 年 5 月，根据在建项目建设阶段，铁路推进指数评价办法作了优化调整，主要是区分新近开工项目和全面建设项目，其中新近开工项目是指开工建设时间不足半年或主线交地、110 千伏以上电力迁改完成率不足 90% 的项目；全面建设项目指全线开工实践超过半年且主线交地、110 千伏以上电力线迁改完成率超过 90% 的项目。两类项目分别设置不同评分权重，如表 15 所示。

表15　浙江省在建铁路推进指数“三率”指标权重表

单位：%

<table>
<tr><th colspan="2">指标名称</th><th colspan="4">权重</th></tr>
<tr><td colspan="2" rowspan="2">投资计划完成率
25</td><td colspan="2">新近开工项目</td><td colspan="2">全面建设项目</td></tr>
<tr><td>25</td><td>50</td><td>50</td><td></td></tr>
<tr><td rowspan="4">土地政策处理完成率</td><td>大临用地</td><td>20</td><td rowspan="4">60</td><td>3</td><td rowspan="4">10</td></tr>
<tr><td>主线征地</td><td>20</td><td>3</td></tr>
<tr><td>管线迁改（不含 110 千伏以上电力线）</td><td>10</td><td>2</td></tr>
<tr><td>110 千伏以上电力线迁改</td><td>10</td><td>2</td></tr>
<tr><td colspan="2">资本金出资完成率</td><td>15</td><td>15</td><td>40</td><td>40</td></tr>
<tr><td colspan="2">合计</td><td>100</td><td>100</td><td>100</td><td>100</td></tr>
</table>

（三）表现形式

按照上述方式，三项进度完成数据测算各设区市铁路推进指数，并形成进度图（如图 18 所示）。

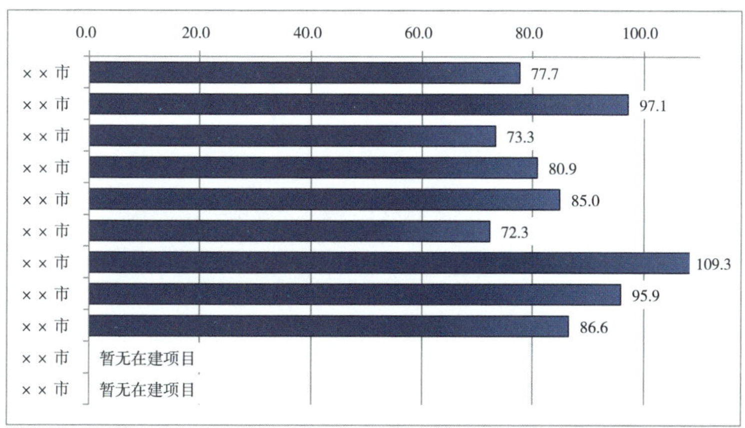

图18　2020年×月各设区市铁路项目推进指数图

还可追溯至某一铁路项目的沿线各县（市、区）具体情况，以某铁路为例（如图 19 所示）。

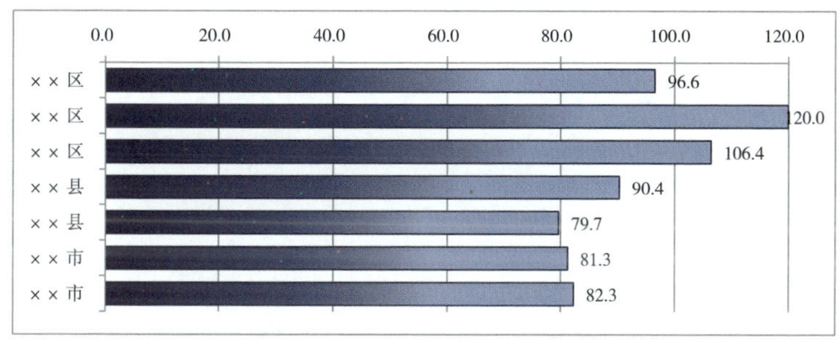

图19　2020年×月某铁路沿线各区县铁路项目推进指数图

指数评价工作每月度末开展，先由项目公司会同施工单位每月定期梳理评价事项进展情况；再由沿线地方核对修正进展情况；最后实施机构与铁路建设推进专班专线负责人复核进展情况，填入数据后台，计算计划完成率并赋予权重，参评任务完成率加权合计形成设区市推进指数得分。

第二篇
实施机构前期管理

第五章
铁路 PPP 项目的前期研究

第一节　铁路项目PPP可行性研究

一、PPP 项目可行性研究的政策要求

（一）基础设施领域 PPP 项目可行性论证要求

2018 年 10 月 11 日，国务院办公厅发布《关于保持基础设施领域补短板力度的指导意见》（国办发〔2018〕101 号），鼓励地方依法合规采用政府和社会资本合作（PPP）等方式，撬动社会资本特别是民间投资投入补短板重大项目。该文件明确要求，加强政府和社会资本合作（PPP）项目可行性论证，合理确定项目主要内容和投资规模；规范政府和社会资本合作（PPP）操作，构建合理、清晰的权责利关系，发挥社会资本管理、运营优势，提高项目实施效率。

2019 年 5 月 5 日，国务院颁布实施《政府投资条例》（国务院令第 712 号），对政府投资项目的投资决策、年度计划、项目实施、监督管理进行了严格规范。基础设施领域 PPP 项目作为政府投资的重要组成部分，需严格按照《政府投资条例》规定进行管理。

（二）PPP 项目投资管理的可行性论证要求

2019 年 7 月 1 日，为加强 PPP 项目投资和建设管理、提高 PPP 项目投资决策科学性，国家发展改革委发布《关于依法依规加强 PPP 项目投资和建

设管理的通知》(发改投资规〔2019〕1098号)，设立PPP项目“严监管”框架，为实施PPP项目的地方政府、社会资本方、咨询服务机构、金融机构等各方提供政策依据参考。

1. 要求所有拟采用PPP模式的项目开展可行性论证

发改投资规〔2019〕1098号文件明确要求，所有拟采用PPP模式的项目，均要开展可行性论证。通过可行性论证审查的项目，方可采用PPP模式建设实施。该文件对PPP项目的可行性论证实施程序、主要内容均做出了明确规定。

（1）**实施程序。**PPP项目按照审批制、核准制和备案制三种形式，开展可行性研究的论证工作。对于审批制的PPP项目，强调可研审批通过后，方可开展PPP实施方案审查、社会资本遴选工作。实行核准制的PPP项目，应在核准的同时或单独开展可行性论证和审查。实行备案制的PPP项目，应单独开展可行性论证和审查。

（2）**论证内容。**PPP项目可行性论证既要从经济社会发展需要、规划要求、技术和经济可行性、环境影响、投融资方案、资源综合利用，以及是否有利于提升人民生活质量等方面，对项目可行性进行充分分析和论证，也要从政府投资必要性、政府投资方式比选、项目全生命周期成本、运营效率、风险管理，以及是否有利于吸引社会资本参与等方面，对项目是否适宜采用PPP模式进行分析和论证。

2. 要求明确PPP项目可研论证与审批的刚性

发改投资规〔2019〕1098号文件明确指出，PPP项目可行性审查须在实施方案审查之前先行开展，通过PPP可行性论证的项目才可适用PPP模式实施。不得以实施方案审查等任何形式规避或替代项目审批、核准、备案，以及可行性论证和审查程序。在审批内容上，PPP项目实施方案、招投标文件、项目合同的主要内容，均应与经批准的可行性研究报告、核准文件、备案信息保持一致。

针对包括PPP项目在内的政府投资项目出现总投资控制不力问题，该文件明确了可行性论证重新审批的四种情形：（1）项目建设地点发生变化；（2）项目建设规模和主要建设内容发生较大变化；（3）项目建设标准发生较大变化；（4）项目投资规模超过批复投资的10%。这一要求与《政府投资条例》中对控制投资概算的要求相呼应，是政府投资“严监管”的主要内容之一。

3. 要求强化PPP项目实施过程履约监管

发改投资规〔2019〕1098号文件强调，要加强PPP项目全生命周期监管，坚决惩戒违规失信行为。

(1) **政府方角度。**政府应依法依规履行承诺，不得擅自变更合同约定的政府方责任和义务。根据PPP项目合同约定，加强对社会资本方履约能力全过程动态监管，防止因社会资本方超出自身能力过度投资、过度举债，或因公司股权、管理结构发生重大变化等导致项目无法实施。文件要求各级发展改革部门要采取在线监测、现场核查等方式，加强对PPP项目实施情况的监督检查，并在“全国PPP项目信息监测服务平台”上对PPP项目进行统一管理。

(2) **社会资本方角度。**社会资本方要提高履约能力，依法履行项目合同，承担项目实施责任，出现严重失信行为，依照规定将通过“信用中国”网站等平台向社会公示，由相关部门依法依规对其实施联合惩戒。

二、铁路PPP项目可行性研究的主要内容

铁路项目因行业特殊属性，其可行性研究编制办法自成体系。2018年12月，国家铁路局发布新版《铁路建设项目预可行性研究、可行性研究和设计文件编制办法》，全面总结了近年来我国铁路特别是高速铁路建设实践经验和设计文件编制经验，进一步规范了铁路建设项目决策、实施各阶段设计文件的组成与内容，明确了设计深度要求，是指导铁路工程建设项目设计文件编制的基础性文件。新办法的发布实施对提高铁路勘察设计质量和水平、加强铁路建设安全质量、提升铁路服务品质、促进铁路高质量发展具有十分

重要的意义。结合发改投资规〔2019〕1098 号文件精神，铁路 PPP 项目可行性研究论证内容包括：

（一）政府投资的必要性

铁路属于市场不能有效配置资源的重大公共基础设施项目，项目的社会效益远大于经济效益，是国家重要的战略性、基础性设施和重大民生工程。由于公益属性明显，项目经营收入不足覆盖项目全生命周期成本，为准经营性项目，符合《政府投资条例》规定的政府资金投资方向。

（二）政府投资方式比选

铁路项目一般具有投资规模较高、建设难度较大的特点，若采用政府直接投资方式投资，建设期政府资金筹集压力较大，难以发挥政府资金杠杆效益及引导带动作用，也不利于加快基础设施建设与经济发展。另外，政府直接投资方式一般适用于非经营性项目，铁路作为准经营类项目，政府直接投资方式并非最佳选择。

国家发展改革委《关于开展政府和社会资本合作的指导意见》（发改投资〔2014〕2724 号）和《关于进一步鼓励和扩大社会资本投资建设铁路的实施意见》（发改基础〔2015〕1610 号）明确，重点鼓励社会资本投资建设和运营城际铁路、市域（郊）铁路、资源开发性铁路以及支线铁路，鼓励社会资本参与投资铁路客货运输服务业务和铁路“走出去”项目。由于铁路项目大多数具备一定经营性、但经营收入不足以覆盖投资成本，属于准经营类项目，可通过政府授予特许经营权附加部分补贴或直接投资参股等措施，采用建设–运营–移交（BOT）、建设–拥有–运营（BOO）等模式推进。

（三）项目全生命周期成本

按照《PPP 物有所值评价指引（试行）》（财金〔2015〕167 号），PPP 项目的物有所值论证是对项目全生命周期成本与风险的量化论证，说明 PPP 模式在项目整合、风险分配、绩效导向、可融资性等方面给项目带来的影响，以判断 PPP 模式是否较政府传统投资运营方式更优，是确定项目是否适合采用 PPP 模式的主要依据。从铁路建设项目来看，传统建设模式下和 PPP 模式下，最明显、最直接的不同点在于，建设期内政府方的支出责任大幅减轻，财政支付压力平滑至项目合同期内。尽管政府方资金尚未完全支付，但是铁路项目已按照既定目标建设完成，正式运营后将产生综合社会效益，采用模型计算的全生命周期成本对比，能够清晰判断 PPP 模式的可行性。

（四）运营效率评估

引入社会资本方先进的管理经验和技术水平，不断提升企业管理、技术和服务水平，提高项目运营效率是基础设施领域采用 PPP 模式运作的核心需求之一。考虑到铁路项目承担跨省、市运输职责，常常存在与国铁接轨、衔接的现实需求，尤其是纳入国家铁路网的铁路，与相关铁路网联系较为密切，需进行频繁而复杂的运输组织协调，运输组织在很大程度上依靠铁路局的支持，调度指挥难以实现独立，社会资本方无法真正参与到城际铁路的运营管理中。因此，针对铁路 PPP 项目的可行性论证，在运营效率的评估方面，要着重考虑社会资本方参与铁路运营的特殊意义，不能简单得出难以完全发挥社会资本方的主观能动性、无法提升项目运营效率的结论。

（五）风险管理评估

除一般基础设施建设项目面临的风险外，铁路项目风险管理评估考虑两个方面的因素：一是铁路项目本身具有特殊的风险管理诉求。从运行安全风险来看，作为铁路项目运营中最高级别的风险，项目公司是否有能力承担全部的运营费用、责任和风险需要深入研究与评估；从需求性风险来看，虽然国家发展改革委与国铁集团均已出台相关政策明确项目公司可以根据需要自主依法决策项目建设管理方式与运输管理方式，但目前大多数铁路项目实现自主调度运输的条件仍不清晰，项目公司对于运量需求没有控制力，需求性风险的承担能力大幅削弱。二是一般的项目风险影响程度在铁路项目中会被放大。铁路项目具有投资造价高、公益属性强、施工难度大、安全风险管控严等特点，对社会资本方的投融资与建设施工能力要求高，尤其是铁路建设具有专业的资质要求，满足铁路建设资质的社会资本方较少，因此，铁路项目所面临风险的识别、评估、管理难度都大幅增加，这就对铁路项目采用

PPP 模式运作提出了更高的要求，在社会资本和政府之间分配风险的时候不能仅仅按照常规 PPP 项目执行，要充分考虑各项风险因素的不可控性，留有灵活的处理机制，促进双方在风险管理方面达成一致共识。

（六）是否有利于吸引社会资本参与

主要分析 PPP 项目的潜在投资人资格条件设置、投标标的组成、项目自身收益水平等关键要素，对社会资本是否形成较大吸引力。在符合政府方不兜底、不承诺固定回报等基础原则下，要充分考虑铁路领域的特殊性，加强对社会资本方参与铁路项目的支持力度和保障程度，吸引社会资本参与铁路的投融资、建设、运营，进一步拓宽社会资本投资、参与铁路项目的路径。

三、杭绍台铁路 PPP 项目可行性研究论证

结合杭绍台铁路项目可行性研究报告，以及 PPP 项目实施方案、物有所值论证报告等相关咨询成果内容，杭绍台铁路采用 PPP 模式运作，是可行的。

（一）项目建设的必要性

该项目的建设对完善浙江省铁路网布局，拉动沿线地市经济社会发展，方便群众出行具有十分重要的意义，具体体现为以下五方面[1]：

(1) **填补铁路网空白，完善铁路网布局，提高铁路网效益，构建长三角地区综合交通网、城际轨道交通网和国家沿海铁路快速客运通道。**浙江杭州都市圈与东南方向温台城市群之间的对角区域，路网几乎是空白，其中嵊州市、新昌县、天台县更是“无铁县”，本项目的建设将填补这一空白。项目可连接沪杭铁路、宁杭铁路、杭甬铁路、商合杭铁路、在建的杭衢铁路和规划的沿海高铁，形成沟通长江经济带、长三角南翼环杭州湾城市群、温台沿海城市群的重要基础设施。与既有甬温-杭甬通道相比，运距和运输时间将分别节省 94 公里和 1.26 小时，与规划沿海客专——杭甬通道相比，运距缩短 84 公里，时间缩短 0.28 小时，是杭州湾沟通台州地区的便捷快速通道，

[1] 新建铁路杭州至绍兴至台州线可行性研究报告（报批稿）（2016 年 10 月）。

形成一条核心区辐射浙东南地区的骨干城际轨道交通线。同时，本项目在铁路网中南北分别与沿海铁路、宁杭铁路、商合杭铁路相接，在铁路网中形成宁杭高铁、商合杭铁路顺直的延伸线；沟通沿海客专，又可形成沪昆大通道和沿海大通道的重要联络线，是山东东部、江苏、上海、安徽东南部等地区与浙江温台地区、福建、广东等东南沿海地区间的旅客交流的便捷快速通路，可形成合福铁路的有效补充，对提高宁杭和商合杭等铁路效益也有积极作用。此外，本项目同步考虑与规划沿海高铁的连接互通，也为今后沿海货运通道布局提供了便利。

（2）**贯彻落实浙江省委战略部署规划，增强区域交通基础设施、打造浙江省省会杭州至各设区市高铁“1 小时”交通圈。**“十四五”期间，浙江省将基本形成内畅外联、经济高效、泛在先进、安全绿色、整体智治的现代综合交通运输体系，完成 2 万亿元综合交通投资，基本建成省域、市域、城区 3 个“1 小时左右交通圈”。随着杭长和金温铁路的开通运营，浙江省 11 个地级市中绝大多数都基本实现了与省会杭州“1 小时通达”。本项目的建设，将径直打通浙江省会杭州至温台城市群的对角线，实现嵊州、新昌、天台“半小时通达”杭州，台州至杭州实现 1 小时交通圈，极大拉近中心城市与沿线城镇的时空距离，催生“同城效应”。

（3）**促进长三角城市群联动发展，实现温台城市群融入长江经济带和“一带一路”建设，促进区域经济协调发展。**本项目是沟通长三角南翼环杭州湾城市群、温台沿海城市群及杭州都市圈的重要基础设施，形成一条核心区辐射浙西南地区的骨干城际轨道交通线，对于台州、温州加快对接长三角核心区域，增强区域协调具有显著作用。同时项目利用既有宁杭高铁、商合杭铁路，可形成温台地区至南京及“一带一路”重要节点城市——合肥的快速通道，又可实现温台城市群与南京都市圈、皖江经济带、长江经济带的快速联系，对实现温台沿海城市群融入长江经济带和“一带一路”建设，实现区域资源优势互补和全面协调发展具有重要意义。

（4）**促进沿线旅游业发展，构建美丽经济交通走廊，打通“绿水青山”**

转化为“金山银山”的通道。项目沿线杭州、绍兴、台州城镇、人口密集，旅游资源丰富。杭州是中国八大古都之一，历史文化名城，拥有西湖、西溪、千岛湖等众多旅游精品。绍兴是融“中国山水”和“诗画江南”于一体的东方名城，自古有“东南山水越为首，天下风光数会稽”的美誉，尤以山水风光、古城风貌、人文景观为王牌特色，其中新昌有江南第一大佛新昌大佛寺，有《梦游天姥吟留别》中描述的天姥山。台州天台以佛宗道源、山水神秀著称，是寒山子的隐居地。项目沿线山水秀美，历史上李白、杜甫、白居易、孟浩然等400多位著名诗人众多绚丽诗篇，形成著名唐诗之路。本项目的建设可实现沿线地区与杭州、绍兴、台州三市旅游资源的对接，构建美丽经济交通走廊，打通“绿水青山”转化为“金山银山”的通道，大幅提升旅游资源的通达性与整体竞争力，对促进吸引区域旅游客源市场的拓展和旅游业的发展壮大意义重大。

（5）**消除无铁县，冲出经济洼地、构筑精神高地，引领沿线地区经济社会转型发展，助力共同富裕示范区建设。**项目沿线所经新昌、嵊州、天台地区均为丘陵山区，也是绍兴、台州两市仅有的不通铁路的县市，由于受地理环境、交通条件等因素的制约，社会经济发展相对滞后，人民物质文化生活水平相对较低，为两市经济洼地所在。本项目建设，将极大地改善地区交通基础条件，实现沿线地区对外便捷的交通和经济联络，快速接受杭州、上海及长江经济带的经济辐射，促进沿线资源整合和产业升级，带动经济洼地，促进区域协调发展，实现共同富裕示范区建设的目标。

（二）项目PPP可行性研究论证过程[1]

自2014年起，杭绍台铁路项目在项目工程可行性研究论证的同时，启动PPP模式可行性论证。按照浙江省铁路建设前期筹建管理模式，由台州市作为直接承担杭绍台铁路项目前期推进工作的主体，筹建办设置在台州市发展改革委（市铁路建设领导小组办公室）。台州市高度重视杭绍台项目前期工作进展，强化组织机制、加强前期研究、提前把握投资潜力、积极对接

[1] 台州市发展改革委（市铁路建设领导小组办公室）工作总结材料。

省部、探索 PPP 合作关键突破创新，推进 PPP 项目可行性论证并加快项目落地。

（1）**强化项目推进组织领导机制。**台州市政府专门成立了杭绍台铁路前期推进工作领导小组，由市主要领导担任组长，成员由市发展改革委、铁路办等十多个部门和沿线县市区主要负责人组成。领导小组下设办公室，并抽调市管后备干部为主体的精干力量参与该项目的前期工作。沿线县市区均成立了相应的工作机构，配齐人员力量，落实了办公场所，为该项目的前期推进奠定了组织基础。

（2）**着手深化项目前期研究工作。**2014 年第三季度开始，台州市发展改革委在加大力度推进金台铁路项目前期工作的同时，与中铁五院等单位就杭绍台铁路项目的背景资料、项目定位、建设规模以及运营效益等方面进行了反复商讨对接；2014 年 9 月中旬，向省发展改革委（省铁路办）领导进行了专题汇报并取得支持，月底委托中铁五院开展该项目 6 个专题的预可研报告编制工作。2015 年 3 月 17 日，省发展改革委（省铁路办）在杭州专题听取了设计单位的研究成果汇报；5 月 11—12 日，召开项目预可研报告汇报讨论会，通过多轮讨论、沟通和完善，该项目的预可研报告内容已经相对科学合理，达到预期的深度。

（3）**提前论证项目对社会投资人的吸引力。**为了配合设计单位的预可研编制，台州市发展改革委会同绍兴市发展改革委（省铁路办）对沿线县市区经济发展状况、社会投资人情况、交通基础设施建设情况，以及今后的发展潜力等进行了多层次多侧面的调查研究，并促成两市政府多次召开座谈会，听取前期工作汇报，剖析存在的问题和原因，布置阶段性工作任务，互通动态信息，共同推进该项目的前期工作。台州、绍兴两地对沿线企业进行了宣传发动，了解到新昌县的 4 家上市公司和天台县 8 家公司（其中 3 家为上市公司）均有意愿参与该项目建设。2016 年 1 月 14 日，台州市牵头组织召开了杭绍台铁路投融资工作座谈会，听取了各地的意见和建议，为科学编制杭绍台铁路 PPP 投融资方案积累了素材、奠定了基础。

（4）**积极对接省部，争取政策支持。**在做好上述工作的同时，台州市发展改革委积极跑省、赴沪、进京，一方面专题向国家发展改革委、原中铁总公司、省政府以及省发展改革委领导汇报台州市牵头建设杭绍台铁路的坚强决心并取得支持；另一方面，积极会同中铁五院对预可研报告的内容进行了广泛深入的讨论、修改和完善，为下一步工作奠定基础。2015 年底，国家发展改革委将该项目列入《国家中长期铁路网（2016—2030）规划》和国家社会资本投资铁路建设示范项目名单，台州市上下一心合力推动杭绍台铁路项目前期审批工作驶入“快车道”。从 2016 年 3 月底预可研评审到当年 11 月 30 日项目核准获批，仅用了 8 个多月时间，同年 12 月成功实现先期段开工，创下中国高铁“台州速度”。[1]

[1] 2016 年 12 月 20 日《无限台州》报道《揭秘！杭绍台铁路“台州速度”是怎样炼成的》。

第二节 铁路PPP项目投融资方案研究

一、杭绍台铁路投融资方案创新历程

党中央、国务院高度重视民间投资工作，近年来已部署出台了系列有针对性的政策措施。浙江重点实施了杭绍台铁路这一社会资本投资铁路示范项目，在吸引民营资本进入铁路投资领域进行了大量探索与创新。根据国家《中长期铁路网建设规划》（发改基础〔2016〕1536号）和国家发展改革委《关于做好社会资本投资铁路项目示范工作的通知》（发改基础〔2015〕3123号）、《关于进一步鼓励和扩大社会资本投资建设铁路的实施意见》（发改基础〔2015〕610号）等文件精神，杭绍台铁路PPP项目按照创新投融资体制机制、打造严格规范PPP项目的总体要求不断推进，走过了一段艰难但具有示范意义的历程。

（一）投融资方案创新难点

杭绍台铁路项目投融资方案的创新得到了国家发展改革委、国家铁路局等单位的大力支持。杭绍台铁路的探索实践也表明，铁路领域引入民营资本存在较为突出的困难与制约因素。

(1) **民营资本实力相对较弱，铁路投资市场尚不成熟。**铁路投资造价高昂，对民营资本投融资能力要求高，而且我国铁路市场长时间处于垄断状态，民资参与铁路的项目经验稀缺，因此对进入该市场仍持观望态度，加上铁路综合运营领域缺乏较为成熟的战略投资者，目前市场上有意愿且具备实力的潜在投资者数量十分有限，采用公开招标等传统招标方式遴选民营资本的难度较大，难以达到充分竞争效果。

(2) **铁路经营效益不确定性大，各方预期难以统一。**铁路经营效益受到列车开行对数、票价水平与委托运输管理清算标准等多种因素影响，未来可能因市场情况与行业政策等产生较大波动，客观上存在不确定性，特别是我国高速铁路运营时间还较短，尚未显现长期效益，也没有形成成熟的估算方法，因此不同主体对项目效益与风险的预期存在很大差别，这是政府与民营资本沟通谈判过程中双方产生分歧的核心原因之一。

（3）**铁路沿线综合开发政策难以落地实施。**根据《国务院关于支持铁路建设实施土地综合开发的意见》（国发〔2014〕37号，以下简称《意见》），国家支持铁路用地及站场毗邻区域土地综合开发利用，以开发收益支持铁路发展。但是，该政策真正落地遇到重大障碍：根据《意见》要求，出让土地的位置、红线范围、土地指标、预计出让时间等须在合作开始前确定，这对大部分项目而言实现难度较大。

（二）通力合作，高效完成方案编制与报批

2016年12月底，实施机构获省政府授权后1个月内，抓紧启动了杭绍台铁路PPP项目实施方案编制等工作。在实施机构组织下，PPP项目咨询服务机构中国投资咨询公司搭建了实施方案的框架内容以及核心要件，并与原中铁总、省交通投资集团公司、潜在社会投资人，以及省级相关部门和沿线政府，充分沟通交流项目投融资股权结构设计方案，形成了PPP项目实施方案。2017年2—3月，在省发展改革委的组织下，实施方案核心内容先后向国家发展改革委、原中铁总、省分管领导、省主要领导作了专题汇报。经过反复论证修改与市场测试，2017年5月，省政府正式批复同意《杭绍台铁路PPP项目实施方案》。前期的充分沟通衔接，为后续社会资本遴选采购打下了坚实的基础。2017年6月底，杭绍台铁路PPP项目竞争性磋商程序完成，成功遴选出中选社会资本方。全方位高效地完成各项相关工作，满足项目的推进需求，凸显了项目前期报批工作的示范性和PPP工作的示范性。

二、杭绍台铁路投融资方案的创新意义

杭绍台铁路肩负着投融资创新重大改革使命，得到国家有关部门和省政府的高度重视，沿线政府积极响应，国家发展改革委要求浙江大胆探索示范，形成可复制推广的民营资本控股铁路PPP运作模式，打造社会资本参与铁路投资建设的样板。杭绍台铁路PPP模式投融资方案填补了中国铁路建设

领域投融资体制机制改革空白，成为民营资本进入中国高铁建设的里程碑，也是中国铁路建设 PPP 项目的首次突破。

（一）五大探索创新亮点

(1) **民营资本控股投资铁路建设创新示范。**由民营资本控股投资建设模式，首次打破长期以来我国铁路建设领域约束社会资本投资的玻璃门，为全国铁路建设投融资体制机制改革树立了典型示范。

(2) **铁路项目 PPP 运作方式创新示范。**根据铁路项目投资规模大、投资回收期长、安全质量要求高、运营控制复杂、运营收入不确定性强、融资债务对投资人影响明显等特点，研究提出采用 BOOT 运作方式，探索赋予项目公司合作期内对项目资产的相关权益，提高项目在资本市场的评价质量，对于项目可持续发展，以及铁路领域吸引社会资本投资有很强的借鉴示范意义。

(3) **社会资本方动态回报机制创新示范。**本项目采用“使用者付费＋可行性缺口补助”回报机制，建立起政府与社会资本风险分担合理分配的使用者付费收入体系，力争在铁路领域探索出符合社会资本预期、吸引社会投资人的回报机制，为全国铁路建设领域 PPP 合作中对市场的确定性与非确定性风险分配探索了路径示范。

(4) **社会资本方遴选竞争性创新示范。**考虑到铁路建设项目的复杂性，采用公开招标、邀请招标等遴选方式，难以遴选出合适的社会资本方，在传统基础设施领域 PPP 项目遴选社会资本方过程中，探索实施竞争性磋商方式遴选，成功遴选资本实力雄厚、建设管理能力强大的优质社会资本方。

(5) **建设与运输管理方式创新示范。**项目公司作为独立市场主体，自主定价、自主建设、自主运营、自负盈亏，采用 PPP 模式下的 EPC 建设模式，充分发挥项目公司和中国铁路设计集团公司各自优势，最大程度保障项目质量安全、控制项目投资。近期不具备自我运输管理条件下，先行委托国铁集团运输管理，未来可以由具备运输管理条件的铁路企业运营，为全国铁路 PPP 项目建设与运输管理探索了有效路径。

（二）N 个可复制推广示范点

（1）**参与主体组织方式示范。**在“省部协议”框架下，由省级政府牵头协调沿线各级政府，达成省市股权分配和可行性缺口补助保障等主要方案，既符合国家 PPP 规范，又有国铁集团代表国家网络运营组织的最后安全与运输组织保障。

（2）**PPP 合作边界划分示范。**在国家发展改革委批复总投资中扣除车辆购置费、动车所投资后作为 PPP 合作的投资边界范围，征地拆迁费用由沿线政府包干使用，对于发挥地方政府积极性、推进项目公司管理创新具有积极意义。

（3）**合作伙伴（社会资本方）选择方式示范。**在做好项目尽职调查基础上，对潜在投资人做好充分的 PPP 市场测试与非正式磋商。根据国家相关法律法规，研究提出了采用竞争性磋商方式遴选社会资本方的有效做法。

（4）**SPV 特殊目的公司融资方案创新示范。**综合考虑发行企业债券、项目收益债，以及可续期债券等资金进入通道。基于中标人的联合体情形，以有限合伙公司参与组建项目公司，对民营投资人撬动杠杆力量、创新资本运作有积极作用。

（5）**合作期内利益分配机制示范。**省级政府和沿线政府合作期内放弃分红，但可享受合作期超额收益和合作期满的资产收益，以及沿线开发收益等。国铁集团享受与民营资本同等收益权利，同时获得铁路网完善、投资压力减轻的综合效益。社会资本方直接分享项目带来的经济效益。

（6）**基于绩效与风险分担的考核评价制度示范。**按照年运营车流或客流量，基于合作期内运作绩效与风险分担原则，形成项目运营考核评价制度。

（7）**社会资本方退出机制示范。**社会资本方退出可发生在合作期满或期间，根据《关于规范开展政府和社会资本合作项目资产证券化有关事宜的通知》（财金〔2017〕55 号），提出了方向性的资产证券化思路和推进路径，鼓励社会资本方通过资产证券化和各类债务基金置换等渠道，以项目收益权为载体，实现置换流动。

(8) **铁路 PPP 项目建设管理方式示范。**政府支持国铁集团发挥专业综合优势，采用 EPC 工程总承包模式参与铁路建设，通过社会资本方遴选和建设工程公开招投标“两次招标”方式，实现项目建设工程的依法管理。

三、杭绍台铁路投融资方案核心内容

（一）合作期限

本项目合作期限为 34 年，其中建设期 4 年，运营期 30 年。

（二）合作范围

本项目 PPP 合作范围边界的确定，以国家发展改革委批复的项目建设范围为基础，充分考虑政府与社会资本合作范围的科学性以及项目实际，做以下调整：

台州动车所不纳入 PPP 范围。考虑到本项目台州动车所作为路网基础设施，服务整个浙东南沿海高铁网络，并且动车所没有收费机制，整个纳入项目 PPP 范围将增大社会资本方负担，降低项目效益，相关利益方也持有不同意见。因此仍然参照以往的投资建设模式，由原中铁总和省市政府联合实施，不纳入本次政府与社会资本合作范围。

增加台州存车场及走行线纳入 PPP 范围。为满足铁路运营中台州始发站安排需要，同时增加存车场及走行线投资。

车辆购置投资不纳入 PPP 范围。由于本项目拟采用委托原中铁总运输管理模式，因此车辆配置由原中铁总负责，不纳入 PPP 范围。

调增耕地占补平衡费纳入 PPP 范围。增加可行性研究中未考虑的耕地占补平衡费用，暂估计价。

（三）运作方式

根据国家发展改革委《关于印发〈传统基础设施领域实施政府和社会资本合作项目工作导则〉的通知》（发改投资〔2016〕2231 号），政府和社会资本合作模式主要包括特许经营和政府购买服务两类。新建项目优先采用建设—运营—移交（BOT）、建设—拥有—运营—移交（BOOT）、设计—建设—

融资—运营—移交（DBFOT）、建设—拥有—运营（BOO）等模式。PPP项目运作方式的选择主要由项目类型、收费定价机制、项目投资收益水平、风险分担基本框架、融资需求、改扩建需求和期满处置等因素决定。

本项目为新建高速铁路项目，有较大的投融资需求，并有很强的使用者付费的经营性特征。项目兼具国家东部沿海地区，尤其是浙江省东部南北向通道干线铁路客运功能，以及长三角区域南翼中心城市间的城际通勤铁路功能。项目使用者（铁路客流）前景扎实，根据省内已建和拟建轨道交通项目运行客流状况看，研究判断本项目客流初期可达到5万人/日以上，远期有达到8万人/日以上的潜力。

本项目采用BOOT模式运作——由政府方通过PPP项目合同，授权社会资本和政府方指定机构合资成立特殊目的项目公司，由项目公司负责本项目的投资、融资、建造、运营和维护，在规定的特许经营期内向项目的使用者收取适当的费用，以此回收项目的投资、建设、经营和维护等成本，并获得合理的回报。为体现对社会资本的支持，在合作期内项目设施资产所有权归项目公司所有。由于铁路资产公共属性强，对沿线区域影响大，特许经营期满后，项目公司将项目设施的所有权与运营权无偿移交给政府方。

（四）项目股权结构

由民营资本投资控股，股比为51%，原中铁总按照以往投资浙江铁路建设惯例，股比定为15%；其他由省级投资主体和台州、绍兴两市政府按照4∶6比例分摊，省交通投资集团股比占13.6%，台州和绍兴市政府各为10.2%。

从国家PPP政策规范要求看，杭绍台铁路项目股权结构符合PPP理念要求：一是社会资本控股明确。项目由中选社会资本控股，体现了本项目作为PPP示范的基本要求，符合国家PPP示范倡导政策方向。另一方面，根据发改价格〔2014〕2928号文件第一条“社会资本投资控股新建铁路客运专线旅客票价实行市场调节价，铁路运输企业可以根据生产经营成本、市场供求和竞争状况、社会承受能力等，自主确定具体运输价格”的规定，本项目社会资本控股，有利于获得运价自主定价权，以及后续的市场经营。二是原中铁总参与投资，并视同政府方参与者，与社会资本方同股同权。考虑到项目建成后接轨、入网运营均需要指导支持，因此将其视作政府方的参与者，通过单一来源采购方式参与本项目的 PPP 投资合作，由浙江省政府与原中铁总签署协议约定双方责任义务。

（五）回报调整机制

本项目投资金额巨大，合作期长达 34 年。为了反映对运营期内风险的合理共担，设定融资利率、列车开行对数和超额收入分配三个调整机制。

1. 融资利率调整机制

融资利率调整的触发条件为：基准利率累积变动幅度达到一定水平（如：50 个基点）。基准利率变动幅度在该水平之内的，不进行调整。调整方法为：项目融资利率相对基准利率的上浮率或下浮率应维持不变，基准利率变化时，根据其变化对项目公司收益的影响相应进行调整。

政府需支付的财政补贴金额于央行调息之日下一年度的 1 月 1 日起进行调整。若项目运营维护期内利率政策发生变化，不再存在基准利率，则双方将使用一年期上海银行间同业拆借利率（SHIBOR）变动幅度代替基准利率变动幅度，计算方法不发生调整。

2. 开行对数调整机制

本项目设定运营期列车开行对数基准值。实际开行对数高于或等于开行对数基准值时，不调整补贴额；如实际开行对数低于开行对数基准值、但高于触发调整的下限值（为基准值以下的一定比例）时，不调整补贴额。实际开行对数低于触发调整的下限值，政府方对开行对数的差值进行补贴，最高补偿对数为当年度开行对数基准值的一定比例，触发调整下限值与具体补偿比例在竞争性磋商阶段通过双方谈判确定。每对列车的补偿标准为上一年度每对开行列车实际为项目公司创造的收益。

3. 超额收入分配调整机制

为使项目公司的经营收益在一定合理范围内，设定项目超额收入运营期第 11 年开始，如果项目公司实际收入高于竞争性磋商中确定的清算机制相关收入（主要包括：线路使用费、服务费、电费和接触网使用费）基准值的10%，政府方有权按60%的比例对超出部分进行分成，项目公司获得超额收入部分的40%。

第六章
铁路 PPP 项目“两评一案”论证

第一节　铁路PPP项目财政承受能力论证

一、财政承受能力论证政策要求

（一）政策概况

根据财政部印发的《政府和社会资本合作项目财政承受能力论证指引》（财金〔2015〕21 号），财政承受能力论证是指识别、测算 PPP 项目的各项财政支出责任，科学评估项目实施对当前及今后年度财政支出的影响，为 PPP 项目财政管理提供依据。

开展 PPP 项目财政承受能力论证，是政府履行合同义务的重要保障，有利于规范 PPP 项目财政支出管理，有序推进项目实施，有效防范和控制财政风险，实现 PPP 可持续发展。

在论证方法上，财政承受能力论证采用定量和定性分析方法，坚持合理预测、公开透明、从严把关，统筹处理好当期与长远关系，严格控制 PPP 项目财政支出规模。

在论证结论上，财政承受能力论证的结论分为通过论证和未通过论证。通过论证的项目，各级财政部门应当在编制年度预算和中期财政规划时，将项目财政支出责任纳入预算统筹安排。未通过论证的项目，则不宜采用 PPP 模式。

（二）财政承受能力论证的内容与方法

PPP 项目财政承受能力论证的核心内容是识别政府方在 PPP 项目中的财政支出责任是否在财政承受范围之内。论证过程中，需要实施机构及其委托的咨询机构，按照既定的方法要求，较为准确地预测 PPP 全生命周期内政府方所需要支出的股权投资支出、运营补贴支出、配套投入支出和风险承担支出四项成本，并结合当地政府财政情况，得出地方财政承担成本支出的能力大小。具体内容包括责任识别、支出测算、能力评估三个方面。

1. 责任识别

PPP 项目全生命周期过程的财政支出责任，主要包括股权投资、运营补贴、风险承担、配套投入等。具体包括：

（1）**股权投资支出责任。**股权投资支出责任是指在政府与社会资本共同组建项目公司的情况下，政府承担的股权投资支出责任。如果社会资本单独组建项目公司，政府不承担股权投资支出责任。

（2）**运营补贴支出责任。**运营补贴支出责任是指在项目运营期间，政府承担的直接付费责任。不同付费模式下，政府承担的运营补贴支出责任不同。政府付费模式下，政府承担全部运营补贴支出责任；可行性缺口补助模式下，政府承担部分运营补贴支出责任；使用者付费模式下，政府不承担运营补贴支出责任。

（3）**风险承担支出责任。**风险承担支出责任是指项目实施方案中政府承担风险带来的财政或有支出责任。通常由政府承担的法律风险、政策风险、最低需求风险以及因政府方原因导致项目合同终止等突发情况，会产生财政或有支出责任。

（4）**配套投入支出责任。**配套投入支出责任是指政府提供的项目配套工程等其他投入责任，通常包括土地征收和整理、建设部分项目配套措施、完成项目与现有相关基础设施和公用事业的对接、投资补助、贷款贴息等。配套投入支出应依据项目实施方案合理确定。

2. 支出测算

在支出责任识别的基础上，综合考虑各类支出责任的特点、情景和发生概率等因素，测算项目全生命周期内财政支出责任。

（1）**股权投资支出**。股权投资支出应当依据项目资本金要求以及项目公司股权结构合理确定。股权投资支出责任中的土地等实物投入或无形资产投入，应依法进行评估，合理确定价值。计算公式为：

股权投资支出＝项目资本金 × 政府占项目公司股权比例　　（公式 1）

因此，PPP 项目的股权投资支出测算主要根据政府方在项目公司中的持股比例确定，若政府方不参股项目公司，该项支出责任为零，而对于政府方参股项目公司的 PPP 项目而言，该项支出责任则按照政府方出资项目公司的股比计算。

（2）**运营补贴支出**。根据财金〔2015〕21 号文件，运营补贴支出应当根据项目建设成本、运营成本及利润水平合理确定，并按照不同付费模式分别测算。对政府付费模式的项目，其计算公式为：

$$\text{当年运营补贴支出数额} = \frac{\text{项目全部建设成本}\times(1+\text{合理利润率})\times(1+\text{年度折现率})}{\text{财政运营补贴周期（年）}} + \text{年度运营成本}\times(1+\text{合理利润率}) \quad \text{（公式2）}$$

对可行性缺口补助模式的项目，在项目运营补贴期间，政府承担部分直接付费责任。计算公式为：

$$\text{当年运营补贴支出数额} = \frac{\text{项目全部建设成本}\times(1+\text{合理利润率})\times(1+\text{年度折现率})}{\text{财政运营补贴周期（年）}} + \text{年度运营成本}\times(1+\text{合理利润率}) - \text{当年使用者付费数额} \quad \text{（公式3）}$$

虽然该文件对于 PPP 项目提出了上述计算公式，但针对不同类型的 PPP 项目采用同一公式计算不具有适用性。公式 2 和公式 3 计算的是 PPP 项目运营期每年的财政补贴额，其原理是将项目全部建设成本除以运营期年限得到每年应分摊的建设成本额，计算其终值；连同当年运营成本，再分别加上合理利润，给予社会资本方合理回报；对可行性缺口补助模式的PPP项目，再从中扣除项目公司收到的使用者付费数额。

政府对PPP项目的运营补贴金额属于实施方案研究的内容，其测算结果应根据项目实际情况构建财务模型得到，在开展财政承受能力论证时，以实施方案中研究测算的政府补贴金额为基础，评判政府方是否有足够的承受能力。

(3) **风险承担支出。**财金〔2015〕21号文件提出，风险承担支出应充分考虑各类风险出现的概率和带来的支出责任，可采用比例法、情景分析法及概率法进行测算。如果PPP合同约定保险赔款的第一受益人为政府，则风险承担支出应为扣除该等风险赔款金额的净额。

在实际执行项目过程中测算风险承担支出大部分采用比例法，但是各PPP项目在开展风险承担支出测算时各自为政，比例数值基本不同，造成同一类项目风险承担支出差别很大，因此，在开展风险承担支出测算时应按照项目类别、规模等参数设定科学的风险评估体系。

(4) **配套投入支出。**配套投入支出责任应综合考虑政府将提供的其他配套投入总成本和社会资本方为此支付的费用。配套投入支出责任中的土地等实物投入或无形资产投入，应依法进行评估，合理确定价值。计算公式为：

$$\text{配套投入支出数额} = \begin{matrix}\text{政府拟提供的}\\\text{其他投入总成本}\end{matrix} - \begin{matrix}\text{社会资本方}\\\text{支付的费用}\end{matrix} \qquad \text{（公式4）}$$

3. 能力评估

能力评估是指财政承受能力评估，包括财政支出能力评估以及行业和领域平衡性评估。

财政支出能力评估，是根据PPP项目预算支出责任，评估PPP项目实施对当前及今后年度财政支出的影响；行业和领域均衡性评估，是根据PPP

模式适用的行业和领域范围，以及经济社会发展需要和公众对公共服务的需求，平衡不同行业和领域 PPP 项目，防止某一行业和领域 PPP 项目过于集中。

每一年度全部 PPP 项目需要从预算中安排的支出责任，占一般公共预算支出比例应当不超过 10%。省级财政部门可根据本地实际情况，因地制宜确定具体比例，并报财政部备案，同时对外公布。

在进行财政支出能力评估时，未来年度一般公共预算支出数额可参照前五年相关数额的平均值及平均增长率计算，并根据实际情况进行适当调整。

二、铁路 PPP 项目财政承受能力论证关注点

对于铁路 PPP 项目，以上支出责任的识别和测算两方面内容同样是财政承受能力论证的关键内容，但考虑铁路项目的特殊性，在进行财政承受能力评估时，还需要注意以下几个方面：

（一）铁路项目属于跨区域线性工程，需合理设定沿线政府财政支出分配原则

铁路项目通常具有跨区域的特点，线路沿线可能经过多个市县区、甚至跨省市，此类项目不可避免地涉及不同地市之间的财政支出责任比例分担等问题。按照其他类似铁路项目实际操作经验，跨地市项目财政支出责任分担方式主要包括按境内线路里程分担、按运营里程分担、按线路通行量分担、按地区财政承受能力分担等方式。

1. 按境内里程分担

这种分担方式的优势在于操作比较简单，但属于“一刀切”的分担，其不合理性也相对明显：铁路沿线不同地区对于同一条铁路的需求程度不同、受益程度也不同，不同沿线政府境内的线路情况不同，地质条件复杂的地区铁路单公里造价成本相对较高；考虑到铁路维修需求，可能需要在终端城市配套动车所、行车走行线等工程，而此类用于车辆停放、检修和维护的工程投资往往不产生任何效益，但却服务于整条线路。按照境内里程分担项目或

有财政支出责任容易导致不同地区的承担责任与获得受益不对等，例如线路中段地区政府不仅承担当地的客运量，还分担来自终端地区的客流，对应增加的客运成本、维修维护成本等按照境内里程分担方式下则全部由中段地区承担，有失公平。

2. 按运营里程分担

这种分担方式的优势在于考虑了铁路沿线地区的受益程度，铁路的建设初衷是为推进铁路沿线地区与发达城市的联通及一体化发展，带动沿线地区之间的人口流动从而带动沿线地区经济发展，因此，按实际运营里程分担沿线地区政府的财政支出责任实际上也是按照沿线地区因铁路项目带来的受益程度划分；其劣势在于，中段地区境内运营里程实际由终端地区与中段地区共享，但中段地区的客运收入及运营成本很可能归属于该地区，若客运效益较好，终端地区政府可能难以接受。

3. 按线路通行量分担

通过线路清分系统，可以区分归属于不同地区区段客运量。假设铁路线路经过 A、B 两市，归属于 A 市、B 市的客运量比例作为计算 A 市、B 市各自应当承担的财政支出责任，例如全部归属于 A 市的客运量与全部归属于 B 市的客运量为 50%：50%，则 A 市与 B 市的财政支出责任分担比例为 50%：50%。这种分担方式以 A 市、B 市各自承担的客运量作为分担依据，其优势在于：考虑了 A 市、B 市因铁路建设带来的受益程度，避免按境内里程这种“一刀切”分担方式有失公允的问题。其难点在于：能否明确区分归属于 A 市、B 市的客运量，尤其是对于承担跨线运量的中段城市线路这一公共部分的客运量能否合理割离存在不确定性；动车所等公共设施的投资、维护需求与客运量直接关系不明显，该分担方式也无法做到绝对公平。

4. 按地区财政承受能力分担

铁路项目的投资规模一般较大，针对这类较大规模投资的项目，其面临的财政支出压力也相对较大，因此，各地区在分担财政支出责任时应当考虑当地的财政承受能力，例如，昆明市轨道交通 4 号线 PPP 项目和昆明市轨道交通 5 号线 PPP 项目分担各区县财政支出责任时，充分考虑了各区县的一般公共预算支出剩余额度。这种分担方式属于“按承受能力”分担，也可能存在有失公允的问题。

以上四种财政支出责任分担方式各有优缺点，参考以往铁路项目的实操经验，此类跨地市线性项目的各市县（区）财政支出责任分担比例通常是综合投资规模、各市县（区）因线路开通的受益程度、各市县（区）财政承受能力等因素的综合结果，因此，铁路项目在设定沿线地区财政支出责任分担比例方面统筹考虑以上因素，选择多种分担方式组合的形式安排沿线地区的财政支出责任的分担方式。

（二）铁路项目不确定性风险较大，风险承担支出需合理评估

铁路项目潜在的风险构成较为复杂，在实施方案风险分担设计时会对关键风险进行细致约定，该部分风险可以采用情景分析法进行量化后测算出承担成本，其余风险的后果值则难以单独量化，适合采用比例法。因此，铁路项目适合采用“情景分析法 + 比例法”结合的方法进行风险承担成本测算。

以杭绍台铁路 PPP 项目为例。考虑到该项目采用委托运输管理模式运作，项目运输管理由原中铁总下属路局负责，线路纳入国铁网络，该线路在运营中实际开行的列车对数受到全国铁路网行车调度安排影响。项目公司对列车开行对数低于预期的风险不具有控制力，难以承担全部的运量不足风险，因此，该风险应当由政府方为主承担，并设定最低需求运量，保障项目公司的合法权益。

该项目针对列车开行对数设计了单独的风险分担机制，实际列车开行对数低于最低需求列车开行对数时，政府方将进行差额保障。这一风险就可以通过情景分析法进行量化，即设定基本、不利、最坏三种情形，分别分析三种情形可能发生的概率，计算出期望风险值，在财政承受能力论证阶段提前预估此项特殊风险的量值，尽可能准确地预测未来可能发生的财政支出责任，合理纳入财政预算，并根据未来实际发生的风险值进行调整。而对于政策变化、法律变更、不可抗力等难以量化的风险，则单独通过比例法进行

估算。

两种方法的结合使用有利于更准确、更有针对性地评估铁路 PPP 项目中政府方可能需要承担的风险支出责任，合理纳入财政预算支出安排，确保 PPP 项目的稳步推进、避免发生地方政府隐性债务风险。

三、杭绍台铁路 PPP 项目财政承受能力论证

（一）责任识别

在 PPP 项目全生命周期的不同阶段，政府方对应承担不同的财政支出责任，主要包括股权投资、运营补贴、风险承担以及配套投入。

1. 股权投资支出责任

本项目政府方参股项目公司，因此，政府方承担股权投资支出责任。根据实施方案，本项目由社会资本方绝对控股（占股 51%），原中铁总指定机构（占股 15%）、浙江省人民政府出资代表（占股 13.6%）、绍兴市人民政府出资代表（占股 10.2%）和台州市人民政府出资代表（占股 10.2%）参股，共同组建项目公司，其中，绍兴市和台州市分别协调各自所辖各市县（区）的股权投资支出责任。各股东的股权投资在为期 4 年的建设期中按照 2：3：3：2 的比例投入。全部股权投资支出均为自有资金支出，符合《关于规范政府和社会资本合作（PPP）综合信息平台项目库管理的通知》（财办金〔2017〕92 号）中，“不得以债务性资金充当资本金”的相关规定。

2. 运营补贴支出责任

本项目采取“使用者付费 + 可行性缺口补助”模式，政府方在合作期内需根据考核结果支付可行性缺口补助。项目运营补贴支出责任分配比例与股权分配比例一致，即省政府承担 40%，绍兴市承担 30%，台州市承担 30%，其中，绍兴市和台州市分别协调各自所辖各市县（区）的运营补贴支出责任。

3. 风险承担支出责任

本项目潜在的风险构成较为复杂，部分风险可以采用情景分析法进行量化后测算出承担成本，其余风险的后果值则难以单独量化，适合采用比例

法。因此，本项目采用“情景分析法＋比例法”结合的方法进行风险承担成本测算。本项目政府风险承担支出责任分配比例与股权分配比例一致，即省政府承担40%，绍兴市承担30%，台州市承担30%，其中，绍兴市和台州市分别协调各自所辖各县（市、区）的风险承担支出责任。

（二）支出测算

1. 股权投资支出责任测算

股权投资支出应当依据项目资本金要求以及项目公司股权结构合理确定。股权投资支出责任中的土地等实物投入或无形资产投入，应依法进行评估，合理确定价值。

本项目政府方股权投资支出责任测算如表16所示。

表16 杭绍台铁路项目股权支出责任测算

单位：万元

		浙江省	绍兴市	台州市	合计
支出责任占比（%）		40	30	30	100
建设期第1年	2018年	33 631	25 223	25 223	84 077
建设期第2年	2019年	50 446	37 835	37 835	126 116
建设期第3年	2020年	50 446	37 835	37 835	126 116
建设期第4年	2021年	33 631	25 223	25 223	84 077

2. 运营补贴支出责任测算

运营补贴支出应当根据项目建设成本、运营成本及利润水平合理确定，并按照不同回报机制分别测算。在本项目运营期间，政府承担可行性缺口补助支出责任。根据实施方案财务测算，当达到社会资本税后自有资金内部收益率6%时，政府每年补助金额为6.84亿元，总补助金额为68.36亿元。

3. 风险承担支出责任测算

本项目采用“情景分析法＋比例法”结合的方法进行风险承担成本测算。

（1）**可量化风险**。主要包括：

①建安工程费用下浮不足风险：假定该风险支出在前10个运营年分期

按等额本息方式予以支付。

②融资利率风险：是指基准利率（4.9%）增长而导致项目融资成本增加的风险。根据实施方案，融资利率风险由政府方和项目公司共同承担，出于保守估计，假设融资利率风险承担支出由政府方负责，采用情景分析法，设定基本、不利、最坏三种情景：基本情景下，基准利率保持4.9%不变；不利情景下，基准利率增加25个基点；最坏情景下，基准利率增加50个基点。

③列车开行对数风险：是指列车开行对数低于基准列车开行对数，而造成项目经营效益低于预期的风险。根据实施方案，列车开行对数风险由政府方和项目公司共同承担。前5个运营年，政府方承担全部列车开行对数风险，从第6个运营年开始，列车开行对数较基准列车开行对数5%以内的变动风险由社会资本方承担。针对该风险进行评估时，假设列车开行对数最大变动率为5%，因此，从第6个运营年起，政府方承担的该风险量值为零。采用情景分析法，设定基本、不利、最坏三种情景：基本情景下，列车开行对数与基准列车开行对数一致；不利情景下，列车开行对数较基准列车开行对数下浮2%；最坏情景下，列车开行对数较基准列车开行对数下浮5%。

④可行性缺口补助税费风险：是指可行性缺口补助产生增值税及其附加税费，而造成项目公司实际收到的可行性缺口补助金额不足的风险。该风险承担支出由政府方负责。假设可行性缺口补助视作补助项目经营收入，需缴纳增值税。根据《财政部国家税务总局关于全面推开营业税改征增值税试点的通知》（财税〔2016〕36号）的相关规定，可行性缺口补助应按照项目公司主营业务，即线路使用服务费的适用税率6%缴纳增值税。

（2）**不可量化风险**。主要包括：

本项目的其他风险，例如政策变动与法规空白、行政审批风险、工程质量风险、施工安全风险、环境或文物保护风险、运营安全与维护风险、线路竞争风险、融资能力风险等，客观上难以对其后果值和发生概率进行量化。因此，结合本项目实际情况，对此类风险承担成本采用比例法计算，假定为各年度项目建设运营成本（含财务费用）的15%，其中自留风险承担成本占项目全部风险承担成本的比例为10%，可转移风险承担成本占90%。政府方需承担的风险支出责任为自留风险承担成本。

综上所述，本项目政府方财政支出责任情况如表17所示。

表17　杭绍台铁路项目政府方财政支出责任测算

单位：万元

预估年份		浙江省	绍兴市	台州市	合计
建设期第1年	2018年	35 114.63	26 335.98	26 335.98	87 786.59
建设期第2年	2019年	52 671.95	39 503.96	39 503.96	131 679.88
建设期第3年	2020年	52 671.95	39 503.96	39 503.96	131 679.88
建设期第4年	2021年	35 114.63	26 335.98	26 335.98	87 786.59
第1个运营年	2022年	36 521.31	27 390.98	27 390.98	91 303.27
第2个运营年	2023年	36 532.85	27 399.64	27 399.64	91 332.13
第3个运营年	2024年	36 692.31	27 519.23	27 519.23	91 730.77
第4个运营年	2025年	36 706.95	27 530.21	27 530.21	91 767.38
第5个运营年	2026年	36 823.92	27 617.94	27 617.94	92 059.80
第6个运营年	2027年	37 399.68	28 049.76	28 049.76	93 499.21
第7个运营年	2028年	37 097.93	27 823.45	27 823.45	92 744.83
第8个运营年	2029年	37 093.11	27 819.83	27 819.83	92 732.77
第9个运营年	2030年	37 156.52	27 867.39	27 867.39	92 891.29
第10个运营年	2031年	37 151.61	27 863.71	27 863.71	92 879.02
第11个运营年	2032年	2 582.05	1 936.54	1 936.54	6 455.13
第12个运营年	2033年	2 576.82	1 932.61	1 932.61	6 442.04
第13个运营年	2034年	2 620.20	1 965.15	1 965.15	6 550.49
第14个运营年	2035年	2 614.58	1 960.93	1 960.93	6 536.44
第15个运营年	2036年	2 608.28	1 956.21	1 956.21	6 520.71
第16个运营年	2037年	2 601.27	1 950.95	1 950.95	6 503.18
第17个运营年	2038年	2 593.51	1 945.13	1 945.13	6 483.78
第18个运营年	2039年	2 692.60	2 019.45	2 019.45	6 731.50
第19个运营年	2040年	2 685.15	2 013.86	2 013.86	6 712.88
第20个运营年	2041年	2 676.71	2 007.53	2 007.53	6 691.76

续　表

预估年份		浙江省	绍兴市	台州市	合计
第 21 个运营年	2042 年	2 667.36	2 000.52	2 000.52	6 668.40
第 22 个运营年	2043 年	2 657.06	1 992.80	1 992.80	6 642.66
第 23 个运营年	2044 年	2 645.77	1 984.33	1 984.33	6 614.43
第 24 个运营年	2045 年	2 633.42	1 975.07	1 975.07	6 583.55
第 25 个运营年	2046 年	2 619.96	1 964.97	1 964.97	6 549.90
第 26 个运营年	2047 年	1 280.88	960.66	960.66	3 202.19
第 27 个运营年	2048 年	1 303.42	977.57	977.57	3 258.56
第 28 个运营年	2049 年	1 326.38	994.78	994.78	3 315.94
第 29 个运营年	2050 年	1 349.74	1 012.31	1 012.31	3 374.36
第 30 个运营年	2051 年	1 373.53	1 030.15	1 030.15	3 433.83

（三）能力评估

按照项目支出责任分担情况，分别评估省本级和绍兴市、台州市的财政支出能力。

1. 省本级财政支出能力评估

（1）**省本级一般公共预算支出预测。**浙江省省本级 2013—2017 年一般公共预算支出如表 18 所示。

表18　浙江省2013—2017年一般公共预算支出

单位：万元

	2013 年	2014 年	2015 年	2016 年	2017 年
浙江省省本级政府公共预算支出	4 818 012	4 809 230	8 275 119	5 095 287	4 901 425

数据来源：数据由浙江省财政厅提供。

经计算，2013—2017 年，省本级财政一般公共预算支出的平均增长率为 7.41%。考虑我国未来经济政策性调整，结合财政预算按照收支平衡、略有结余的谨慎原则统筹考虑，假设 2019—2051 年省本级财政一般公共预算支出增长率为 4%。本项目政府方财政支出责任分配比例与股权分配比例一致，即省本级承担全部支出责任的 40%。综合以上测算分析后得出，本项目合作期内省本级每年度为全部 PPP 项目（包含本项目在内）安排的支出责任，占其一般公共预算支出的比例均未超过 10%。

(2) **绍兴市相关县（市、区）一般公共预算支出预测。**计算绍兴市全部 PPP 项目支出责任占一般公共预算支出占比时，采用统筹计算原则，即绍兴市一般公共预算支出为绍兴市市本级与绍兴市所辖杭绍台铁路沿线市县(区)（越城区、上虞区、嵊州市和新昌县）一般公共预算支出总和。相关县（市、区）2013—2017 年一般公共预算支出如表 19 所示。

表19　绍兴市相关县（市、区）2013—2017年一般公共预算支出

单位：万元

	绍兴市				
	市本级	越城区	上虞区	嵊州市	新昌县
2013 年	607 599.00	124 303.00	452 132.00	304 114.00	275 728.00
2014 年	672 999.00	160 882.00	500 112.00	344 500.00	330 258.00
2015 年	834 243.00	188 478.00	600 132.00	411 737.00	385 268.00
2016 年	787 067.00	231 282.00	650 296.00	516 270.00	414 198.00
2017 年	732 961.00	321 345.00	725 852.00	531 965.00	454 128.00

资料来源：数据由各地财政部门提供。

本项目政府方财政支出责任分配比例与股权分配比例一致，即绍兴市承担全部支出责任的 30%。考虑绍兴市其他 PPP 项目支出责任，经综合测算分析，本项目合作期内绍兴市每年度为全部 PPP 项目（包含本项目在内）安排的支出责任，占其一般公共预算支出的比例均未超过 10%。

(3) **台州市相关县（市、区）一般公共预算支出预测。**计算台州市全部 PPP 项目支出责任占一般公共预算支出占比时，采用统筹计算原则，即台州市一般公共预算支出为台州市市本级与台州市所辖杭绍台铁路沿线市县(区)（天台县、临海市、椒江区、路桥区和温岭市）一般公共预算支出总和。相关县（市、区）2013—2017 年一般公共预算支出如表 20 所示。

表20　台州市相关县（市、区）2013—2017年一般公共预算支出

单位：万元

	台州市					
	市本级	天台县	临海市	椒江区	路桥区	温岭市
2013 年	387 093.00	236 993.00	325 006.00	265 987.00	245 669.00	607 223.00
2014 年	590 263.00	260 850.00	352 566.00	267 901.00	254 663.00	645 088.00
2015 年	811 445.00	329 310.00	380 108.00	322 095.00	311 123.00	726 079.00
2016 年	595 201.00	365 007.00	455 858.00	360 889.00	303 420.00	943 353.00
2017 年	717 649.00	416 031.00	542 928.00	379 543.00	342 950.00	911 183.00

资料来源：数据由各地财政部门提供。

本项目政府方财政支出责任分配比例与股权分配比例一致，即台州市承担全部支出责任的 30%。考虑台州市其他 PPP 项目支出责任，经综合测算分析，本项目合作期内台州市每年度为全部 PPP 项目（包含本项目在内）安排的支出责任，占其一般公共预算支出的比例均未超过 10%。

（四）论证结论

在财政支出能力评估方面，合作期内浙江省、绍兴市与台州市每年度为全部 PPP 项目（包含本项目在内）安排的支出责任，占其一般公共预算支出的比例均未超过 10%。具体数据如表 21 所示。

表21　杭绍台铁路项目合作期内省市全部PPP项目占一般公共预算支出比

单位：%

	预估年份	浙江省	绍兴市	台州市
建设期第 1 年	2018 年	0.69	1.92	6.95
建设期第 2 年	2019 年	1.00	3.36	7.80
建设期第 3 年	2020 年	0.96	3.24	7.79
建设期第 4 年	2021 年	0.61	2.65	8.69
第 1 个运营年	2022 年	0.61	2.85	8.64
第 2 个运营年	2023 年	0.59	2.75	8.01
第 3 个运营年	2024 年	0.57	2.50	7.23
第 4 个运营年	2025 年	0.55	2.45	6.95

续 表

	预估年份	浙江省	绍兴市	台州市
第 5 个运营年	2026 年	0.53	2.24	6.01
第 6 个运营年	2027 年	0.52	1.99	5.27
第 7 个运营年	2028 年	0.49	1.82	4.44
第 8 个运营年	2029 年	0.47	1.12	4.03
第 9 个运营年	2030 年	0.46	1.02	3.93
第 10 个运营年	2031 年	0.44	0.92	3.38
第 11 个运营年	2032 年	0.03	0.62	2.12
第 12 个运营年	2033 年	0.03	0.51	1.24
第 13 个运营年	2034 年	0.03	0.38	1.09
第 14 个运营年	2035 年	0.03	0.26	1.02
第 15 个运营年	2036 年	0.03	0.15	0.78
第 16 个运营年	2037 年	0.02	0.12	0.43
第 17 个运营年	2038 年	0.02	0.03	0.24
第 18 个运营年	2039 年	0.02	0.03	0.23
第 19 个运营年	2040 年	0.02	0.03	0.22
第 20 个运营年	2041 年	0.02	0.02	0.23
第 21 个运营年	2042 年	0.02	0.02	0.18
第 22 个运营年	2043 年	0.02	0.02	0.17
第 23 个运营年	2044 年	0.02	0.02	0.15
第 24 个运营年	2045 年	0.02	0.00	0.14
第 25 个运营年	2046 年	0.02	0.00	0.13
第 26 个运营年	2047 年	0.01	0.00	0.02
第 27 个运营年	2048 年	0.01	0.00	0.00
第 28 个运营年	2049 年	0.01	0.00	0.00
第 29 个运营年	2050 年	0.01	0.00	0.00
第 30 个运营年	2051 年	0.01	0.00	0.00

第二节　铁路PPP项目物有所值评价

根据财政部《关于印发〈PPP物有所值评价指引（试行）〉的通知》（财金〔2015〕167号）与《关于印发政府和社会资本合作模式操作指南（试行）的通知》（财金〔2014〕113号），财政部门（或PPP中心）应会同行业主管部门，共同做好物有所值评价（Value for Money，VFM）工作。铁路PPP项目按照上述文件要求，并积极利用第三方专业机构和专家力量开展了物有所值评价工作。

一、物有所值评价目的

物有所值评价是判断是否采用PPP模式代替政府传统投资运营方式提供公共服务项目的一种评价方法。政府传统投资运营方式是指政府方及其所属机构直接负责项目设计、投融资、建设和运营维护等工作（含委托他人执行其中部分工作），并承担项目主要风险，一般不实行全生命周期管理理念的项目开展模式。物有所值评价是在具体操作层面上为拟采用PPP模式的项目进行评价分析，构建可靠的物有所值评价体系，对于推动PPP模式在我国良好有序地发展具有重要意义。[1]

物有所值评价的核心是判断项目是否具有采用PPP模式提供公共服务的必要性。通过物有所值评价，判断项目采用PPP模式是否物有所值，是否达到优化公共资源配置和利用效率的目的。

二、铁路PPP项目物有所值评价要点

（一）物有所值定性评价

主要包括七个方面的内容。

［1］梁晴雪，胡昊．基础设施PPP项目物有所值评价应用挑战及对策[J]. 当代经济管理，2018（6）：54-59.

1. 全生命周期整合程度

全生命周期整合评价指标主要考核在项目全生命周期内，项目设计、投融资、建造、运营和维护等环节能否实现长期、充分整合。

2. 风险识别与分配

风险识别与分配指标主要考核在项目全生命周期内，各风险因素是否得到充分识别并在政府方和社会资本方进行合理分配。

3. 绩效导向与鼓励创新

绩效导向与鼓励创新指标主要考核是否建立以基础设施及公共服务供给数量、质量和效率为导向的绩效标准和监管机制，是否落实节能环保、支持本国产业等政府采购政策，能否鼓励社会资本创新。

4. 潜在竞争程度

潜在竞争程度指标主要考核项目内容对社会资本参与竞争的吸引力。

5. 政府机构能力

政府机构能力指标主要考核政府转变职能、优化服务、依法履约、行政监管和项目执行管理等能力。政府方推广运用PPP模式，是促进经济转型升级、支持新型城镇化建设的必然要求；是加快转变政府职能、提升国家治理能力的一次体制机制变革；是深化财税体制改革、构建现代财政制度的重要内容。作为项目主导者，政府部门应当悟透PPP理念、提高PPP管理能力，在项目全过程中进行有效的监管和决策。

6. 融资可行性

融资可行性指标主要考核项目的市场融资能力。在投融资方面，传统政府采购模式需要政府方在当期举借大量债务，导致债务增加，可用于融资的资源减少，信用透支，融资成本上升，后劲不足，难以长期持续发展。采用PPP模式则能够较好地解决传统采购模式中融资负债的问题。

7. 补充评价

（1）**项目规模**。项目规模指标主要依据项目的投资额或资产价值来评分。PPP项目的准备、论证、采购等前期环节的费用较大，只有项目规模足够大，才能使这些前期费用占项目全生命周期成本的比例处于合理和较低水平。一般情况下，基础设施及公共服务项目的规模越大，也越有利于采用PPP模式吸引社会资本参与。

（2）**行业示范性。**行业示范性主要指项目创新性及特色。较强的行业示范性会为项目建设带来有效助力，包括融资优惠、政策扶持、良好的社会反馈等。

（3）**全生命周期成本测算准确性。**全生命周期成本测算准确性指标主要衡量项目对采用PPP模式的全生命周期成本的理解和认识程度，对全生命周期成本被准确预估的可能性评分。全生命周期成本是确定PPP合作期长短、付费多少、政府补贴等的重要依据。对铁路项目而言，除了估算项目建设费用，还应合理预测合作期内的客运票价、客运流量等。

（4）**运营收入增长潜力。**社会资本参与PPP项目的主要目的是盈利，而运营收入是项目收益的主要来源，运营收入增长的潜力则决定了项目未来的盈利情况与稳定经营情况。

（5）**预期使用寿命。**预期使用寿命指标主要依据项目资产预期使用寿命来评价。PPP项目的主要目的是满足公众需求并实现社会资本的适当盈利，因此使用寿命以能够满足项目目标为最佳。

（6）**主要固定资产种类。**该指标主要依据PPP项目包含的资产种类多少来评价。一般而言，项目的资产种类越多，由社会资产方实施将可能实现更高的效率。

（二）物有所值定量评价

1. 评价方法

物有所值定量分析是在假定采用PPP模式与政府传统投资方式产出绩效相同的前提下，通过对PPP项目全生命周期内政府方净成本的现值（PPP值）与公共部门比较值（PSC值）进行比较，判断PPP模式能否降低项目全生命周期成本。PPP值小于或等于PSC值的，认定为通过定量评价；PPP值大于PSC值的，认定为未通过定量评价。

2. PSC 值和 PPP 值测算的关键

铁路 PPP 项目的物有所值定量评价中，有以下几个关键点，对物有所值结论影响较大，分别是：

（1）**折现率。**在构建的物有所值定量评价模型中，存在一个重要的参数——折现率 i，即在资金时间价值的规则下，分别将 PSC 及 PPP 值的各个组成部分在不同时间点发生的现金流折算到项目起始年来衡量其价值的比率。折现率的大小直接影响现值的大小，从而对物有所值定量评价的结果产生显著影响。

（2）**风险量化值。**物有所值定量评价与传统的财务评价相比，最大的特点就是将风险量化分析。风险量化就是将风险进行定价的过程，主要通过衡量风险发生概率与风险后果强度来计算风险价值。比如，物有所值评价要将铁路 PPP 项目中的风险区分为可量化风险和不可量化风险，并分别计算量化值。可量化风险包括：建安工程费用下浮不足风险、融资利率风险、列车开行对数风险、可行性缺口补助税费风险；除此之外的，均为不可量化风险。

（3）**风险承担成本。**PPP 项目 PSC 值构成中，风险价值是保留风险价值与转移风险价值的形式所体现的，要将二者区分开来，就必须进行合理的风险分担。风险分担就是将各个风险分配给不同的主体承担，也就是对未来可能导致项目收益或者损失的因素进行责任的划分。[1]铁路 PPP 项目潜在的风险构成较为复杂，部分风险可以通过采用情景分析法进行量化后测算出承担成本，其余风险的后果值则难以单独量化，适合采用比例法。

三、杭绍台铁路 PPP 项目物有所值评价

（一）定性评价

1. 评价程序

本方案物有所值评价定性评价从基本指标和补充评价指标两个方面进行

［1］ 张晓然 . 城市轨道交通 PPP 项目的物有所值定量评价研究 [D]. 北京 : 北京交通大学，2016.

分析。定性评价基本指标包括全生命周期整合程度、风险识别与分配、绩效导向与鼓励创新、潜在竞争程度、政府机构能力及可融资性六项指标。补充评价指标主要是六项基本评价指标未涵盖的其他影响因素，包括项目规模大小、预期使用生命长短、主要固定资产种类、全生命周期成本测算准确性、运营收入增长潜力、行业示范性等。

本项目物有所值评价包括全部六项基本评价指标。对于补充评价指标，综合考虑本项目作为首个高铁类 PPP 项目，示范意义重大，应当更全面地论证评价本项目实施是否实现物有所值。因此，选取全部六项补充评价指标进一步评价本项目是否实现物有所值。定性评价采取专家评分方式，成立定性评价专家组，包括财政、资产评估、会计、金融等经济专家，以及铁路行业、工程技术、项目管理和法律方面专家等。每位专家基于本项目实施方案，从以上六个基本评价指标及六个补充评价指标对本项目进行评价。每项指标评分分为五个等级，即有利、较有利、一般、较不利、不利，对应分值分别为 100 ～ 81 分、80 ～ 61 分、60 ～ 41 分、40 ～ 21 分、20 ～ 0 分。

在充分讨论项目情况后，按指标进行逐项评分。针对每个指标，计算其对应的算数平均分，再对算数平均分按照指标权重计算加权分，得到评分结果。项目本级财政部门会同行业主管部门根据专家组意见，做出定性评价结论。原则上，评分结果在 60 分（含）以上的，通过定性评价；否则，未通过定性评价。

2. 评价指标及权重

根据财政部发布的《关于印发〈PPP 物有所值评价指引（试行）〉的通知》（财金〔2015〕167 号），在各项评价指标中，基本评价指标权重为 80%，其中任一指标权重一般不超过 20%；补充评价指标权重为 20%，其中任一指标权重一般不超过 10%。全生命周期整合程度指标主要考核在项目全生命周期内，项目设计、投融资、建造、运营和维护等环节能否实现长期、充分整合。

采用 PPP 模式实施本项目是否能达到项目在各个环节长期充分的整合是

本项目物有所值的一个重点评价因素。这一指标的权重比例为 15%。

风险识别与分配指标主要考核在项目全生命周期内，各风险因素是否得到充分识别并在政府方和社会资本方之间进行合理分配，这决定了本项目能否通过采用 PPP 模式优化风险分配结构、保障未来项目运行的稳定和高效。这一指标的权重比例为 15%。

绩效导向与鼓励创新指标主要考核是否建立以基础设施及公共服务供给数量、质量和效率为导向的绩效标准和监管机制，是否落实节能环保、支持本国产业等政府采购政策，能否鼓励社会资本方创新。这一评价指标从两个方面评价本项目采用 PPP 模式是否实现物有所值。绩效导向体现了本项目是否能以有效的方法监督管理社会资本方，以保证其建设运营本项目的质量和效率；鼓励创新体现了本项目是否给予社会资本方足够的创新空间以进一步发挥其建设运营优势。这一指标权重比例为 15%，其中，绩效导向权重比例为 10%，鼓励创新比例为 5%。

潜在竞争程度指标主要考核项目内容对社会资本参与竞争的吸引力。充分的竞争能够帮助政府方选取最优的合作社会资本，这一指标权重比例为 10%。

政府机构能力指标主要考核政府转变职能、优化服务、依法履约、行政监管和项目执行管理等能力。政府机构能力对项目运作效果有直接影响，是项目运营时政府与社会资本合作能否能够顺利进行的重要决定因素，因此，这一指标权重比例为 10%。

可融资性指标主要考核项目的市场融资能力。充足的资金是按时、高效完成本项目建设的重要保证，因此，这一指标的权重比例为 15%。

为全面评价本项目是否实现物有所值，评价报告还将从项目规模大小、预期使用生命长短、主要固定资产种类、全生命周期成本测算准确性、运营收入增长潜力和行业示范性六方面对项目进行评价。其中，项目规模与行业示范性从侧面说明了本项目实施的重要性，本评价分别设置 5% 的权重比例；其他四项评价指标分别占比 2.5%。

3. 评分结果

综合整理所有专家打分结果，得到本项目最终评价得分结果，如表 22 所示。

表22　杭绍台铁路项目物有所值定性评价指标得分情况表

单位：分

评价指标	平均分	加权分
基本指标		
全生命周期整合程度	80.00	12.00
风险识别与分配	80.00	12.00
绩效导向与鼓励创新	82.00	12.30
潜在竞争程度	79.00	7.90
政府机构能力	91.00	9.10
可融资性	84.00	12.60
补充指标		
项目规模	96.00	4.80
行业示范性	93.00	4.65
全生命周期成本估算准确性	75.00	1.88
运营收入增长潜力	81.00	2.03
预期使用生命长短	80.00	2.00
主要固定资产种类	83.00	2.08
总得分	–	83.33

综合以上多方面分析，杭绍台铁路作为有示范性、代表性的大型交通基础设施 PPP 项目，投资规模较大、各级政府政策支持力度大、可融资性较强、对社会资本有较大的吸引力、风险分担机制灵活，采用 PPP 模式运作，可以实现更优化的风险分配，降低全生命周期成本，提升运营效率，同时社会资本亦具有足够能力实现 PPP 模式的预期效益。

经专家组评价，杭绍台铁路 PPP 项目的物有所值定性评价得分为 83.33 分，定性评价结果大于 60 分，专家组一致认为，报告符合财金〔2015〕167 号文件的相关要求，编制结构完整，定性分析考虑因素较全面，原则上同意该项目通过物有所值定性分析，适宜采用 PPP 模式。

（二）定量分析

1. PSC 测算

（1）**测算过程**。PSC 值是指政府采用传统投资运营模式，提供与 PPP 项目产出说明要求相同的基础设施及公共服务的全生命周期成本净现值。根据本项目所处行业、项目类型等因素，并参照同期地方政府债券收益率情况，拟定折现率为 4%。

PSC 值为以下三项成本的全生命周期现值之和：

①参照项目的建设和运营维护净成本；

②竞争性中立调整值；

③项目全部风险成本。

本项目计算 PSC 值的参照项目即假设政府采用现实可行的、最有效的传统投资方式实施的、与 PPP 项目产出相同的虚拟项目，测算取值遵循谨慎原则，以更严格地证明本项目实现物有所值。

（2）**测算结果**。根据杭绍台铁路项目实际，测算项目建设净成本、运营维护净成本、竞争性中立调整值、风险承担成本。其中：

项目建设净成本主要包括参照项目设计、建造、升级、改造、大修等方面投入的资金及固定资产、土地使用权等实物和无形资产的价值，并扣除参照项目全生命周期内产生的转让、租赁或处置资产所获得的收益，测算现值为 1 124 947.97 万元。

运营维护净成本主要包括参照项目全生命周期内运营维护所需的原材料、设备、人工等成本，以及管理费用、销售费用和运营期财务费用等，并扣除假设参照项目与 PPP 项目回报机制相同情况下能够获得的使用者付费收入等，测算现值为－1 012 342.76 万元。

竞争性中立调整值主要是采用政府传统投资方式比采用PPP模式实施项目少支出的费用，通常包括少支出的土地费用、行政审批费用、有关税费等。本项目财务测算中可行性缺口补助不考虑增值税（可行性缺口补助可能产生的增值税费作为一项风险承担成本单独考虑），仅考虑企业所得税。测算现值为13 194.98万元。

风险承担成本采用“情景分析法＋比例法”对风险构成进行区分，部分风险可以通过采用情景分析法进行量化后测算出承担成本，其余风险的后果值则难以单独量化，适合采用比例法。测算结果：建安工程费用下浮率不足风险量值的净现值为94 091.09万元，融资利率风险量值的净现值为12 787.56万元，列车开行对数风险量值的净现值为24 512.50万元，可行性缺口补贴税费风险量值的净现值为31 816.60万元，不可量化风险量值的净现值为873 266.89万元。

综上，合计PSC值为1 162 274.84万元。

2. PPP值测算

PPP值等同于项目全生命周期内政府方对于项目股权投资、运营补贴、风险承担和配套投入等各项财政支出责任的现值，参照《政府和社会资本合作项目财政承受能力论证指引》（财金〔2015〕21号）及有关规定测算。折现率与PSC值一致。

股权投资支出是建设期政府方支出的现值，本项目政府方股东合计占股34%。测算现值为382 482.31万元。

运营补贴支出主要是指政府可行性缺口补助金额，测算现值为473 461.29万元。

风险承担支出是计算PSC值时风险承担成本中政府方需要承担的风险成本。其中：政府方承担建安工程费用下浮不足的风险，净现值为94 091.09万元；由政府方分担的融资利率风险支出，净现值为12 787.56万元；由政府分担的列车开行对数风险支出，净现值为3 101.31万元；政府方负责的可行性缺口补助税费风险，净现值为31 816.60万元。

其他风险承担成本采用比例法计算，假定为各年度项目建设运营成本（含财务费用）的15%，其中自留风险承担成本占项目全部风险承担成本的10%，可转移风险承担成本占90%。政府方需承担的风险支出为自留风险承担成本，净现值为87 326.69万元。

综上，合计PPP值为1 085 066.85万元。

3. 测算结论

根据测算，本项目全生命周期PSC现值为1 162 274.84万元，全生命周期PPP现值为1 085 066.85万元，物有所值量等于全生命周期PSC现值减去全生命周期PPP现值，为77 207.98万元，物有所值指数等于物有所值量除以生命周期PSC现值，为6.64%，因此，PPP模式较传统投资运营模式实现的价值大，能够为政府节约成本，本项目宜采用该方案进行PPP运作。

第三节 铁路PPP项目实施方案

一、实施方案主要内容

根据财金〔2014〕113号文件的规定，采用PPP模式进行的投资项目，需要在项目识别阶段完成以后，按照规范编制PPP项目实施方案。为保证PPP项目的顺利实施，由实施机构针对PPP项目特点拟定实施方案，并按照实施方案中稳定的政府方和社会资本方合作核心边界条件，逐步推进PPP项目。实施方案的主要内容包括：

（一）项目概况

（1）**基本情况。**主要明确项目提供的公共产品和服务内容、项目采用政府和社会资本合作模式运作的必要性和可行性，以及项目运作的目标和意义。

（2）**经济技术指标。**主要明确项目区位、占地面积、建设内容或资产范围、投资规模或资产价值、主要产出说明和资金来源等。

（3）**项目公司股权情况。**主要明确是否要设立项目公司以及公司股权结构。

（二）风险分配基本框架

按照风险分配优化、风险收益对等和风险可控等原则，综合考虑政府风险管理能力、项目回报机制和市场风险管理能力等要素，在政府和社会资本间合理分配项目风险。

（三）项目运作方式

根据项目收费定价机制、项目投资收益水平、风险分配基本框架、融资需求、改扩建需求和期满处置等因素，决定采用何种运作方式。

（四）交易结构

（1）**项目投融资结构。**主要说明项目资本性支出的资金来源、性质和用途，项目资产的形成和转移等。

（2）**项目回报机制。**主要说明社会资本取得投资回报的资金来源，包括使用者付费、可行性缺口补助和政府付费等支付方式。

(3) **相关配套安排。**主要说明由项目以外相关机构提供的土地、水、电、气和道路等配套设施和项目所需的上下游服务。

（五）合同体系

合同体系主要包括项目合同、股东合同、融资合同、工程承包合同、运营服务合同、原料供应合同、产品采购合同和保险合同等。项目合同是其中最核心的法律文件。

项目边界条件是项目合同的核心内容，主要包括权利义务、交易条件、履约保障和调整衔接等边界。

权利义务边界主要明确项目资产权属、社会资本承担的公共责任、政府支付方式和风险分配结果等。

交易条件边界主要明确项目合同期限、项目回报机制、收费定价调整机制和产出说明等。

履约保障边界主要明确强制保险方案以及由投资竞争保函、建设履约保函、运营维护保函和移交维修保函组成的履约保函体系。

调整衔接边界主要明确应急处置、临时接管和提前终止、合同变更、合同展期、项目新增改扩建需求等应对措施。

（六）监管架构

监管架构主要包括授权关系和监管方式。授权关系主要是政府对项目实施机构的授权，以及政府直接或通过项目实施机构对社会资本的授权；监管方式主要包括履约管理、行政监管和公众监督等。

（七）采购方式选择

项目采购应根据《中华人民共和国政府采购法》及相关规章制度执行，采购方式包括公开招标、竞争性谈判、邀请招标、竞争性磋商和单一来源采购。项目实施机构应根据项目采购需求特点，依法选择适当采购方式。

公开招标主要适用于核心边界条件和技术经济参数明确、完整、符合国家法律法规和政府采购政策，且采购中不作更改的项目。

二、杭绍台铁路 PPP 项目实施方案编制过程

2017 年初，为加快杭绍台铁路 PPP 项目推进，在省发展改革委的指导下，实施机构与咨询机构共同努力，根据不同假设条件完成项目投融资方案和财务测算，在深化优化投融资组合方案基础上，形成实施方案初稿。2017 年 2 月起，省发展改革委组织实施机构、咨询机构就实施方案进行不断优化，采用多种方式和途径，征求省级有关部门、台州市、绍兴市，省交通投资集团、原中铁总和潜在社会投资人意见。重要的工作节点包括：

（一）第一次实施方案汇报

2017 年 2 月 8 日，省发展改革委组织第一次实施方案汇报会，明确的主要内容是：进一步优化动车所建设方案，明确动车所同步建设，不纳入 PPP 投资范围；进一步明确可行性缺口补助的财务测算模型设计思路；进一步深入研究浙江省交通投资集团参与铁路 PPP 项目的可行性和相关投资收益考虑。

（二）实施方案分管省领导汇报

2017 年 2 月 15 日，经修改完善后，省发展改革委向分管省领导专题汇报实施方案编制情况。明确的主要内容是：研究以铁路沿线土地资源开发对项目公司进行补偿的可行性；加快工作进度，尽快完成项目采购工作并组建项目公司；省发展改革委或实施机构牵头成立磋商谈判小组，尽快启动谈判工作；进一步研究浙江省交通投资集团与社会资本同股同权的可行性。

（三）实施方案北京专题汇报

2017 年 3 月 6 日，省发展改革委带队赴北京向国家发展改革委和原中铁总专题汇报。国家发展改革委要求：利用好自主定价政策，积极创造条件增加列车开行对数，同时要求研究社会资本中途退出的预防机制。原中铁总要求：考虑动车所同步建设以及期末移交时资产确认等事宜。

（四）实施方案省主要领导汇报

2017 年 3 月 22 日，省发展改革委向省主要领导专题汇报实施方案，并

按照要求进一步修改完善。4月6日，经省发展改革委主任办公会议审议通过的项目实施方案，报省主要领导，获原则同意，并要求加快与社会资本的磋商谈判，争取早日落地。4月13日，实施机构认真吸取各次专题会议和各方意见，修改完成了《杭绍台铁路PPP项目实施方案》（送审稿），并上报省发展改革委。

2017年5月17日，《杭绍台铁路PPP项目实施方案》获省政府批复同意。

三、杭绍台铁路PPP项目实施方案内容安排

铁路PPP项目不同于一般PPP项目，在实施方案编制中，重点考虑了五个方面内容的安排。

（一）研究确定PPP运作方式

经深入研究BOT（建设-运营-移交）和BOOT（建设-拥有-运营-移交）两种模式特点，考虑到合作期间项目公司融资和合作期间税务风险安排等因素，杭绍台铁路选择了BOOT运作模式。由政府方和中选社会资本双方共同组建SPV公司，负责项目投资、建设与运营，合作期满无偿移交。对项目设计、建设、运营过程中可能出现的风险，政府与社会资本通过签署合同、协议，按双方约定共同承担。“O（拥有）”环节的设计，是为了体现合作期对民营资本的支持。

（二）安排特定关系主体参与项目的法律途径

原中铁总作为社会资本方，是省政府邀请的特定社会资本方，直接参与项目磋商，并与省政府形成合作关系，与社会资本同股同权安排其权益。浙江省交通投资集团公司、台州市铁路建设投资有限公司、绍兴市交通投资集团有限公司分别作为浙江省、台州市、绍兴市政府出资代表，以政府出资人身份，合法进入项目公司。

（三）确定PPP合作范围

根据国家发展改革委批复的杭绍台铁路项目投资建设边界范围，结合实

际需要，扣除了因委托运营可暂时不投资的车辆购置费，形成合理的与社会资本投资合作范围边界。扣除相关费用后，杭绍台铁路 PPP 合作投资范围约为 418 亿元。项目征地拆迁费用由项目公司包干给沿线政府使用。确立项目公司与沿线政府政策处理的清晰边界，既有利于发挥地方政府积极性，又有利于社会资本投资合作过程中的项目管理，更有利于运营期间项目收益分配关系简洁化。

（四）突出民营资本绝对控股的股权结构

统筹考虑合作期内利益分配机制，项目股权结构设计为：原中铁总 15%，政府方 34%（其中省级政府与沿线政府按照 4∶6 分担，省交通集团作为省政府出资代表持股 13.6%、沿线政府出资代表持股 20.4%），民营社会资本持股 51%。整个项目股权结构为社会资本方（原中铁总和民营资本方）持股 66%，政府持股 34%。在股东权益方面，政府方股东合作期内放弃分红，原中铁总与民营资本方同股同权；若合作期内有超额收益，浙江省交通投资集团公司作为省政府出资代表参与超额收益分成；合作期结束后，项目资产无偿移交给政府方。

考虑到铁路项目成本收益特点，项目合作期内对四类股东进行了合理利益安排。省级政府放弃合作期内分红，但在合作期满也享受相应的期满资产移交权益，以及合作期内项目公司超额收益分配权益，适当情形下可与地方政府合作参与沿线土地综合开发；沿线政府合作期内放弃分红，主要以带动地方经济社会发展为主要收益追求，加上合作期满收回项目资产收益，以及沿线土地综合开发收益等，形成有效的利益安排；原中铁总在享受与民营资本方同等收益权利基础上，还可外溢获得整个路网完善以及铁路建设投资压力减轻等效益；民营资本方通过直接参与分享中国铁路建设与产业发展的改革创新红利，有利于企业自身转型升级，增强企业综合实力和影响力。

（五）建立动态调整的回报机制

按照风险分担、利益共享的原则，建立“使用者付费 + 可行性缺口补助”的社会资本动态回报机制。即在以“使用者付费”为主要内容的运营收入不足以覆盖社会资本方合理回报时，政府给予社会资本方适当可行性缺口补助，补助金额通过与社会资本方磋商竞争性确定。缺口补助突出“补现金流”和“补效益”统筹，重点确保运营初期企业现金流困难情况下的可持续经营，安排在运营初期前10年。回报动态调整机制主要包括列车开行对数、融资利率、超额收入分配机制等方面，按照风险识别因素，进行相应风险分配安排。

四、杭绍台铁路PPP项目实施方案焦点问题

（一）铁路行业体制机制难点问题

国家鼓励铁路投融资主体多元化，但非公经济主体进入铁路投资运营仍旧存在制度障碍，调度模式、资金结算、运价制定和法律规范等铁路相关政策都影响着民营企业成为铁路投资建设主体，非公主体难以获得完整经营权和发言权。民营企业进入铁路投资建设领域的法律规范近乎空白，现行《中华人民共和国铁路法》缺乏对铁路外部投资者的权益保护规范。破解这一系列法律政策障碍，将有助于铁路投融资体制改革的加快推进与铁路行业的改革，改变民营企业难以进入铁路投资建设领域的现状。

（二）风险分析与分配框架问题

铁路领域开展政府和社会资本合作，主要面临五大风险因素，分别为政策法规风险、规划设计风险、建设施工风险、运营风险与财务风险等。根据风险产生的原因、影响程度以及受控程度，政府方与社会资本方分别承担各自的风险部分。原则上，政府方承担的风险主要是政策法规方面，社会资本方要承担建设施工和运营与财务风险，其他风险双方共担。

（三）沿线及站场毗邻区域土地综合开发问题

按照《国务院办公厅关于支持铁路建设实施土地综合开发的意见》（国办发〔2014〕37号），实施机构组织开展了铁路项目土地综合开发反哺铁路建设、运营的可行性。从杭绍台铁路项目来看，政府方可积极争取有利政策条件通过沿线土地或矿产资源补偿杭绍台铁路项目公司未来收益平衡。据初

步研究，以新绍兴北站和台州中心站为重点，全线可供综合开发用地规模约为 450 公顷（合计 6 750 亩）。具体操作实施还需地方结合实际资源情况研究落实。

（四）列车开行对数基准序列的设定问题

列车开行对数的取舍决定了项目的未来业务量规模，是铁路项目政府与社会合作的重大难点问题，也是在考虑政府与社会资本合作方案时最为棘手的难点问题，更是民营社会资本最为关心的焦点问题。由于列车开行对数不仅取决于沿线客流量需求实际情况，还要受制于本线路所处的铁路网络运输能力，如果线路两端有运输瓶颈制约，则列车开行也将受到影响。同时，同方向类似通道列车开行安排也会影响到行车对数。比如，与杭绍台铁路处于类似通道的线路，有甬台温铁路、金丽温铁路和杭温铁路（在建），以及未来国家沿海大通道铁路等，并行线路彼此之间的影响关系将长期存在。由于列车开行对数规模主要决定于政府方，因此其风险也将主要由政府方分担。实施机构在投融资方案设计中，基于项目尽职调查结论，充分结合浙江省杭州周边现已开通运营高铁实际情况，完善未来市场前景论证，提出相对切实合理的政府与社会资本合作基础上的“列车开行对数序列基准值”。

（五）合作期运价调整及其传导机制问题

如何实现铁路客运票价价格动态调整，并顺利传导到线路使用费调整，从而形成闭环的运价调整传导机制，是铁路 PPP 项目政府与社会资本合作中能否可持续健康运行的关键。根据国家发展改革委《关于改革完善高铁动车组旅客票价政策的通知》（发改价格〔2015〕3070 号），社会资本投资控股新建铁路客运专线旅客票价，继续实行市场调节，由铁路运输企业根据市场供求和竞争状况等自主制定。原则上，杭绍台铁路项目符合这一政策要求，可以对客运票价进行市场动态调整，相应的在与中铁总公司协商基础上，把票价调整带来的收益传导到线路使用费中，从而调整项目的运营收益。但能否真正落实这个传导机制，则是现实推进中的难点。

第七章 铁路 PPP 项目采购管理

第一节　采购依据和内容

一、政策依据

2014 年 9 月 23 日，财政部发布《关于推广运用政府和社会资本合作模式有关问题的通知》（财金〔2014〕76 号），在全国范围内推行 PPP 模式。2014 年 11 月 29 日、2015 年 12 月 31 日，财政部先后发布《政府和社会资本合作模式操作指南（试行）》（财金〔2014〕113 号）、《政府和社会资本合作项目政府采购管理办法》（财库〔2014〕215 号），对 PPP 项目的识别、准备、采购、执行、移交等各环节的流程进行了规范。

根据财金〔2014〕113 号文件的规定，PPP 项目采购方式包括公开招标、邀请招标、竞争性谈判、竞争性磋商和单一来源采购五种方式，具体使用范围如表 23 所示。

表23　不同采购方式适用情况表

采购方式	适用范围
公开招标	核心边界条件和技术经济参数明确、完整，符合国家法律法规和政府采购政策，且采购中不作更改的项目
邀请招标	具有特殊性，只能从有限范围的供应商处采购的； 采用公开招标方式的费用占政府采购项目总价值比例过大的

续　表

采购方式	适用范围
竞争性谈判	招标后没有供应商投标或没有合格表的或者重新招标未能成立； 技术复杂或者性质特殊，不能确定详细规格或者具体要求的； 采用招标所需时间不能满足用户紧急需要的； 不能计算出价格总额的
竞争性磋商	政府购买服务项目； 技术复杂或者性质特殊，不能确定详细规格或者具体要求的； 因艺术品采购、专利、专有技术或者服务的时间、数量事先不能确定等原因不能事先计算出价格总额的； 市场竞争不充分的科研项目，以及需要扶持的科技成果转化项目； 按照《招标投标法》及其实施条例规定必须进行招标的工程建设项目以外的工程建设项目
单一来源采购	只能从唯一供应商处采购的； 发生了不可预见的紧急情况不能从其他供应商处采购的； 必须保证原有采购项目一致性或者服务配套的要求，需要继续从原供应商处添购，且添购资金总额不超过原合同采购金额百分之十的

二、采购内容

杭绍台铁路作为全国首个铁路 PPP 项目，社会投资人遴选方式无先例可循。实施机构在省发展改革委指导下，与省交通集团、PPP 咨询机构等深入研究了国家、省级招标投标、政府采购的相关法律法规、条例规定等要求。考虑到铁路项目本身的复杂性及推行铁路 PPP 政策还不完善，项目交易边界条件、合同细项都难以事先明确，采购前难以完整表达采购需求，宜适用竞争性磋商方式遴选社会资本方。

磋商内容主要围绕项目的商务报价、投融资方案、建设方案、运营方案等。待积累足够多的铁路 PPP 项目经验后，项目投融资、建设、运营过程中的关键问题能事先明确后，再探索使用公开招标方式遴选社会资本方。

第二节　采购过程

一、采购程序的规定

根据财政部《关于印发政府和社会资本合作模式操作指南（试行）的通知》（财金〔2014〕113号），竞争性磋商的采购程序主要包括：

（一）采购公告发布及报名

竞争性磋商公告应在省级以上人民政府财政部门指定的媒体上发布。竞争性磋商公告应包括项目实施机构和项目名称、项目结构和核心边界条件、是否允许未进行资格预审的社会资本方参与采购活动，以及审查原则、项目产出说明、对社会资本方提供的响应文件要求、获取采购文件的时间、地点、方式及采购文件的售价、提交响应文件截止时间、开启时间及地点。提交响应文件的时间自公告发布之日起不得少于10日。

（二）资格审查及采购文件发售

已进行资格预审的，评审小组在评审阶段不再对社会资本方资格进行审查。允许进行资格后审的，由评审小组在响应文件评审环节对社会资本方进行资格审查。项目实施机构可以视项目的具体情况，组织对符合条件的社会资本方的资格条件进行考察核实。采购文件售价应按照弥补采购文件印制成本费用的原则确定，不得以营利为目的，不得以项目采购金额作为确定采购文件售价依据。采购文件的发售期限自开始之日起不得少于5个工作日。

（三）采购文件的澄清或修改

提交首次响应文件截止之日前，项目实施机构可以对已发出的采购文件进行必要的澄清或修改，澄清或修改的内容应作为采购文件的组成部分。澄清或修改的内容可能影响响应文件编制的，项目实施机构应在提交首次响应文件截止时间至少5日前，以书面形式通知所有获取采购文件的社会资本方；不足5日的，项目实施机构应顺延提交响应文件的截止时间。

（四）响应文件评审

项目实施机构应按照采购文件规定组织响应文件的接收和开启。评审小组对响应文件进行两阶段评审：

第一阶段：确定最终采购需求方案。评审小组可以与社会资本方进行多轮谈判，谈判过程中可实质性修订采购文件的技术、服务要求以及合同草案条款，但不得修订采购文件中规定的不可谈判核心条件。实质性变动的内容，须经项目实施机构确认，并通知所有参与谈判的社会资本方。具体程序按照《政府采购非招标方式管理办法》及有关规定执行。

第二阶段：综合评分。最终采购需求方案确定后，由评审小组对社会资本方提交的最终响应文件进行综合评分，编写评审报告并向项目实施机构提交候选社会资本方的排序名单。具体程序按照《政府采购货物和服务招标投标管理办法》及有关规定执行。

二、采购工作推进时间线

杭绍台铁路竞争性磋商工作（不含潜在社会投资人接洽）自 2017 年 4 月 6 日省领导批示后开始，至 2017 年 9 月 11 日项目签约仪式结束，历时 158 天。主要工作推进时间线如图 20 所示。

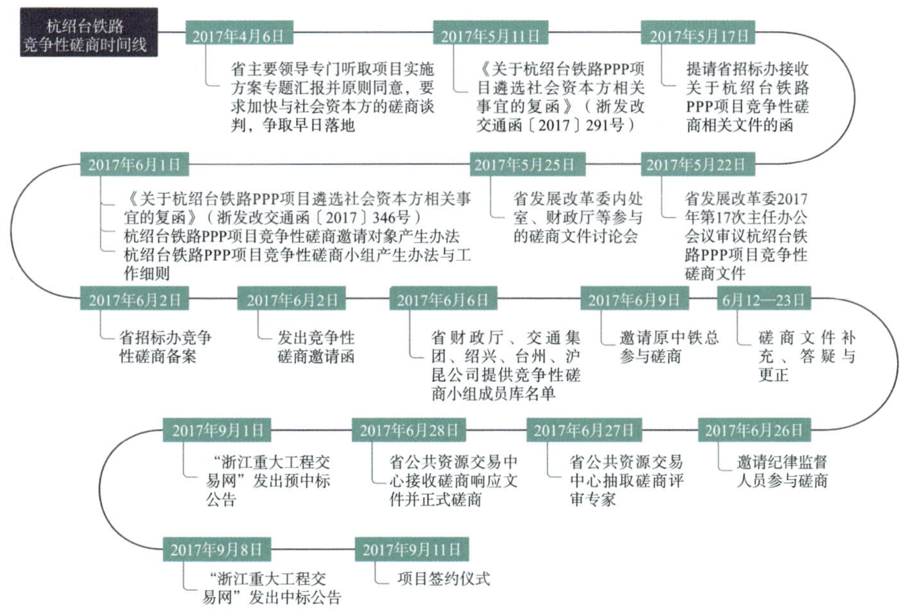

图20　杭绍台铁路竞争性磋商工作时间线

三、竞争性磋商文件及磋商过程

（一）明确遴选目标

铁路建设项目采用PPP模式的重要目标之一是提高铁路建设项目建设、运营效率，包括为项目建设筹集足够资金、对项目建设过程进行管理，对线路运输、设备维护等进行管理等。为此，从项目招投标、建设、运营、移交的全过程，对社会资本方提出具体要求（见表24）。

表24 PPP项目各阶段对社会资本方的能力要求

阶段	具体因素	能力要求
招投标	资本优势	资金实力雄厚，公司各项财务指标能够反映企业的良好财务能力
	技术优势	具有类似项目的业绩，并在资质条件方面符合业绩条件
	联合体合作性	联合体各成员商业信誉良好
	融资结构合理性	融资资金来源和资金到位计划安排合理，符合项目建设进度需要
项目建设	安全和质量管理措施	要求具备清晰合理的安全和质量管理目标、控制措施和承诺
	成本管理措施	要求具备清晰合理的成本管理目标、控制措施和承诺
	进度管理措施	要求具备清晰合理的进度控制、关键节点控制计划、措施和承诺
项目运营	运营管理措施	要求具备清晰合理的运营团队组织架构，明确运营服务内容
	健康安全措施	要求具备清晰合理的人员健康与运营安全保障措施
	获取合理利润	要求社会资本方提出政府方能够接受的报价，同时满足自身合理利润诉求
项目移交	移交的项目资产权属	要求明确移交项目的范围界面
	移交的项目资产质量	要求明确移交资产的质量标准和相应保障措施

（二）磋商文件主要内容

（1）**磋商对象产生方式。**通过发布投资意向征集公告、与社会资本方充分沟通交流，以及按照优势资源互补积极引导形成联合体等步骤，形成潜在磋商对象。然后，根据财政部《政府采购竞争性磋商采购方式管理暂行办法》的要求，通过采购人与专家书面推荐邀请的形式，以取得推荐信和竞争性磋商文件的对象，作为磋商投资方。

（2）**磋商内容。**竞争性磋商的主要内容是社会资本方提交的技术方案与商务方案，即项目主要合作条件。技术方案磋商内容包括除项目可行性缺口补助金额以外的合作条件，主要针对社会资本方提交的项目投融资方案、建设方案、运营方案及法律方案进行磋商，项目实施方案中明确的主要核心边界条件在磋商中不可谈判。商务方案磋商主要围绕社会资本方要求的项目可行性缺口补助金额进行，对社会资本方提交的财务方案进行磋商。各个方案的主要内容如下：

①投融资方案。社会资本方针对本项目的资金计划与安排（包括自有资金与融资）等。

②建设方案。社会资本方的施工建设管理能力与团队人员配置、对本项目的建设工期计划、建安成本控制措施、建设质量控制措施、建设安全控制措施及相应的保障与承诺等。

③运营方案。社会资本方针对本项目的运营机构设置、委托运营管理制度、运营管理创新措施及多元经营管理计划等。

④法律方案。社会资本方针对本项目需求进行分析后提出的项目重要合作条件（包括对 PPP 项目投资合同中所列条款的修改意见）。

⑤财务方案。主要包括缺口补贴方式，要求资本金内部收益率，对项目总投资、项目收入、项目成本、融资安排等假设与测算，其他假设及测算方法和过程。

⑥商务报价。社会资本方要求的运营期总补助金额。

（四）磋商评审指标

磋商文件评审标准由三部分组成：资格性和符合性审查、技术方案评审、商务方案评审。具体指标如表 25 所示。

表25 杭绍台铁路社会资本方遴选指标表

<table>
<tr><th>一级指标</th><th>二级指标</th><th>三级指标</th></tr>
<tr><td rowspan="2">资格性和符合性审查</td><td>资格性</td><td>参照竞争性磋商邀请函中的被邀请对象</td></tr>
<tr><td>符合性</td><td>1. 响应文件中技术方案分册与商务方案分册已提交，基本满足遴选需求。
2. 按要求缴纳磋商保证金，并提交磋商保证金缴纳凭证。
3. 法定代表人证明书及授权委托书，按对应格式文件签署、盖章（原件）。
4. 磋商（包括商务报价）有效期为磋商截止日起 365 天。
5. 没有其他未实质性响应磋商文件要求</td></tr>
<tr><td rowspan="5">技术方案</td><td>投融资方案</td><td>项目资本金、融资计划及其可靠性</td></tr>
<tr><td>建设方案</td><td>施工建设管理能力与团队人员配置、建设工期计划及保障措施与承诺、建设质量保障措施及承诺、建安成本控制措施及承诺、建设安全保障措施及承诺</td></tr>
<tr><td>运营方案</td><td>运营机构设置、委托运营管理制度、运营管理创新、多元经营开发计划</td></tr>
<tr><td>法律方案</td><td>合作条件的法律修改意见</td></tr>
<tr><td>财务方案</td><td>补贴方式、资本金内部收益率、项目总投资、项目收入、项目成本、融资安排、其他假设、测算方法与过程</td></tr>
<tr><td colspan="2">商务方案</td><td>运营期总补助金额</td></tr>
</table>

技术方案和商务方案评分标准如表 26 所示。

（五）磋商流程与谈判确认

按照《中华人民共和国招标投标法》《传统基础设施领域实施政府和社会资本合作项目工作导则》《政府采购竞争性磋商采购方式管理暂行办法》相关要求，结合杭绍台项目具体情况，本项目竞争性磋商遴选流程分以下四个阶段：

第一阶段：技术方案磋商。参与磋商的社会资本方递交磋商响应文件后，磋商谈判小组与社会资本方就响应文件中的技术方案进行现场磋商并评审。磋商谈判小组认为技术方案尚有不足时，可要求社会资本方再次提交技术方案并继续磋商，直至双方认为本项目合作的重要边界条件基本确定，磋商谈判小组进行打分。评分结果交由现场纪检监督人员保管，不得公开。

表26　杭绍台铁路竞争性磋商技术方案和商务方案评审标准表

评审内容			评审标准
技术方案	投融资方案	项目资本金	资本金（包含注册资本）的出资额、出资形式、出资时间计划、保障形式是否科学、合理、可靠、符合项目实际要求
		融资计划及其可靠性	资金的来源和使用、资金成本、年度借还款计划，融资计划的风险分析及控制方案、项目融资担保方案等是否科学、合理、可靠，有无银行或其他金融机构的融资支持文件，融资支持文件中对本项目提供融资支持的具体方式、金额、期限和条件是否合理可行，融资到位时间是否能匹配项目工程进度
	建设方案	施工建设管理能力与团队人员配置	是否具有证明施工建设管理能力的相关资质，是否具有同类型施工建设业绩，建设管理团队人员配置是否合理、科学，是否能够满足项目建设过程中的管理需求与各方协调需求
		建设工期计划及保障措施与承诺	工程进度计划安排科学合理，能够满足采购人要求；保证措施是否可靠，是否有违约责任承诺
		建设质量保障措施及承诺	工程质量保证计划是否全面、细致、结合实际、措施具体，是否责任到人；承诺工程质量标准高低，是否有违约责任承诺，是否承诺违约责任最大、经济赔偿最大
		建安成本控制措施及承诺	是否考虑到影响建安成本的所有重要因素，是否有针对性地设置了有效、可行的成本控制措施，成本控制目标是否合理;是否有违约责任承诺，是否承诺违约责任最大、经济赔偿最大
		建设安全保障措施及承诺	是否根据实际情况制定安全文明施工保证计划，计划是否全面周到、完整，关键地点、工序、环节控制保障措施是否得力，是否具体到责任人;承诺安全文明施工标准高低，是否有违约责任承诺，是否承诺违约责任最大、经济赔偿最大
	运营方案	运营机构设置	项目公司组织机构设置是否科学，基本人事制度是否健全，人员安排是否合理；有无相关培训计划及员工工资福利增加计划
		委托运营管理制度	是否符合项目实际情况，制度全面、科学、可行，日常运行监督和报告制度规范全面、科学可行，是否合理和科学地管理委托运营商实施可靠的安全保障措施及运营应急预案

续 表

评审内容			评审标准
技术方案	运营方案	运营管理创新	是否提出具有前瞻性、体现项目示范意义的铁路运输管理模式创新
		多元经营开发计划	是否符合项目实际情况，方案全面、可靠、经济、客观可行
	法律方案		供应商针对本项目需求进行分析后提出的项目重要合作条件（包括但不限于本磋商文件已列明的合作条件，以及对 PPP 项目投资合同中所列条款的修改意见），磋商谈判小组综合比较所有供应商提出的合作条件优劣对法律方案进行评审
	财务方案	补贴方式	补贴方式可为等额补贴或非等额补贴。原则上前期支付补贴金额占总补贴金额比例越低则方案越优，每年支付比例上限为总补贴金额的 13%，下限为总补贴金额的 5%
		资本金内部收益率	重点评审资本金内部收益率合理性，资本金内部收益率上限为 6%
		项目总投资	是否符合项目实际情况，重点评审工程建安费用下浮率，下浮率不低于 8%
		项目收入	是否符合项目实际情况，以及是否体现企业创收能力
		项目成本	是否符合项目实际情况，以及是否体现企业成本控制能力
		融资安排	是否符合项目实际情况，重点评审融资成本，融资利率上限为中国人民银行五年以上贷款利率（4.9%）
		其他假设	是否科学、合理、全面，包括但不限于折旧摊销方式与年限、相关税费税率假设、通货膨胀等因素
		测算方法与过程	测算方法是否科学、合理，测算结果是否准确，包括但不限于财务模型的构建方式、项目收益形成过程、敏感性分析等
商务方案		运营期总补助金额	满足磋商文件要求且二次报价最低的供应商的价格为补助金额基准价，其得分为满分；满足磋商文件要求且二次报价为正数的供应商本项得0分；其他供应商的本项得分按照下列公式计算：商务报价得分＝二次商务报价 / 补助金额基准价 ×40

第二阶段：商务方案磋商。技术方案磋商结束后，磋商谈判小组启封响应文件中的商务方案并进行评审，就商务方案与社会资本方进行现场磋商。

该阶段不对商务方案进行评分。

第三阶段：二次商务报价并评分。社会资本方根据第一阶段与第二阶段磋商情况，可以第二次提交商务方案，磋商谈判小组对第二次商务方案进行评分。

第四阶段：汇总得分并排名。得分汇总后，磋商谈判小组按照得分，由高到低顺序产生推荐的候选供应商排名。评审得分相同的，按照二次报价得分由高到低顺序推荐；评审得分与二次报价都相同的，按照技术方案得分由高到低顺序推荐。

磋商结束后，确认谈判小组按照候选社会资本方排名依次进行合同确认谈判，率先达成一致的即为成交社会资本方。

第八章
铁路 PPP 项目合同

第一节　PPP项目合同概述

一、合同制定的政策要求

财政部《关于规范政府和社会资本合作合同管理工作的通知》（财金〔2014〕156 号）明确提出，PPP 模式是在基础设施和公共服务领域政府和社会资本基于合同建立的一种合作关系。“按合同办事”不仅是 PPP 模式的精神实质，也是依法治国、依法行政的内在要求。PPP 项目合同是未来漫长时间内维系政府和社会资本之间合作关系的纽带。[1]

PPP 项目合同通过条款设计明确合同主体之间的权利义务关系。以合同关系为纽带，政府方与社会资本方合作，对社会资本方进行监督，实现对基础设施及公共服务的稳定供给；社会资本方通过政府方授予的对 PPP 项目的建设、经营权利，获取使用者付费或政府补助，实现双方共赢。合同条款和内容涵盖 PPP 项目全生命周期内涉及政府方和社会资本方的几乎全部事项，包括项目的基本交易结构、政府方与社会资本方之间的权利义务界面、项目收入回报、风险分担机制等内容。

PPP 项目合同的签约主体为政府方（实施机构）与社会资本方（项目公司）。因 PPP 项目普遍投资数额巨大、合作周期长、涉及风险因素众多且不

[1] 周兰萍 .PPP 项目运作实务 [M]. 北京：法律出版社，2016.

确定，PPP 项目合同的条款设计关系到政府方与社会资本方在近十几年甚至三十年期间的权利义务、利益风险分配和争议解决，因此，实施机构在组织编制 PPP 项目合同时，特别关注合同条款设计的严谨性、准确性和周延性。

二、铁路 PPP 项目合同体系

2018 年 6 月 1 日，实施机构浙江发规院与杭绍台铁路有限公司签署《杭绍台铁路 PPP 项目合同》，明确了实施机构作为政府方授权机构，是甲方主体；杭绍台铁路有限公司作为项目建设管理责任人，是乙方主体。此外，以杭绍台铁路有限公司为中心，铁路 PPP 项目还涉及各出资方、施工建设、监理咨询、运营管理、金融机构等，以上主体之间存在的缔约关系，共同组成了杭绍台铁路 PPP 项目合同体系。如图 21 所示。

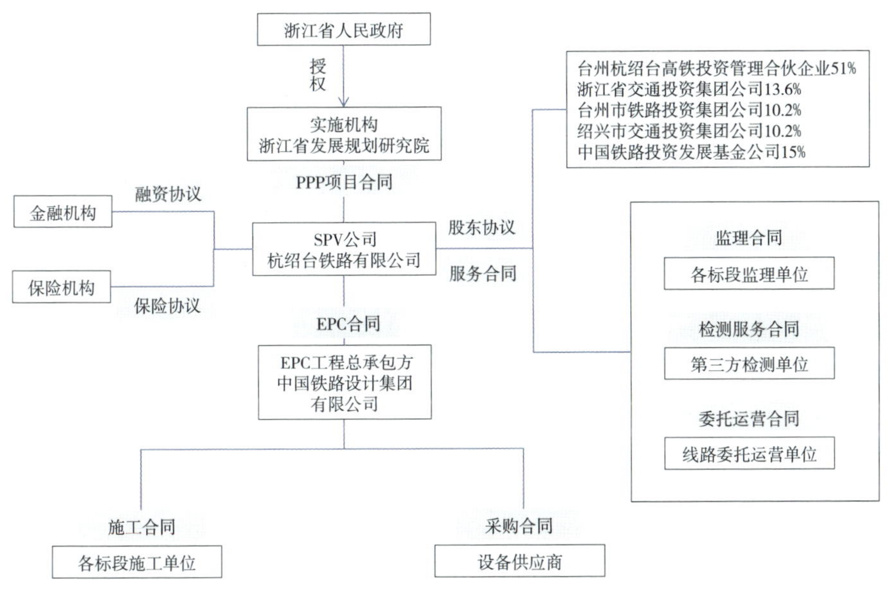

图21　杭绍台铁路PPP项目合同体系图

《杭绍台铁路 PPP 项目合同》在杭绍台铁路 PPP 项目整个合同体系中占据核心地位。合同由政府方与项目公司签订，在合同体系上参考借鉴了《政府和社会资本合作项目通用合同指南》，共计 15 章，141 条。杭绍台铁路

PPP 项目合同主要围绕政府方与社会资本方的四个职责边界展开。分别是：

（1）**权利义务边界。**主要包括政府方主要权利、政府方主要义务；项目公司主要权利、项目公司主要义务等约定。

（2）**交易条件边界。**主要包括特许经营期限、特许经营权、项目资产权属、项目公司治理结构、绩效考核、股权限制等方面的约定。

（3）**履约保障边界。**主要包括约定履约保障条款，比如投标保函、投资履约保函、建设期履约保函、运营维护保函和移交维修保函等；约定保险购买条款等。

（4）**调整衔接边界。**主要包括约定应急处置、临时接管、提前终止及回购、合同变更、合同展期和争议解决，对不同情形的发生条件和相关处置做出约定。

第二节　铁路PPP项目合同管理

一、合同主要风险识别

PPP 项目在建设、运营的全生命周期，每个阶段存在不同的风险种类以及种类下的风险因素。[1]有学者从决策阶段、融资阶段、建设阶段运营阶段及跨生命周期各环节，将 PPP 项目相关风险按阶段划分予以识别和归纳，涵盖了政策风险、法律变更风险、环境保护风险、信用风险、土地获取风险等在内的多项风险。[2]

在杭绍台铁路 PPP 项目中，根据对项目的深入了解与分析，PPP 项目合同从 5 个方面识别出 20 个核心风险点。5 个方面风险因素分别为政策法规风险、规划设计风险、建设施工风险、运营风险与财务风险。

（一）政策法规风险

1. 政策变动与法规空白

该项风险主要来自两个方面：一是国家由于某种经济政策上的原因，对该类项目投资、建设、管理维护等方面政策法规发生变化；二是由于我国社会资本参与铁路类项目的法律法规空缺，在实际运作过程中本项目可能缺乏行之有效的指导与规范。因此，政府方应承担政策变动与法规空白风险。

2. 行政审批风险

本项目涉及的审批手续将由项目公司负责办理，但项目实施机构有义务协助项目公司协调其与相关政府部门的关系，以便推进项目各项行政审批手续的申报和审批工作。

3. 政府兑现承诺风险

政府方作为 PPP 项目合同的签订方之一，是本项目重要的履约主体。如

[1] Alireza Ghorbani et al. A Survey of Risks in Public Private Partnership Highway Projects in Iran[J]. ICCREM，2014：482-492.

[2] 李丽，丰景春，钟云，薛松. 全生命周期视角下的 PPP 项目风险识别 [J]. 工程管理学报，2016，30(1)：54-59.

果政府方没有按约兑现承诺，项目公司将面对巨大风险，杭绍台铁路项目的整体推进与运营都可能受到影响。本项目牵涉政府方包括省政府、绍兴市政府、台州市政府等多个机构部门，政府方兑现承诺风险发生的概率较单一政府方参与的项目更高。

4. 土地征迁风险

项目施工场地所需土地征迁工作的完成具有一定的不确定性，该项工作的完成时限与程度将影响杭绍台铁路的建设施工进度。由于土地征迁工作由政府方主导完成，该等风险由政府方承担。

（二）规划设计风险

1. 设计方案质量风险

设计方案是项目施工的基础，设计方案的质量直接影响杭绍台项目的施工进程甚至施工质量。由于本项目设计方案由政府方主导完成，因此，由政府方承担设计方案质量风险。

2. 项目规划方案变更

在设计方案阶段，如果规划方案发生变动，可能影响整个设计阶段的进度与成本。杭绍台铁路的规划方案属于项目前期工作，由政府方负责，同时可能涉及绍兴、台州两市政府的规划、土地、交通等部门，是两市与浙江省区域发展规划的一部分。社会资本方客观上没有能力预知规划方案的改变，所以规划方案变更的风险由政府方承担。

（三）建设施工风险

1. 工程质量风险

如果施工过程中由于材料、施工工艺或人为等因素导致工程质量不合格，会影响项目按期投入运营或者出现运营安全问题。该项风险由项目公司承担，政府方督促其加强对施工过程中影响工程质量的各个环节的管理与监督。

2. 施工安全风险

施工安全风险是指施工过程中可能发生的一切安全事故。项目公司将负责工程实施阶段的全部工作，通过加强组织施工管理，增加工地安全设施及安全事故防护措施等手段，控制施工安全风险。因此，该风险由项目公司承担。

3. 工程造价增加

工程造价增加的因素多样，在杭绍台铁路施工决算确认前存在的所有风险都有可能导致工程造价的增加。因此，该项风险不能一概而论，应当根据风险产生的具体原因来确定风险承担方。

4. 工期延误

工期延误造成的后果是项目不能按照预定计划完工运营，进而可能造成施工成本超支、贷款利息增加、项目运营期延后等多方面影响。但是工期延误形成的原因多样，可能有：资金到位延误、施工队伍技术力量不足、原材料供货不足或拖延、政府干预、不利的自然条件等。因此应当根据工期延误的具体原因将该风险划分为项目公司的原因与其他外力原因导致的风险，分别由项目公司与政府方承担，有助于保证解决该项风险的效率。

5. 设计方案变更

与工期延误风险类似，设计变更可能造成难以预计的成本增加，但是成因也较为复杂，其责任者可能是项目公司也可能是政府方，按照公平合理和权责对等原则，此风险由双方共同承担。

6. 环境或文物保护风险

项目施工中的道路开挖等可能会产生难以预期的环境破坏问题或文物破坏问题，需要根据实际情况进行施工方式改变、线路改道等。出现环境保护与文物保护问题时，项目公司几乎没有管理能力，主要由政府方承担该等风险；如果施工方在知情情况下保护不力，造成环境危害或文物损坏，由项目公司承担该等风险。

（四）运营风险

1. 列车开行对数风险

委托运营模式下，本项目的列车开行对数由国铁集团进行调配，项目公司与政府方可向国铁集团积极争取开行对数的增加或减少。

实际列车开行对数与确认的基准值不匹配时，可能出现项目运营风险，主要由项目公司承担，政府方通过补贴调整机制提供一定保障；若列车开行对数长期低于基准值，则启动提前终止条款。

2. 收入风险

委托运营模式下，项目公司收入受国铁集团收入清算机制与列车开行对数的影响，但项目公司对杭绍台铁路拥有一定的自主定价权，可根据市场情况调整价格水平，对收入清算机制变动引起的风险具有一定程度的冲抵作用。因此，收入风险由项目公司自行承担。

若项目公司自主提供高铁运输服务，则完全根据市场情况制定票价与开行对数计划，因此自管自营部分的收入风险由项目公司承担。

3. 运营维护与安全风险

铁路运行安全风险是本项目运营中最高级别的风险，一旦发生后果损失可能不堪设想，影响极其恶劣。为避免发生运行中意外事故，需要本项目的责任主体项目公司进行全方位安全管理，形成长效监控机制。由项目公司承担该风险，保证对所有项目设施持续投入资金进行运营维护，从设施维护质量、维护管理制度、维护人员培训等多方面进行风险控制。

4. 线路竞争风险

本项目的效益测算建立在对杭绍台铁路列车开行对数的一定预期上，如果出现预期外的线路竞争，从而导致线路实际客流量大幅低于预期，那么项目公司可能面临较大亏损。由于潜在的线路竞争情况是社会资本方难以预料与控制的，而政府方更加了解浙江省区域内的铁路与高速公路等线路规划情况，因此由政府方承担线路竞争风险。

（五）财务风险

1. 利率风险

本项目由于施工期限较长，在建设期与运营期内难免会遭遇利率波动，当利率总体上浮时，项目公司的融资成本等上升，从而使得预期利润减少；

反之，若利率总体下降，融资成本与机会成本下降，项目公司就可能获得额外收益，对政府方而言造成相对损失。考虑到这些原因，利率变动风险由双方承担。

2. 融资能力风险

项目公司的融资能力决定其获得的资金成本、资金来源、资金稳定性与风险等，从根本上对项目整体运作产生影响。强大的融资能力也是杭绍台项目对社会资本的重要要求之一。融资能力风险由项目公司承担。

3. 项目总投资超支引起融资风险

若项目实际总投资大幅超出预估总投资，则项目公司可能出现资金链断裂风险。若因项目公司原因导致工期延长，或工程质量缺陷返工，所造成的建设成本超支等风险，由项目公司自行承担。若因政府方原因造成工程建设成本超支等风险，则由政府方承担该风险。

4. 社会资本方撤资风险

杭绍台项目采用PPP模式运作，目的之一是促使社会资本方从全生命周期角度系统性地控制项目成本。按特许经营期限进行项目运作是对社会资本方的基本要求与约束。如果社会资本方提前退出，将对项目按预期进行运作产生重大影响。因此，必须设置有效的法律或经济约束控制社会资本方撤资风险，由社会资本方承担提前撤资的违约成本。

杭绍台项目的20个核心风险分担框架如表27所示。

表27　杭绍台铁路PPP项目风险因素识别与分担框架

主要风险方面	核心风险点	风险承担方			
		政府方	社会资本方	项目公司	双方共同承担
政策法规风险	政策变动与法规空白	√			
	行政审批风险				√
	政府兑现承诺风险	√			
	土地征迁风险	√			

续 表

主要风险方面	核心风险点	风险承担方			
		政府方	社会资本方	项目公司	双方共同承担
规划设计风险	设计方案质量风险	√			
	项目规划方案变更	√			
建设施工风险	工程质量风险			√	
	施工安全风险			√	
	工程造价增加				√
	工期延误				√
	设计方案变更				√
	环境或文物保护风险				√
运营风险	列车开行对数风险				√
	收入风险			√	
	运营安全与维护风险			√	
	线路竞争风险	√			
财务风险	利率风险				√
	融资能力风险			√	
	项目总投资超支引起融资风险				√
	社会资本方撤资风险		√		

二、铁路 PPP 项目合同核心边界

一般情况下，PPP 项目合同的核心边界主要包括：项目的合作范围、合作期限、项目用地的获取和使用、项目融资、项目建设、项目运营和维护、收入和回报、项目的移交、政府的承诺和保证、争议解决等。

杭绍台铁路 PPP 项目合同确定的核心边界包括四个方面：一是政府方与项目公司的权利义务边界，明确政府方与项目公司在杭绍台 PPP 项目中的主要权利与义务。二是项目的交易条件边界，明确项目的特许经营期限、特许经营范围和内容、项目公司治理结构、融资限制、股权限制、项目移交等交

易边界条件。三是项目的履约保障边界，明确履约保函、保险等保障项目公司履约、转移相关风险的措施。四是项目的调整衔接边界，包括项目的临时接管、提前终止及回购、合同变更、争议解决等内容。

（一）权利义务边界

1. 政府方（实施机构）的主要权利与义务

在 PPP 模式中，政府方与社会资本方之间的关系具有两层含义：一层是合作关系，另一层是监管与被监管的关系。鉴于此，政府方在 PPP 项目中的主要权利和义务体现为，为推进 PPP 项目实施承担的合同义务，以及对社会资本方履约行为的监督管理。杭绍台铁路 PPP 项目合同第 6.3 款和 6.4 款以“列举 + 开口条款”的形式明确了实施机构的主要权利和义务。

(1) **主要权利**。实施机构在全生命周期内对项目公司进行监督、指导和检查，包括项目投融资、项目建设、项目运营等方面的监督管理。在杭绍台铁路项目中，合同设计了一条概括性的条款，明确实施机构的履约监管权力。

项目投融资监管：在 PPP 项目中，政府方与社会资本方通过合作方式，政府方投入一定比例的财政资金，剩余资金由社会资本方负责解决。对于基础设施的投资建设资金的筹集，目前国内较为普遍做法是采用“项目资本金 + 融资资金”的方式，其中项目资本金根据国家有关固定资产投资项目资本金的管理规定，必须为投资人的自有资金，不得是借贷资金；除资本金以外的资金可采用银行借贷等融资方式获得。对于项目资金的投入，需要符合项目建设进度和要求。

项目建设监管：政府通过 PPP 项目合同授予社会资本方或项目公司对项目进行建设的权利，同时对社会资本方或项目公司的建设履行情况进行监管，主要涉及建设资金使用、项目建设进度、建设质量、建设相关合同等方面的监督管理。

项目运营监管：项目建设完成，形成实体基础设施后，进入运营期，项目公司依托建成的基础设施为社会公众提供公共产品和服务。在运营阶段，政府方监管重点是项目提供的公共产品的质量好坏和供给的稳定性。

其他兜底条款：因 PPP 项目运作复杂，周期长，合同主要权利条款无法穷尽列举，因此往往都会设置一个兜底条款。在杭绍台铁路项目合同中表述为“法律规定及本合同约定的其他权利或权力”。

（2）**主要义务**。PPP 项目是对基础设施和公共服务项目投融资模式的创新，通过 PPP 模式将本由政府负责提供的基础设施和公共服务项目转换为由政府与社会资本合作提供。政府方在项目实施过程中应当提供的合作范围和内容，构成其在 PPP 项目合同中的主要义务。一般情况下，政府方的义务包括项目用地的获取和提供、项目部分前期工作的开展、相关报批手续的协助、协调与各政府部门之间的关系等。

较为特殊的是，杭绍台铁路项目的建设、运营相关环节还涉及与国家铁路局、国铁集团之间的关系处理、沟通对接，因此，PPP 项目合同中充分考虑到这一点，其政府方的义务还特别指明一条义务：协助协调项目公司与相关政府部门和国铁集团的关系，协助推进项目各环节各项行政审批手续的申报和审批工作。

2. 社会资本方（项目公司）的主要权利和义务

（1）**主要权利**。对于社会资本方（项目公司）而言，其通过 PPP 项目合同获得了在合作期对基础设施或公共服务项目的经营权，并获得使用者付费或政府补助，以回收成本并获得合理收益。经营权的具体内容根据其运作模式来确定。杭绍台铁路项目采用 BOOT 模式运作，项目公司作为责任主体，享有对项目的投融资、建设、运营的权利，自主进行经营决策，自负盈亏。

同时，为响应近年来国家支持铁路项目建设实施土地综合开发的相关政策，增加项目对社会资本方的吸引力，杭绍台铁路 PPP 项目合同特地明确：根据《国务院办公厅关于支持铁路建设实施土地综合开发的意见》（国办发〔2014〕37 号），预计杭绍台铁路沿线潜在可进行综合开发的土地约 6500 亩，甲方积极支持乙方优先获得杭绍台铁路建设土地综合开发的权利，具体可以由项目公司按照市场化原则和沿线政府共同实施。

(2) **主要义务。**与社会资本方主要权利相对应，合同中就项目投融资、建设、运营等内容对社会资本方（项目公司）设置相关义务条款。

投融资义务：PPP项目中，除政府方承担的部分项目资本金外，项目其他资金均由社会资本方（项目公司）负责解决。为确保基础设施和公共服务产品高质量和稳定供给的合同目的实现，政府方往往通过合同条款在项目资本金投入，融资资金的筹集、利用项目进行融资等方面对社会资本方和项目公司设置相应的义务。比如杭绍台铁路PPP项目合同中，要求社会资本方（项目公司）负责项目投资范围内的融资，并不得以任何形式以本项目的固定资产、关键设施设备、信号系统、知识产权等资产进行融资。

项目建设义务：主要包括项目工程报建手续、建设进度、建设质量、建设安全、建设相关费用的支付等方面。杭绍台铁路PPP项目中，社会资本方（项目公司）负责按适用法律的要求及时办理项目工程报建手续，包括申请并获得项目的建设工程规划许可证和建设工程施工许可证，并承担相应费用。

项目运营义务：在运营阶段，社会资本方（项目公司）须提供符合法律法规规定和PPP项目合同约定的公共产品或服务。杭绍台铁路项目要求项目公司按照约定的服务内容与标准提供高铁服务，执行政府颁布的高铁运营票价政策，以及执行关于铁路统一运营管理的规定等。

项目移交义务：项目特许经营期结束后，社会资本方（项目公司）须按PPP项目合同约定将全部项目设施无偿移交给政府指定机构，保证项目设施处于良好可使用状态，且项目设施未设有任何抵押、质押等担保权益或产权约束，亦不得存在任何种类和性质的索赔权。项目公司在项目移交后规定时间内仍应承担质量保证责任。

其他兜底条款：因PPP项目运作复杂，周期长，主要义务条款无法穷尽列举，因此往往都会设置一个兜底条款，即法律、法规、当地政府政策和文件及PPP项目合同规定的其他义务。

（二）交易条件边界

交易条件边界在于明确政府方与社会资本方进行合作的最为基础的边界条件，以此为基础设计整个项目的交易结构、分配政府方和社会资本方各自的权利义务和风险承担范围。一般情况下，项目的交易边界包括项目的合作期限、合作范围，授予社会资本方（项目公司）的经营权范围、项目资产的权属、政府方出资、项目融资限制、项目移交等方面。在杭绍台铁路项目中，PPP 项目合同共设计了 12 个方面的交易条件边界。

1. 合作期限（特许经营期限）

PPP 项目的合作期限一般包括两种方式，一是仅约定一段合作期限，自 PPP 项目合同生效之日起至特定的时间点止。二是对合作期限进行阶段划分，分为建设期和运营期，两段期间单独计算。

根据《基础设施和公用事业特许经营管理办法》规定，基础设施和公用事业特许经营期限应当根据行业特点、所提供公共产品或服务需求、项目生命周期、投资回收期等综合因素确定，最长不超过 30 年。对于投资规模大、回报周期长的基础设施和公用事业特许经营项目可以由政府或者其授权部门与特许经营者根据项目实际情况，约定超过前款规定的特许经营期限。

鉴于杭绍台铁路项目投资规模大、投资回收周期长的特点，设定项目特许经营期为 34 年。合同条款采用阶段划分的方法，将合作期限分为建设期和运营期，其中建设期 4 年，运营期 30 年。建设期从 PPP 合同生效日期起至初期运营日前一日止，运营期为初期运营开始之日起至合作期届满日的期间。

2. 项目合作范围和内容

PPP 项目的合作范围主要用以明确政府方和社会资本方在 PPP 项目中对哪些事项开展合作、建立合作关系。根据项目的实际运作方式不同，PPP 项目的合作范围和内容可包括投融资、设计、建设、运营、维护、移交等多项内容。[1]合作范围和内容的确定，直接关系到 PPP 项目合同其他相关条款对

［1］ 周兰萍 .PPP 项目运作实务 [M]. 北京 : 法律出版社，2016.

政府方和社会资本方（项目公司）的权利义务分配。

在杭绍台铁路项目中，PPP 项目合同设计了项目范围、合作模式等条款。如，项目范围是以初步设计文件批复的项目范围为基础，且综合开发土地费用、动车组购置费不纳入合作范围。合作模式是 BOOT（建设–所有–运营–移交），由乙方负责杭绍台铁路的融资、建造、运营和维护，期满后无偿移交甲方或者甲方指定机构。

3. 项目资产权属

项目资产权属在于明确基础设施项目资产的所有权和使用权的归属。在 PPP 项目中，项目资产的权属根据项目具体运作模式予以确定。杭绍台铁路项目采用建设–拥有–运营–移交（BOOT）模式，项目公司在特许经营期内拥有本项目范围内全部资产的所有权。特许经营期满，项目公司将全部项目设施的资产所有权移交给政府方。

4. 项目法人制

PPP 项目要求由项目公司作为法人实体，具体负责项目的投融资、建设、运营及维护，确认建设主体、融资及偿债主体等，确保做到风险隔离、独立核算。

在杭绍台铁路项目中，立项等前期工作由政府按照基建程序和政府投资项目的路径完成相应手续，待社会资本确定后，由依法成立的项目公司与实施机构签订 PPP 项目合同后，办理相应的项目法人变更手续，将项目法人变更至项目公司名下。

5. 政府方股东出资

对于 PPP 项目的筹资，社会资本方承担主要的筹资义务，政府方承担对部分项目资本金的出资义务，对于政府方出资以外的其他项目所需资金，由社会资本方负责筹集。政府方和社会资本方共同成立专门的项目公司，将项目公司作为资金投入和使用的工具和管道。因此，在 PPP 项目合同中明确政府方股东的出资义务是确定合作各方筹资义务的基础。

在杭绍台项目中，项目政府方出资由浙江省、台州和绍兴市出资代表负责，项目资本金出资占比为34%。政府方出资代表持有的股份原则上不参与项目公司利润分配，且不参与项目公司清算分配。

6. 财政保障

财政部《政府和社会资本合作模式操作指南（试行）》（财金〔2014〕113号）规定，在PPP项目中“社会资本取得投资回报的资金来源，包括使用者付费、可行性缺口补助和政府付费等支付方式”，项目具体的回报机制根据项目自身的经营属性确定。使用者付费适用于可市场化运作，收入能覆盖项目成本和投资人合理回报的项目；可行性缺口补助，适用于使用者付费不足以满足社会资本或项目公司成本回收和合理回报的项目，由政府以财政补贴、股本投入、优惠贷款和其他优惠政策的形式，给予社会资本或项目公司经济补助；政府付费则由政府直接付费购买公共产品和服务。

杭绍台铁路项目采用可行性缺口补助的回报机制，由政府方将项目中政府每年需支付的财政补贴纳入年度财政预算。本项目沿线经过绍兴、台州两地，浙江省人民政府、台州市人民政府、绍兴市人民政府及沿线各县（区）政府，均具有将本项目财政补贴纳入当地财政预算的职责。

7. 项目公司治理结构

PPP项目政府方与社会资本方的合作和监管也体现在项目公司治理结构的设计上。在公司董事会、监事会和经理层的人员配置上，遵循激发社会资本方活力为基本原则，政府方不委派过多的人员干涉社会资本方的自主经营，仅满足相关监督管理需要。

在杭绍台铁路项目中，公司的治理结构设计如下：

公司设董事会，成员为9人。其中董事长1人，其他董事8人。董事任期3年，任期届满，可连选连任。

董事会设董事长1人，由社会资本方联合提名。董事长任期3年，任期届满，可连选连任。董事长为公司法定代表人，对公司股东会负责。

其余8名董事，分别由中国铁路发展基金股份有限公司（国铁集团出资代表）推荐1人，政府方出资人代表推荐3人，联合体推荐4人。

项目公司设监事会，由5名监事组成，监事主席由政府方出资人代表推荐，其他监事4名（一名由联合体推荐，一名由中国铁路发展基金股份有限公司推荐，另外两名监事为职工监事）。监事任期三年，任期届满，可连选连任。

项目公司设财务总监（负责人）一名，由政府方出资代表推荐。

8. 土地征地拆迁费用

对于新建的PPP项目，获取项目用地是不可避免且至关重要的一个问题。项目建设用地的取得及费用等事项均需在PPP项目合同中予以明确。在杭绍台铁路项目中，项目建设用地由政府方负责落实，征地拆迁费用为项目总投资的一部分，由项目公司统一筹集。

9. 绩效考核

国家相继出台的PPP相关政策规章和实施细则，如财金〔2016〕92号、发改投资〔2016〕2231号、财金〔2017〕76号、财办经〔2017〕92号等文件，均强调建立PPP项目全生命周期绩效考核机制的重要性，政府付费、使用者付费必须与绩效评价挂钩，将绩效评价结果作为调价的重要依据。

杭绍台铁路PPP项目合同制定了专门的绩效考核办法，对项目公司在项目建设期和运营期均设置了绩效考核。在项目建设期，政府方从工程质量、工期、环境保护、安全等方面对项目公司进行考核，考核未达标时根据PPP项目合同相关约定提取项目公司提交的建设期履约保函中的相应金额。在运营期内，政府方通过常规考核和临时考核的方法对项目公司服务绩效水平进行考核，并根据考核结果支付缺口补助。

同时，因合同签订时，项目的运输管理模式不确定，项目公司可能采用委托运输管理模式，亦可能采用自管自应模式，故PPP项目合同中明确：根据《浙江省人民政府办公厅关于杭绍台铁路PPP项目实施方案的复函》（浙政办函〔2017〕34号），本项目下乙方自主选择运输管理方式。考虑目前条件不成熟的情况下，项目公司较大可能性选择委托运输管理模式，并为此暂行制定委托运输管理模式下的绩效考核办法。运营后期，项目公司自管自营的情况下，双方另行协商制定绩效考核办法。

10. 融资限制

在 PPP 项目中，项目公司负责项目的具体实施，其中就包括负责落实项目的融资资金。为防范项目融资风险，通过相关的融资限制条款规范项目公司的融资行为至关重要。一般情况下，合同条款往往从融资资金的使用限制、项目经营范围限制、项目公司的融资目的限制等方面设置融资限制条款。

杭绍台铁路 PPP 项目合同对项目公司的融资限制主要包括：

项目公司仅拥有对 PPP 项目合同约定的项目投资、建设及对项目设施运营维护等进行融资的权利，原则上不允许项目公司以除项目合同约定以外的任何目的进行融资。

项目公司的所有资本金及其他融入资金只能用于 PPP 项目合同规定的本项目的建设及运营维护等活动中，禁止项目公司将资金用于其他用途。

项目公司与金融机构、关联企业或其他第三方之间的贷款、借款协议须事先经政府方书面同意。项目公司未经同意擅自贷款或借款的，政府方有权解除 PPP 项目合同。

11. 股权限制

PPP 项目如何实现和保持公共产品或服务的高质量、稳定供给是政府方所密切关注的，因此 PPP 项目的核心在于“运营”。建设期，对项目设施的建设是在为运营期提供公共产品或服务作基础准备。运营期公共产品或服务的稳定供给很大程度上取决于社会资本方的长期运营投入，社会资本方的退出、新的接替者的加入等均可能影响公共产品或服务的供给质量，但是为社会资本方设置合理的投资退出渠道也是实践所必需的。

在杭绍台铁路项目中，PPP 项目合同对项目公司股权的变动、以及社会资本方中的联合体牵头人的股权变动作出了限制：

项目合作期内，乙方任何股权变更或可能导致股权变更的情形（包括但不限于为乙方股权设置权利限制），均须经甲方书面同意。乙方应向甲方提交股权变更的书面申请材料。未经甲方事先书面同意，乙方股权不得变更。

联合体牵头人（浙江复星商业发展有限公司）在联合体内部的权益比例不得降低。

乙方股权转让、变更、质押、抵押等权利限制均需经甲方事先书面同意，若未经甲方同意乙方发生任何股权转让、变更、质押、抵押的，视为乙方的严重违约。

在本项目进入稳定运营期后，甲方支持乙方开展资产证券化，但需经甲方同意。

12. 项目移交

项目的移交包括合作期届满的项目移交和项目提前终止的移交两种情形。在PPP项目合作期满或项目合同提前终止后，政府方和社会资本方（项目公司）之间的合作关系终止，项目公司须将项目设施及相关权益按照PPP项目合同的约定移交给政府方或其制定的机构。

在杭绍台铁路项目中，PPP项目合同设置专章“社会资本移交项目”就合作期满的项目移交，从项目移交前过渡期、移交方式、移交标准和要求、移交程序、风险转移、人员培训、移交费用等进行了详细明确的规定。自项目完成移交后，项目终止，项目资产的所有权利由政府收回，项目公司不再享有。

（三）履约保障边界

财政部《政府和社会资本合作模式操作指南（试行）》（财金〔2014〕113号）明确，履约保障边界主要明确强制保险方案以及由投资竞争保函、建设履约保函、运营维护保函和移交维修保函组成的履约保函体系。设置履约保障边界的主要目的在于通过各种保障手段和措施的设置，防止、转移项目实施过程中出现的各项风险，包括社会资本方的履约风险、不可抗力风险等。履约担保和保险是PPP项目中常见的履约保障手段和方式。

1. 履约担保

PPP项目中常见的履约担保类型为投标担保、建设期履约担保、运维履约担保和移交维修担保。根据《政府和社会资本合作项目政府采购管理办法》（财库〔2014〕215号），项目实施机构应当在采购文件中要求社会资本交纳参加采购活动的保证金和履约保证金。社会资本应当以支票、汇票、本票或者金融机构、担保机构出具的保函等非现金形式交纳保证金。参加采购活动的保证金数额不得超过项目预算金额的2%。履约保证金的数额不得超过PPP项目初始投资总额或者资产评估值的10%，无固定资产投资或者投资额不大的服务型PPP项目，履约保证金的数额不得超过平均6个月服务收入额。建设期履约主要用于担保项目公司在建设期按照合同约定进行建设；运维履约担保主要用于担保项目公司在运营期按照项目合同的约定履行运营维护义务。

在杭绍台铁路项目中，项目设置的履约保障体系由投标保函、建设期履约保函、运营维护保函和移交维修保函组成。其中投标保函在投资人招标阶段提交，先于PPP项目合同的签订，故不在PPP项目合同规定的履约保障体系之中。

2. 保险

在特许经营期内，项目建设和运营可能遇到不可预期或不可控制的风险，为转移风险对政府方和社会资本方可能带来的损失。PPP项目合同中往往设置相应的条款，要求社会资本方（项目公司）在合作期内购买相关的保险。在杭绍台铁路项目中，PPP合同设置了建设保险和运营期保险两个条款。

（四）调整衔接边界

财金〔2014〕113号文件明确，调整衔接边界主要明确应急处置、临时接管和提前终止、合同变更、合同展期、项目新增改扩建需求等应对措施。

1. 应急处置

在PPP项目中，政府方和社会资本方合作共同建设运营项目，在应急处置方面，按照《生产安全事故应急条例》的规定执行。对于应急与安全管理义务，一般情况下，项目公司作为项目的生产经营单位，承担安全生产的主体责任，根据相关法律法规的规定，制定生产安全事故应急救援预案，做好项目建设、经营过程中的安全管理和应急工作。

在杭绍台铁路项目中，PPP 项目合同条款将制定应急预案固定为项目公司的义务。与此相对应，政府方通过绩效考核的方式对项目公司的应急与安全管理进行监督管理。

2. 临时接管

财金〔2014〕113 号文件首次规定，PPP 项目合同中除应规定社会资本方的绩效监测和质量控制等义务外，还应保证政府方合理的监督权和介入权，以加强对社会资本的履约管理。《关于规范政府和社会资本合作合同管理工作的通知》（财金〔2014〕156 号）进一步规定，当项目出现重大经营或财务风险，威胁或侵害债权人利益时，债权人可依据与政府、社会资本或项目公司签订的直接介入协议或条款，要求社会资本或项目公司改善管理等。在直接介入协议或条款约定期限内，重大风险已解除的，债权人应停止介入。政府方的临时接管作为政府行使介入权的方式之一，被后续出台的《政府和社会资本合作项目财政管理暂行办法》（财金〔2016〕92 号）和《传统基础设施领域实施政府和社会资本合作项目工作导则》（发改投资〔2016〕2231 号）进一步明确。

杭绍台铁路 PPP 项目合同也对触发临时接管的情形、临时接管的费用和收入进行了约定。

3. 提前终止及回购

提前终止条款适用于 PPP 项目合作期内，因某些特定事由出现，导致政府方与社会资本方提前解除合同关系。财政部及发展改革委的 PPP 合同指南都将提前终止条款作为示范条款。提前终止条款一般包括触发提前终止事由以及终止后的处理两部分。

在杭绍台铁路项目中，PPP 项目合同中设专章合同解除，对合同解除的事由、合同解除程序、合同解除的财务安排和合同解除后的项目移交进行了详尽的规定。

4. 合同变更

任何一个成功的公私合作计划都会随时间的推移而不断发展，它需要持续不断的监管、检查和修正。[1]政府与社会资本合作项目与社会经济大环境联系紧密，作为长期的合同，PPP合同必须确立柔性治理理念，为重新协商或合同调整预留足够的空间，以积极的姿态不断调整合同条款、化解项目风险，以谋求长期、稳健和安全的合作。[2]

在杭绍台铁路PPP项目合同中充分考虑了PPP合同的变更问题，明确：涉及本合同的变更、修订、补充等均需经甲方书面同意；若本合同相关约定的前提和条件发生重大变更，双方可另行协商调整。

5. 争议解决

争议解决条款几乎是所有合同的必备条款，PPP项目合同是政府方和社会资本方权利义务的主要法律依据，如何在合同中约定争议解决的条款十分重要。在杭绍台铁路项目中，PPP项目合同设专章争议解决，规定争议解决包括协商、专家小组调解和诉讼。

三、合同保障与监管措施

PPP项目合同的执行，需要设置监管机制并采取有效措施加以落实，为杭绍台铁路PPP项目合同执行制定保障与监管措施。

（1）**合同监管**。建设期监管主体是省政府授权的实施机构，采用现场监督和不定期检查的方式进行监管。运营期监管主体仍是实施机构，监管方式增加日常监管、不定期检查和中期评估等方式。

（2）**股东监管**。省市政府作为项目公司股东之一，在公司董事会占据相应席位，通过参与公司内部决策对项目运行监管。

（3）**行政监管**。杭绍台铁路纳入全国铁路网的组成部分，主要由国家铁

[1] 约翰·D·多纳休，理查德·J·泽克豪泽．合作——激变时代的合作治理[M]. 徐维译．北京：中国政法大学出版社，2015.

[2] 陈婉玲．PPP长期合同困境及立法救济[J]. 现代法学，2018,40(6):79-94.

路局及其地区机构上海铁路监督管理局进行行政监管；浙江省与台州市、绍兴市交通、财政、税务等相关行政单位，按照职责分工开展对项目公司的行政监管职能。

（4）**公众监督**。社会公众有权对本项目的特许经营活动进行监督，向有关监督部门投诉或者向项目公司提出意见建议。项目公司应按照适用法律要求，建立公众监督机制，每年度依法公开披露杭绍台铁路项目相关信息，接受社会监督。

项目公司按照合同约定，接受行业管理部门的监督管理，包括接受工程造价决算、运营收入与运营成本核算、税务情况等财务监督管理；接受工程建设招标投标工作、工程质量、铁路运营服务质量等管理；接受铁路工程质量安全、铁路运输设备产品质量安全和铁路运输安全监管等管理；接受多元经营合法性与合规性监管和专注主营业务方向的监管。

第三篇
实施机构
建设期管理

第九章

铁路 PPP 项目现场管理

第一节　铁路项目征地拆迁协调

一、铁路项目征地拆迁要求

征地拆迁工作是铁路项目建设过程重点、难点工作，不仅是影响铁路建设进展的主要因素；也是影响铁路建设项目投资的主要因素；还是影响社会稳定的主要因素。征地拆迁补偿涉及老百姓的切身利益，必须按照国家和地方政府的相关政策组织实施，各级地方政府及相关单位对铁路建设项目征地拆迁工作高度重视，建立相关协调机制，积极推进征地拆迁工作。

（一）明确地方政府的征地拆迁实施主体角色

依据《关于进一步做好征地管理工作的通知》（国土资发〔2010〕96 号）和《国有土地上房屋征收与补偿条例》（国务院令第 590 号），市、县政府是征地组织实施的主体，对确定征地补偿标准、拆迁补偿安置、补偿费用及时足额支付到位、组织被征地农民就业培训、将被征地农民纳入社会保障等负总责。市、县级人民政府负责本行政区域的房屋征收与补偿工作。市、县级人民政府确定的房屋征收部门（以下称房屋征收部门）组织实施本行政区域的房屋征收与补偿工作。因此，地方政府作为征地拆迁实施主体，对建设项目土地征用、拆迁实施、补偿安置、社会稳定及各项手续完善负责。而国铁集团作为工程建设实施推进的主体，对建设项目工期、质量、安全、环保负责。2016 年，为适应合资铁路建设项目实际需要，原中铁总印发《关于完善铁路建设项目征拆包干协议的通知》（计统基电〔2016〕110 号），对于原中铁总（现国铁集团）与地方政府合资（合作）建设的铁路项目，地方政府以征地拆迁费用为限，在此基础上协商地方政府另行承担一定比例现金出资，且地方政府所承担出资原则上不少于征地拆迁费用。

（二）征地拆迁补偿标准以维护被征拆人合法权益为原则

征地拆迁工作坚持依法合规和维护被征拆人合法权益的原则，征地拆迁补偿标准一般执行国家和省级人民政府颁布的有关规定和标准。经省级人民政府授权后，可执行地市级人民政府制定的补偿标准或采用由具备资质的评估机构的市场评估价。

（三）原则上确定铁路建设项目征地拆迁费用范围

2017 年，原中铁总印发《铁路征地拆迁及费用管理的指导意见》（铁总计统〔2017〕177 号），明确了铁路建设项目征地拆迁包干费用的组成。主要包括：直接与新征土地有关的费用，地面、地下建（构）筑物的补偿费用，“三电”及地面、地下管线迁改费用，压覆矿产资源、文物保护、处理地质灾害引起的补偿费用和因建设造成农田、水利设施、水系损坏及房屋损坏的修复或补偿费用。道路、沟渠改移费用和临时用地及复垦费用不包括在包干费用中，《铁路征地拆迁及费用管理的指导意见》的出台，有力促进了铁路建设项目征地拆迁工作和费用管理工作，形成了有序、依法、合规、稳定的工作局面。

二、铁路项目征地拆迁流程和职责

征拆工作贯穿项目前期的规划选址、用地预审、社会稳定性分析阶段，需要分析征地拆迁工作的难度对项目实施的潜在影响。在项目可行性研究阶段、初步设计阶段、实施阶段，始终伴随着征拆工作。

（一）可行性研究阶段

设计单位在贯彻“地质选线、环保选线”理念的同时，树立经济选线理念，尽量绕开不良地质、复杂地形地段和特殊敏感及集中拆迁点，经技术经济比选后合理确定工程方案和桥隧比例。征地拆迁按照铁总计统〔2014〕97号文件规定的范围勘测调查数量和当期补偿水平测算费用足额纳入投资估算。目前，该项工作还要求有影像资料备查。

（二）初步设计阶段

建设单位组织设计单位加强沿线征地拆迁调查，与地方政府共同核实征用土地、建构筑物拆迁、三电及管线迁改、道路沟渠改移、压覆矿产、临时用地等数量，并建立影像资料，调查按实分析当期补偿标准计算费用纳入概算，经批复后作为地方政府征地拆迁费用包干的基础。

①由建设单位、设计单位与地方政府对征用土地、租用土地，拆迁地面、地下建（构）筑物（含环保拆迁和铁路安全管理条例涉及拆迁，既有铁路生活设施和多经、集经设施拆迁），“三电”及地面、地下管线迁改，道路、沟渠改移，压覆矿产资源等数量进行现场核实。

②由建设单位组织设计单位按照已经核实的数量和地方政府颁布的标准计算征地拆迁补偿费用。

③由建设单位组织设计单位与地方政府对接，与地方政府组织计算的费用进行对照分析，协商达成一致意见，必要时国铁集团可出面与地方政府沟通。

④建设单位组织设计单位可根据项目征地拆迁复杂程度，与地方政府协商除政策变化以外可调整内容。

（三）实施阶段

发展改革部门批复的项目初步设计征地拆迁费用，是建设单位与地方政府或实施单位签订征地拆迁包干协议的依据。征拆费用包干项目除遇国家重大政策调整等情况外，原则上不再调整；如确需调整，由国铁集团与省（市、区）级地方政府重新协商确定。地方政府组织征地拆迁实施单位按照设计单位提供的铁路用地图、征拆资料和临时用地图（施工图阶段）开展征地拆迁工作。项目实施阶段，省级部门、省征迁与资源交易中心、沿线地方政府按照各自职责开展工作。

1. 省级有关部门职责

省发展改革委负责征地拆迁的总协调；省自然资源厅负责项目用地工作总协调；其他单位按各自职责，及时做好指导服务工作。

2. 省征地与资源交易中心职责

负责铁路建设项目的事前事中事后的监督监管；参加协调项目公司与地方政府依法合规签订征地拆迁包干协议，并对征地工作进度和政策执行进行业务指导，督促项目公司及时拨付相关费用；督促项目公司和地方政府及有关部门办理建设用地组件报批，临时用地审批等相关用地手续；组织有关专家对土地勘测定界成果数据进行审查，确保征拆依法合规。

3. 沿线地方政府职责

沿线政府作为征地拆迁实施主体，具体负责辖区内的征地拆迁实施工作，主要包括：土地征收、征用；房屋拆迁（建筑物、工矿企业）；青苗及地面附着物，构筑物；各类管线迁改；压覆矿产资源和文物保护、大小三改、房屋炮损（施工单位原因造成损坏外）。

严格执行法律法规，保护被征拆人员的合法权益，做好宣传动员工作，及时足额支付补偿费用，落实被拆迁人的临时过渡方案，解决实际困难，切实维护群众的合法权益，确保社会稳定。

配合项目公司或施工单位做好临时用地接地，监督指导项目公司做好临时用地复垦、耕地表土剥离等方案编制工作。

2019 年 11 月，为推进新建湖杭铁路、杭衢铁路、温玉铁路等省重大铁路建设项目，省发展改革委根据国家和省现行有关法律法规政策及省政府、国铁集团（含原铁道部、铁路总公司）关于浙江铁路建设有关文件精神，制定《湖杭铁路、杭衢铁路、温玉铁路征地拆迁工作实施意见》（浙发改基综〔2019〕446 号），指导铁路项目征地拆迁工作依法合规有序开展，保证浙江省重大基础设施建设项目征地拆迁工作政策执行的平衡性和延续性。浙发改基综〔2019〕446 号文件明确了省级有关部门、省征地与资源交易中心、地方政府和相关部门以及项目公司的职责，对征地范围和数量、补偿政策和支付确认等均进行了详细说明。如表28所示。

表28 浙江省铁路项目征地拆迁工作职责

责任单位	职能定位	主要职责	备注
省级有关部门	协调、指导服务	省发展改革委负责征地拆迁工作总协调； 省自然资源厅负责项目用地工作总协调； 省级其他有关单位按照各自职责，会同沿线地方政府及时做好指导服务工作	
省征地与资源交易中心	指导监管	负责对铁路建设项目征地拆迁事前事中事后进行监督监管； 参加协调项目公司与地方政府依法合规签订征地拆迁包干协议，对征地拆迁工作进度和政策执行情况进行业务指导，督促项目公司及时拨付包干范围内各阶段征地拆迁费用； 督促项目公司和地方政府及有关部门办理建设用地组件报批，临时用地审批等相关用地手续； 组织有关专家对项目用地土地勘测定界成果数据进行审查，确保征地拆迁工作依法合规开展	
地方政府和相关部门	征地拆迁实施主体	负责土地征收征用，房屋拆迁（集体土地上的建筑物、工矿企业）、青苗及地面附（构）着物、各类管线迁改移、压覆矿产资源和文物保护、地质灾害、大小“三改”、房屋炮损的修复或补偿（除施工单位原因造成损坏外）等； 配合项目公司或施工单位做好临时用地借地，监督指导项目公司做好临时用地复垦、耕地表土剥离等方案编制工作	包括发展改革、铁指（铁办、轨道办）、财政、公安、自然资源和规划局、人力社保、生态环保、住建、交通运输、水利、农业农村、林业、文物、电力、通信、政法、维稳、信访等部门
项目公司	工程建设项目业主	及时提供土地勘测定界成果资料、用地红线图和按县（市、区）行政区划划分的征地拆迁概算清单负责组织施工单位开展安全文明施工，及时解决建设过程中的各类问题； 督促施工单位及时办理大临用地租用审批手续，落实复垦工作； 做好地方政府需建设单位配合的其他工作	

三、铁路 PPP 项目征地拆迁难点及推进办法

下面以杭绍台铁路 PPP 项目涉及 C 公司等房屋拆迁协调事项的处理为例加以说明。

（一）项目概况

1. 基本情况

杭绍台铁路越城段 DK7+000—DK7+100 处红线征收证载权属为 A 公司、B 公司资产，其中 A 公司合计征收房屋 12 186.85 平方米（含土地），B 公司征收 11 738.56 平方米（含土地），合计评估补偿金额 70 892 702 元，按照《杭绍台铁路征地拆迁包干协议》要求，该处补偿协议由杭绍台铁路该区段征迁工作指挥部办公室与资产“实际控制人”C 公司签订并支付补偿费用后给予征收。

2. 存在问题

该处资产处于杭绍台、杭甬两线并行段，且在杭甬客运专线建设时按照当时的决策程序完成了对两处资产的整体征收补偿工作，按照正常程序该处资产在完成征收以后，应当由建设单位（或属地政府）进行拆除，并对该处土地进行收储。但是，按照铁路系统的相关规定，对于整体征收的企业资产拆除影响建设红线内的房屋后，剩余红线外房屋权属应当归为“铁路拆迁存量资产”。鉴于当时建设环境下，铁路系统资产权属合法化较为滞后，C 公司未及时办理该处资产的权属变更，导致资产的实际控制人已为铁路方，但权证显示仍为“A 公司”和“B 公司”，因在杭甬客运专线建设时属地政府已对 A、B 两家企业进行征收，杭绍台铁路若再进行征收补偿，则会出现“一处资产重复补偿”的政策问题，因此导致补偿协议无法达成一致。

3. 主要影响

因该处房屋所处的红线位置，属于全线最后一个落定的站前施工标段，因施工进场时间较迟，导致标段建设工期极其紧张。A、B 公司两处房屋征收拆除进度停滞，直接影响主线的建设施工工期。

（二）协调过程

2019年3月5日，绍兴市政府分管领导在督查协调杭绍台铁路绍兴段征迁工作会议上，对该处资产的征收补偿工作做出部署，要求C公司提供资产权属的相关证据，由房屋所在辖区根据实际权属情况依法补偿到位。会后，C公司搜集整理了A、B公司两处房屋在杭甬客专建设过程中征收的相关资料并提供给辖区业务办理单位，但资料仅能证明资产已征收，因权属未过户仍不能说明C公司对该两处资产合法持有，因此征收补偿协议无法签订。

2020年4月3日，实施机构配合省级主管部门专题协调该房屋拆迁事项并出具会议纪要。纪要明确了C公司对两处房屋的实际所有权，在此基础上由房屋所在辖区相关工作处理单位，根据第三方评估结果对该处资产与杭甬铁路公司签订补偿协议进行补偿，会后各方根据纪要落实相关工作，最终完成的该事项的协调工作。

（三）经验与结论

该协调事项属于“铁路拆迁存量资产”征收政策的把握。不仅铁路PPP项目的实施过程中可能遇到，在其他基础设施类项目推进中，也有可能遭遇到。本协调事项的经验：

（1）**需要充分认识铁路项目资产确认的重要性。**铁路资产管理方面，对于既有资产尤其是非营运资产的确权工作要引起重视并加强管理。

（2）**需要地方支持铁路项目资产确认事项。**对于涉铁地方政府，在铁路拆迁存量资产合法化上给予一定的政策支持。

第二节　铁路项目“三电”与管线迁改协调

一、铁路项目“三电”和管线迁改工程要求

铁路项目“三电”迁改是指征地红线内既有电力、通信、广电线路的迁移改线；管线迁改主要是指对油燃气管线、给排水管线的迁改及防护过程。不同的迁改内容，需关注的重点各有侧重：

电力线迁改：重点关注110kV及以上高压电力线路。需确保其迁改工作实施计划与铁路施工组织相结合，保证铁路项目主体工程无障碍施工；确保迁改方案为地方政府和产权部门认可的方案。

通信线路迁改：重点关注军用光缆、基站、长途传输光缆。需在前期阶段与地方政府、产权部门充分对接，确保迁改方案为地方政府和产权部门认可方案。

给排水和油燃气管线迁改：重点关注地下管网数量的准确性。需在前期阶段与产权部门对接，收集铁路沿线区域内管网布置图及市政规划图，确保迁改数量的准确性。

迁改原则上按初步设计批复的方案实施，确因现场条件变化、线位调整、设计遗漏等原因引起变更，需经地方政府（实施单位）、建设单位、产权部门、设计单位、监理单位五方确认，导致投资增加的，按照“谁提出、谁负责，谁受益、谁承担”的原则确定增加部分费用分担方案。

迁改完成后，由产权部门进行竣工验收。验收合格后向地方政府或建设单位出具竣工验收报告，设备设施移交产权单位。建设单位应当组织迁改费用清算，委托第三方机构出具审价报告，对实施阶段的迁改数量和迁改费用的合规性、真实性、准确性负责。

二、铁路项目“三电”和管线迁改职责分工

“三电”和管线迁改工作涉及地方政府、设计单位和施工单位。其中，

地方政府是迁改工作的实施主体，要根据征地拆迁实施协议，组织实施“三电”及地面、地下管线迁改，筹集落实迁改资金及时到位。设计单位的职责主要是负责迁改数量、补偿标准调查收集，定测阶段形成完整的迁改数量影像资料，配合建设单位、地方政府和地方产权部门确认迁改方案和费用；对迁改实施数量提出确认意见，对迁改设计阶段数量的真实性、准确性，补偿标准和迁改方案的合理性、合规性负责。建设单位作为建设项目实施推进责任主体，需与地方政府签订“三电”及管线迁改（征地拆迁）实施协议；全过程参与迁改实施工作；会同地方政府对迁改实际数量和费用进行确认，组织第三方审价和验工计价，拨付资金等，对实施阶段迁改数量和迁改投资的合规性、真实性、准确性负责。

在铁路项目的可行性研究阶段、初步设计阶段和实施阶段，三方需要依据职责要求开展相应工作，以顺利推进迁改过程，保障项目整体进度。如表 29 所示。

表29　铁路项目“三电”和管线迁改工作职责分工

项目阶段 涉及单位	可行性研究阶段	初步设计阶段	项目实施阶段
地方政府	与建设单位完成“三电”、管线等迁改项目框架协议签订工作	与建设单位、设计单位、产权部门共同确认管线迁改方案和投资，并出具意见	沿线地方政府依据铁路项目初步设计阶段迁改方案，按照相关规定组织施工招标，并负责迁改工作涉及的政策处理工作
设计单位	按照现阶段铁路线位调查各类管线迁改工作任务，针对 110 千伏及以上电力线路、军用光缆、基站、长途传输光缆、大管径（DN ≥ 500）给排水管线、油燃气管线等，提出初步迁改方案。与建设单位、地方政府、产权部门核对初步迁改方案，达成确认意见后，相关迁改费用纳入项目投资估算	就上阶段的各类管线迁改设计征求产权部门意见，细化迁改方案。建设单位、地方政府，对设计单位提交的迁改方案进行核准，并与产权部门三方确认，联合出具书面意见，相关迁改费用纳入项目投资概算	—

续　表

项目阶段 涉及单位	可行性研究阶段	初步设计阶段	项目实施阶段
施工建设单位	会同地方政府完成“三电”、管线等迁改项目框架协议签订工作；应组织设计单位，调查落实“三电”和管线迁改的数量	组织设计单位进一步做好全线“三电”和管线迁改数量调查工作，并建立影像资料	会同地方政府、产权部门明确迁改工作实施计划，确保铁路项目主体工程无障碍施工。全程盯控推进迁改实施工作

三、铁路 PPP 项目电力迁改难点及推进办法

下面以杭绍台铁路 PPP 项目 110 千伏以上电力线迁改工作为例加以说明。

（一）项目概况

1. 基本情况

杭绍台铁路全线有 58 条 110 千伏及以上电力（以下简称高压电力）线路需要迁改。前期铁路设计阶段计列的迁改方案及投资，需按照地方政府规划及电力部门实施阶段的最新行业标准进行迁改，因规划引起和标准差异造成批复费用增加，实际迁改费用不足，影响了迁改实施推进。

2. 存在问题

因地方政府规划、电力部门迁改标准提升，项目可研与初步设计阶段计列的迁改方案和投资估算，与项目建设实施过程中的实际迁改投资需求之间，存在较大差异，迁改投资超支且未明确资金承担主体，加上迁改施工条件要求高，对迁改工作推进造成影响。

此外，根据电力部门的要求，高等级电力线迁改需要提前安排停电时间（迎峰度夏、保供电等），结合铁路施组时序进行统筹协调，由于实际迁改推进滞后带来停电时间的不确定性，也增加了协调工作的难度。

3. 主要影响

受高压电力线迁改受资金不足和高等级电力线停电时间要求等因素影响，高压电力线迁改推进滞后，直接影响到项目建设的推进。具体表现为：

一是涉及高压电力线迁改的施工工点多为连续梁等控制性工程，施工工期长，如不能及时完成迁改，施工将无法开展，直接影响项目工期；二是涉及超高压、特高压的迁改，如不能提前对接停电时间，或停电时间明确后由于迁改施工进度滞后，错过停电迁改窗口，导致迁改因无停电计划无法完成迁改，将对项目建设造成严重影响。

（二）协调过程

（1）**刨根问底，问题溯源。**找到问题症结所在并对症突破，杭绍台铁路项目迁改的最大难点在于迁改费用超支。迁改推进遇阻的初期，省级主管部门就全力协调推进，分析项目特殊性、听取各方诉求，研究迁改费用超支的具体情况和细节。杭绍台铁路项目是国内首个由政府包干进行用地征迁政策处理的铁路项目，政府方包干使用的范围原则上是以项目初步设计批复的概算第一章拆迁及征地费用为限，项目建设单位的资金筹集也同样按照这一费用金额控制。迁改施工主体方面，除电力部门作为专业施工与指导外，杭绍台铁路还应用了迁改 EPC 总承包模式，由于标准提升、费用增加，迁改 EPC 总承包单位无法按照原施工标准继续履行合同，对于迁改中的难点问题的破解，既无意愿也无动力。

（2）**服务大局，高层协调。**杭绍台铁路项目是国内首个民营控股高铁，写入党的“十八大”大事记，是向建党 100 周年献礼的重要标志性基础设施项目。省级主管部门在摸清情况的基础上，讲政治、讲大局、统一各方认识，先后采取约谈相关政府分管领导、约谈迁改责任单位负责人、提请省领导主持的重大项目建设推进协调例会商定、迁改工作周度定期报告等具体手段，全力推进解决杭绍台铁路迁改梗阻点。特别是针对迁改超支费用的分割，明确了具体的分担原则：为落实地方有关规划要求，增加的电力线迁改投资由地方政府承担；执行电力部门非强制性技术标准要求，提高电力线路标准增加的迁改投资由电力部门承担；其余电力线迁改增加的投资按地方政府与电力迁改总承包单位签订的合同约定的责任方承担。

（3）**多方合力，落实迁改。**在省委省政府、省级主管部门的全力协调督促下，地方各级政府、电力部门、项目建设单位凝聚力量，按照“谁提出、谁受益、谁出资”的原则解决了迁改资金缺口问题；地方政府与电力部门协商落实地方规划和电力线提标产生的迁改资金，并根据现场施工进度积极履行出资责任；项目建设单位认真分析施工工序安排并调整施工组织计划，与电力部门、铁路部门、站前施工单位建立顺畅沟通机制，明确停电窗口、天窗点，确保了迁改施工的整体进度。

（三）经验与结论

电力线迁改工作牵涉面广、影响范围大，一直是线性工程的工作重点之一，也是铁路建设项目顺利推进的前置条件之一。

（1）**工作初期，做好论证。**为保证迁改顺利开展，需要做大量协调工作，对设计单位、地方政府、项目建设单位、电力部门而言，都需要把工作做在前面，为后续任务打好基础。首先，设计咨询服务机构需要在项目前期初步设计时，充分征求电力部门的意见，对接好地方规划、线路标准等具体细节，特别是对资金的估算和概算编制，一方面积极应用行业标准定额，另一方面也要结合地方实际，对分项投资构成进行合理优化和组合，提供不可预见费用的相关预案，为地方政府与项目建设单位签署迁改协议提供科学的迁改实施技术方案。其次，地方政府和项目建设单位需要充分论证迁改实施技术方案的落地性和针对性，强调各方遵守契约精神、明确迁改协议刚性。

（2）**推进期间，做好衔接。**迁改实施过程中能否建立良好的沟通机制是关键，地方政府、迁改总承包单位、电力部门、项目建设单位要进一步压实各方责任，通过有效的沟通、细致的分析，将可能遇到的问题提前进行预判，及时分析对策，确保迁改工作顺利推进。地方政府履行迁改主体责任，加大督促协调力度，加快推进迁改工作；迁改总承包单位切实履行施工合同条款，加强施工现场管理，加快推进工程施工，及时足额支付应付工程款；电力部门结合迁改点进度要求，进一步优化施工组织计划，科学合理安排停电措施，做好电力迁改保障工作；项目建设单位配合各方做好有关衔接工作，同时采取切实有效措施加快主体工程施工，追赶计划进度。

（3）**工作收尾，做好总结。**总结杭绍台铁路项目迁改工作协调经验，彻底破解铁路项目电力线迁改前期深度不够、工程启动滞后、工作责任归属不清等问题，浙江省专门制定出台《浙江省铁路项目电力线迁改工作指导意见的通知》（浙发改基综〔2020〕259号），从明确迁改责任分工、深化迁改前期工作、有序实施迁改工程、强化资产交接管理等四个方面，提出指导浙江省境内干线铁路、城际铁路项目，境内都市圈城际（市域、市郊）铁路、城市轨道交通项目的电力迁改的针对性意见，提升铁路项目建设管理水平。

第三节　铁路项目外部电源建设协调

一、铁路项目外接电源配合工作要求

电气化铁路牵引变电所外部电源是铁路建设工程的重要配套工程，直接影响电气化工程安装调试、试运行及开通运营。根据原铁道部与国家电网公司签订的《铁道部、国家电网公司电气化铁路供电协调领导小组办公室第三次会议纪要》（计基函〔2011〕17号）精神，铁路外部电源接入方案应由铁路项目建设单位在项目可行性研究阶段向省级电力部门提供相关项目基础材料，并提请电力部门同步开展配套规划设计工作。可研阶段未明确铁路建设单位的，由铁路设计单位向电力部门发函沟通外部电源接入意见。项目初步设计批复完成后，由省级电力公司组织相关单位对牵引变电所接入系统设计方案和电能质量评估进行评审并出具报告，批复的接入系统方案纳入电网近期建设计划。对于国家重、特大项目，由铁路建设单位与电力部门及时沟通，可根据项目可行性研究的批复文件提前开展外电建设有关工作。[1]

铁路工程施工过程中，由铁路建设单位全程跟踪外接电源工程的实施情况并在完工后提请电力公司进行竣工验收，验收后由铁路运营单位与电力部门签订供用电协议，正式启动送电工作。

二、铁路 PPP 项目外接电源建设协调难点及推进办法

下面以杭绍台铁路 PPP 项目外部电源建设为例加以说明。

（一）项目概况

1. 基本情况

杭绍台铁路外部电源供电线路的投资建设，早在《国家发展改革委关于新建杭州经绍兴至台州铁路核准的批复》（发改基础〔2016〕2516号）中，

［1］ 赵朋飞．铁路牵引变电所外部电源建设配合工作思路与建议[J]. 中国铁路，2020（8）：60-63.

即已明确由国家电网公司负责杭绍台铁路外部电源工程建设。2017年5月26日，国家发展改革委印发《关于取消电气化铁路配套供电工程还贷电价的通知》(发改价格〔2017〕1005号)，明确自2017年6月1日起全面取消电网企业对铁路运输企业收取的电气化铁路配套供电工程还贷电价。

对于杭绍台铁路项目配套电力工程建设的适用政策，电力部门保留了意见，并提出：国家关于电气化铁路配套电力工程建设相关政策已发生根本性变化，各牵引变电所至公用变电站之间的10回220千伏线路属牵引站专用供电线路，由杭绍台公司自行投资建设。

2. 存在问题

杭绍台铁路5个牵引变电所至公用变电站之间的10回220千伏线路属牵引站专用供电线路建设总投资约4亿元。但在已批准的概算总投资中，没有包括此项费用。

根据发改价格〔2017〕1005号文件，铁路运输企业通过相应下浮铁路电气化附加费标准的方式等额降低铁路货物运价。杭绍台铁路作为铁路运输企业，如果在建设期增加外部电源的投资，投产运营后降低货物运价，显然是不合理的。

3. 主要影响

杭绍台铁路220千伏牵引变电所外部电源建设周期为18个月，总体工期非常紧迫。解决杭绍台铁路外部电源建设投资主体问题及其迫切，久拖不决必将影响杭绍台铁路牵引变电所受电启动，影响全线联调联试以及建成开通。

（二）协调过程

实施机构配合省级主管部门联系电力部门和项目公司，充分听取双方诉求，详细分析问题产生的原因，提出解决建设投资问题的方案，根据电气化铁路外部电源建设的既往模式以及国家发展改革委关于电气化铁路配套电力工程建设的最新政策、文件，协调解决相关问题。。

首先是双方充分沟通，友好协商。2020年3月，根据前期协调会议精神，项目公司与省级电力部门对项目的基本情况、建设进展安排等，进行了充分沟通，双方建立了协同推进省级重大建设项目的一致意见，并明确先行开展外部电源工程的可研、设计工作。

其次，借力国家部委政策解读，破解项目阻点。杭绍台铁路项目核准批复由国家发展改革委审批，项目建设涉及国家电网体系相关政策应用方面，请求国家发展改革委协调解决。2020 年 5 月，国家发展改革委就杭绍台铁路外部电源建设的有关问题作出回复，明确：国家电网有限公司负责杭绍台铁路外部电源工程建设，确保如期建成。在此基础上，省级主管部门积极行动，梳理省内同类铁路建设项目的配套外部电源建设情况，并于 2020 年 9 月印发《关于要求加快推进杭绍台、杭温、杭衢等铁路项目配套外部电源建设的函》，确保相关项目配套外部电源电力工程与主体工程同步建成投产。2021 年 5 月，杭绍台铁路外部电源电力工程建成投用。

（三）经验与结论

杭绍台铁路外接电源建设投资问题的处理模式，为浙江省内电气化铁路外部电源建设投资提供了借鉴方案和路径。该协调事项的主要经验：

（1）**要增强国家政策把握能力。**对“电气化铁路配套供电工程还贷电价”的政策把握，是本协调事项的聚焦点。省电力公司、杭绍台铁路公司对于“电气化铁路项目配套外部电源建设投资主体及相关输配电价核算问题”均有各自依据。为此，国家发展改革委通过复函形式重申“列入国务院批准的规划或我委发布的基础设施专项规划中的铁路项目，其外部电源电力工程投资建设由电网企业负责。相关建设成本纳入省级电网输配电核价范围，通过省级电网输配电价回收”。从项目本身的属性角度，解决了双方的争执点。

（2）**要创新解决难题的方法路径。**项目公司积极主动与省电力公司沟通对接，但因政策解释原因无法达成一致；随后该事项报实施机构，最终由省发展改革委报经国家发展改革委，以函复方式，解决了政策解释问题。尽管历经波折，对于该类难点问题而言，是可供借鉴参考的解决路径。

第四节　铁路项目接入既有线工程协调

一、铁路项目接入既有线工作要求

无论是国家铁路还是地方铁路，新建铁路项目只有纳入整个铁路网系统中，才能真正发挥项目作用，使其效益最大化。新建铁路与既有铁路衔接主要有两种方式：新建线路与既有线接轨，形成互联互通；新建线路接入既有车站，与既有铁路不连通。

国铁集团参与的铁路项目与既有线的接轨与运营的对接比较简单，在审查期间就直接明确，且最终由铁路局运营管理，施工过程及验收接收均全程参与，建设完后可直接交接即可。由地方单独建设的铁路与国铁接轨相对复杂一些，原中铁总2019年4月发布了《铁路专用线接轨管理办法》（铁总货〔2019〕53号），针对专用线与国铁接轨程序进行了明确，其他地方单独建设的铁路也参照此执行。

（一）与既有线路接轨

新建铁路与既有线接轨一般要求在车站接轨，特殊困难条件且有充分理由情况下，经国铁集团审批同意方可在区间接轨，且接轨处需设置线路所（相当于车站功能）。一般有两种方式：一种是与既有铁路轨道直接连通，新建线路与既有线形成互联互通；通过正线外包、联络线引入、站内到发线连接三种方式实现接轨。另一种是与既有铁路并站，新建线路与既有线无沟通；旅客通过换乘或货物通过倒换实现两线之间旅客或货物交流，一般只有客货运交流比较少的线路或区段，或者尽头式车站，较多采用这种方式。

（二）与新建铁路接轨

与新建铁路接轨一般在设计阶段会统筹考虑做好预留，接轨相对较为简单。如沪苏湖铁路与湖杭铁路在湖州地区采用联络线沟通杭州至上海方向，在设计中已统筹考虑，同步实施。还可以在区间接轨（有条件最好在车站接轨），且工程投资省，施工风险低。根据客货运交流量灵活选用并站、联络线或站内到发线沟通均可。

二、铁路 PPP 项目接入既有线难点及推进办法

下面以杭绍台铁路 PPP 项目绍兴北接轨协调推进工作为例加以说明。

（一）项目概况

1. 基本情况

杭绍台铁路在既有绍兴北站、温岭站分别与杭甬铁路、甬台温铁路接轨。2017 年 5 月完成铁路上海局集团公司初步设计初审意见征询，2017 年 6 月完成中国铁路经济规划研究院初步设计意见征询，2017 年 9 月由浙江省发展改革委批复初步设计。2017 年 11 月，中国铁路经济规划研究院对绍兴北至东关段修改初步设计完成意见征询。2018 年 5 月，浙江省发展改革委对修改后的全线初步设计进行批复。2018 年 7 月完成国铁集团工管中心施工图审核批复。在上述审批过程中，均同意杭绍台铁路在杭甬客专绍兴北站接轨，新建上、下行联络线，方向别疏解引入绍兴北站杭甬场与既有 5、6 道到发线贯通。

根据原中铁总 2018 年 1 月出台的《关于印发〈地方铁路与国家铁路接轨管理办法〉的通知》要求，地方铁路在可研完成后向拟接入国家铁路所在路局集团提出接轨申请。

2. 存在问题

可行性研究阶段，初步设计单位曾推荐 5、6 道宁波端斜边接出 18 号道岔引出方案，可保留杭甬与 5、6 道连接。由于实施需封闭正线、安全风险大等原因，中国铁路经规院审查咨询后，改为“联络线改建 5、6 道宁波端直通引出”方案，5、6 道将与杭甬断开。后续初步设计、施工图设计均沿用此方案。

由于杭绍台铁路联络线从既有杭甬铁路绍兴北站 5、6 道直通引出，杭甬客专原 4 条到发线仅剩余 3、4 道，5、6 道不再具备接发杭甬列车功能，其停站办客能力减弱一半，直接影响绍兴北站旅客接发能力，但批复概算中

并未包含因接轨方案引起的相关运输损失补偿。

3. 主要影响

2019 年 5 月，绍兴北站站场改造施工方案通过铁路上海局集团审查。2019 年 9 月 12 日，铁路上海局集团向国铁集团调度部上报《关于杭深线绍兴北站改造施工期间停办旅客列车客运业务的函》，计划 2019 年 10 月 15 日开始 5、6 道停运改造，但由于接轨手续未批，停运改造施工计划也未批复，直至 2021 年 2 月才停运改造施工，工期滞后 16 个月，对后续线下工程、铺轨、四电工程等工期产生严重影响。

（二）协调过程

杭绍台铁路绍兴北接轨协调主要经历了三个阶段。

1. 接轨方案初审阶段

因接轨手续未批复，原计划 2019 年 10 月 15 日停运改造施工手续无法办理。同年 11 月，杭绍台铁路公司与铁路上海局集团公司对接启动补办接轨工作，12 月 9 日向铁路上海局集团提出申请，期间根据要求委托同济大学、中铁上海设计院编制了相关报告，并通过铁路上海局集团公司科信部、计统部初审。2020 年 4 月 8 日，铁路上海局集团公司形成《关于新建杭绍台铁路与杭甬、甬台温铁路接轨的请示》（上铁计统〔2020〕93 号）上报国铁集团，提出“在保留杭甬铁路绍兴北站到发线 5 道、6 道渡线，不影响杭甬铁路本线 5 道、6 道接发列车的前提下”，原则同意接轨方案的初审意见。

2. 方案反复论证阶段

基于铁路上海局集团公司接轨初审意见，5 道、6 道是否保留渡线成为争议焦点。2020 年 4—8 月，国铁集团工管中心、发改部、建设部等多个部门开展专题调研，组织对中铁五院提交的“5 道及 6 道与杭甬正线间渡线采用 12 号道岔连接”深化研究方案反复论证、评审，由于该方案需突破现行《高速铁路设计规范》（TB10621—2014），存在补桩基础施工安全风险，需绍兴北停办客运 7 个月等问题，方案迟迟未能最终确定。2020 年 9 月，在杭绍台铁路社会投资人的多方努力下，国铁集团明确表示要支持首条民营控股高铁建设，同意维持可研、初步设计接轨方案，对因接轨引起的损失给予适当补偿。

3. 补偿谈判阶段

按照国铁集团主要领导指示精神，铁路上海局集团公司客运部对杭绍台铁路绍兴北接轨引起客运收入损失进行了测算，2020 年 10 月 14 日对杭绍台铁路项目开通前和运营后的每年损失金额做出测算说明。

项目公司、实施机构就接轨引起客运损失补偿问题与铁路上海局集团公司业务部门进行多次对接、商谈，提出了提高 3、4 道办客能力、增加绍兴东列车停站办客数量等降低损失措施。2020 年 11 月，由实施机构配合省级主管部门作为谈判主体，和铁路上海局集团公司就损失补偿承担比例进行商谈，具体商谈结果报省政府决策，杭绍台公司做好与铁路上海局集团公司相关业务部门的对接工作。

2021 年 1 月绍兴北接轨引起杭甬 5、6 道运输损失补偿协议正式签订。根据《杭绍台铁路 PPP 项目合同》，施工期杭绍台铁路接轨绍兴北引起的损失补偿费增加计入项目建设总投资，按项目总投资调整机制处理；运营期损失补偿费计入项目公司运营成本，按有关可行性缺口补助同标准处理。2021 年 2 月 20 日，绍兴北 5、6 道分别开始实施站改施工。2021 年 4 月 12 日，国铁集团以《国铁集团办公厅关于杭绍台铁路与杭深铁路接轨意见的复函》（铁办发改函〔2021〕64 号）批复接轨手续。

（三）经验与结论

新建铁路项目接轨工程既关系到既有线路运营，更关系到新建项目未来的运营收益。在现有客流量分析基础上，新建线路客观上可能造成客流分流，给既有线路造成损失，因此，需要在项目前期做好充分论证，并在项目运营后采用多元化手段，扩大项目运营收益。

（1）**充分做好接轨论证。**2021 年 7 月，国铁集团印发《地方审批铁路与国家铁路网接轨管理办法》（铁发改〔2021〕107 号），规范了地方审批铁路与国家铁路网的接轨管理，明确了国铁集团、地方铁路局集团公司的工作职责、具体工作流程以及其他相关要求，使地方审批铁路与国家铁路网办理接轨有据可循。办法明确“地方审批铁路需在项目可研审批（核准）前取得国铁集团接轨意见复函，才可办理接轨”。此后新建铁路项目严格按此规定执行，即可避免此类协调难点。[1]

（2）**充分考虑外部影响**。新建线路接入既有运营线路，会对存量客运格局产生较大影响，应在项目前期即开展充分论证、比选，充分估计接轨方案对既有国家铁路运输损失的影响，尽量保留既有铁路接发列车功能，减少客运损失补偿。

[1] 杭绍台铁路 PPP 项目在《地方审批铁路与国家铁路网接轨管理办法》出台之前，已完成初步设计批复，无法适用此文件，因此出现协调难点。

第五节　铁路项目压覆矿补偿管理协调

一、铁路项目压覆矿补偿工作要求

压覆矿补偿的本质是对合法矿业权人损失的补偿，是企业拆迁补偿的一种。

《国有土地上房屋征收与补偿条例》（国务院令第 590 号）规定，被征收房屋的价值由具有相应资质的房地产价格评估机构按照房屋征收评估办法评估确定，在实施补偿时应按照铁路工程保护区对矿业权人权益的影响程度确定补偿范围，依照相关法规和行业规范规则，运用评估的方法并以评估成果为依据，由政府征收部门和被征收人商定补偿。[1]国土资源部《关于进一步做好建设项目压覆重要矿产资源审批管理工作的通知》（国土资发〔2010〕137 号）规定，建设项目压覆已设置矿业权矿产资源的补偿范围，原则上包括：矿业权人被压覆资源储量在当前市场条件下所应缴价款（无偿取得的除外）；所压覆矿产资源分担的勘查投资、已建的开采设施投入和搬迁相应设施等直接损失。核定内容时，一般考虑以下因素：铁路用地界内的土地补偿，采矿设施设备及构筑物补偿，采矿权价款补偿，应分担的勘查和开采投入，国家和省级地方政府政策规定应给予的停产停业损失等其他补偿。目前，压覆矿产范围执行《铁路安全管理条例》（国务院令第 639 号）的相关规定。

按照国家现行法律法规和行业规范标准划定工程保护区域，并以其为基础确定压覆矿补偿范围和补偿内容，是做好压覆矿资产资源补偿工作的有效方法。

[1] 易兵．铁路建设项目压覆矿产资源补偿范围和一般方法 [J]. 铁道经济研究，2019（9）：31-33.

二、铁路 PPP 项目压覆矿补偿难点及推进办法

下面以杭绍台铁路压覆矿补偿协调工作为例加以说明。

（一）项目概况

1. 基本情况

项目设计单位根据《国土资源部关于进一步做好建设项目压覆重要矿产资源审批管理工作的通知》（国土资发〔2010〕137 号）开展了本项目压覆矿产资源评估工作，在地方铁办（前期铁路建设代表）的大力支持下，与沿线各矿权人签订了压覆矿权意向性协议书，并于 2016 年 12 月 13 日取得浙江省国土资源厅关于本项目压覆矿权的审查意见和批复文件（浙土资厅函〔2016〕824 号）。全线涉及绍兴、台州有关矿产资源共 6 处，分布在多个县（市、区）的乡镇、街道辖区内。

2. 存在问题

相关县（市、区）提出由于在相关费用分劈中缺项，该项工作不属于地方政府征迁包干范围，导致压覆矿补偿工作难以推进。

（二）协调过程

2019 年 4 月 4 日，经省发展改革委协调，杭绍台铁路公司会同矿产所在辖区的铁路指挥部、交通投资公司以及资产评估公司，对 6 处矿产的采矿权、探矿权进行了评估并出具初评报告，并于 2019 年 12 月 26 日和 2020 年 1 月 17 日召开专家论证会进行审核并出具最终评估报告。但由于资金出处问题仍未予以明确，仍有两个辖区铁路主管部门迟迟未能与矿业权人签订协议。

2020 年 8 月 11 日，省级主管部门再次召开协调会，会议明确杭绍台铁路压覆矿补偿工作严格按照国家、浙江省压覆矿补偿有关规定、程序组织实施，根据《杭绍台铁路 PPP 项目合同》、《省发展改革委关于杭绍台铁路 PPP 项目投资合同政府方相关义务分解的函》（浙发改基综〔2017〕179 号），沿线相关地方政府承担主体责任，杭绍台铁路公司做好配合，省自然资源征收

中心给予指导。压覆矿补偿工作属于地方政府包干的工作任务范畴，压覆矿补偿资金从杭绍台铁路征地拆迁未分劈费用中列支。

由于压覆矿补偿工作的复杂性和时效性，杭绍台铁路公司会同沿线地方政府严谨组织压覆矿补偿评估工作，共同委托具备相应资质的第三方咨询审价机构对压覆矿评估结果进行审核，出具书面审核意见作为补偿依据。由地方政府负责政策处理工作，杭绍台公司进行配合，至目前，全线6个压覆矿补偿工作已全部完成。

（三）经验与结论

铁路项目施工建设应高度重视压覆矿补偿的工作时点以及具体补偿要求。

(1) **严格按照工作时间要求开展工作。**按照铁路项目建设管理程序要求，压覆矿补偿工作是铁路用地报批的前期条件，应在项目前期开展补偿工作。因工作时序倒装，到时工作推进难度大，给项目推进造成阻力。

(2) **严格按照设计规范编制概算金额。**压覆矿补偿费用按照不同形式的补偿标准，若前期约定不清，容易导致争议。因此，必须在项目初步设计阶段，结合项目所在区域实际情况，充分预计风险、严格按照规范标准要求编制概算，避免实际工作中因约定不明造成的纠纷。

(3) **严格落实属地管理责任。**地方国土部门作为矿产资源管理部门，应及时就压覆矿补偿工作提供相应指导意见，避免地方政府及项目业主在实施过程中因专业知识缺乏而导致工作出现偏差。

第六节　铁路项目临时用地及复垦管理协调

一、铁路项目临时用地管理及复垦基本要求

2021 年 11 月，自然资源部印发《关于规范临时用地管理的通知》，明确了临时用地选址要求和使用期限。

（一）选址和使用期限要求

《关于规范临时用地管理的通知》明确的选址要求包括：尽量不占或者少占耕地；使用后土地复垦难度较大的临时用地，要严格控制占用耕地；制梁场、拌合站等难以恢复原种植条件的不得以临时用地方式占用耕地和永久基本农田，可以建设用地方式或者临时占用未利用地方式使用土地；临时用地确需占用永久基本农田的，必须能够恢复原种植条件。

使用期限上，《关于规范临时用地管理的通知》明确：临时用地使用期限一般不超过两年。建设周期较长的能源、交通、水利等基础设施建设项目施工使用的临时用地，期限不超过四年。

（二）临时用地复垦要求

《关于进一步加强铁路建设项目临时用地复垦工作的通知》（铁建设〔2008〕104 号）对临时用地复垦费用进行了明确。

费用编制上，复垦费用编制以工程措施和工程数量为基础，按照铁路工程定额，以及《土地开发整理项目预算定额标准》（财建〔2005〕169 号）编制，如有国家或行业部门出台统一造价标准按期规定。

组织实施上，施工单位编制详细临时用地复垦施工组织并实施，建设单位加强复垦检查落实，监理单位负责实施监理。

二、铁路项目临时用地复垦难点及推进办法

浙江省内在建的多个铁路项目，均涉及临时用地及复垦的标准不一、资金分劈难、保证金交付形式差异等难点问题。在省级主管部门的统一协调推

进下，创新采用“四维一体”方式加以妥善解决。

（一）项目概况

1. 基本情况

铁路客运专线大临工程所需的占地面积与普通铁路相比大临工程的占地面积更大，主要是制梁场，拌合站，便道、钢筋加工场等，同时要考虑工程结束后尽量减少对土地生态环境的影响，确保大临用地在工程结束后得到合理的复垦。在临时用地复垦工作中，地方政府、施工单位因各自诉求不同，导致工作决策无法合拍，从而影响复垦工作的落实。特别是沿线地方政府出于担心工程结束后的复垦复绿工作，要求将对生态环境及土地的破坏降到最低，因此，往往要求施工单位缴纳高额保证金，强化办理借地的审批手续，尽量缩短借地年限。

2. 存在问题

目前国内铁路大临用地复垦的政策操作性不强，主要原因是铁路临时用地占地广、施工单位因缴纳临时用地复垦保证金而形成了较大的资金压力；施工单位在平衡资金和用地设施功能之间，很难做出最优抉择，施工单位面临大临用地手续审批困难，被要求缴纳保证金过高，复垦后保证金退还难，大临设施建设缓慢，施工不能及时进场，影响工程进度等工程建设问题。比如，杭绍台铁路途经的两个地级市，采用的临时用地复垦保证金缴纳标准和缴纳形式均不同。缴纳标准高，且要求现金缴纳的地市，给境内标段的施工单位带来较大压力，导致临时用地使用、弃土（渣）场变更手续无法办理，存在违法用地、弃渣的风险。施工单位提出的诉求是：希望降低复垦保证金额度并允许使用银行保函，避免占用大量建设资金。

（二）协调结果

针对这一矛盾，省级主管部门大胆探索，有力尝试，提出“四维一体”方案，为推动大临用地复垦及保证金工作实施开展了创新性的改革。具体是在“现金＋保函”的协调意见基础上，按照“四维一体”方案执行：一是现金额度，按照项目初步设计批复概算 2 ～ 3 倍视情况确定；二是保函额度，按照复垦方案扣除现金额度确定；三是兜底承诺，项目公司会同代建单位、施工中标单位完善内部约束机制，签订借地有关协议后出具书面承诺函，承诺督促施工单位按照规定标准落实用地复垦；四是信用监管，对落实复垦不到位的单位，纳入浙江省失信机制监管。项目建设单位要加强组织管理，督促施工单位履行责任；施工单位要强化诚信意识，切实履行主体责任。

（三）经验与结论

大临设施用地交付及时与否直接影响到项目能够按既定目标推进，各参与方应以大局为重，统一认识，各司其职，共同推进项目实施。

（1）**施工单位主动作为。**施工单位作为临时用地主体责任单位，要积极主动与沿线地方政府对接协商，优化确定大临设施用地选址方案，创造条件满足施工单位先进场，同步完善手续办理。

（2）**地方政府积极配合。**沿线地方政府和相关部门要积极支持，主动提供选址意见，优化选址方案，加快相关手续办理。在省征地与资源交易中心工作指导下，施工单位进场后 30 个工作日内完成用地手续办理。

（3）**建设单位加强沟通。**项目建设单位（项目公司）积极帮助沿线地方和施工单位沟通对接，督促施工单位倒排计划，督促工作落地。

从具体实施看，“四维一体”方案，有利于快速推进大临用地及复垦保证金等工作的具体实施，具有较好示范效应，值得推广。

第十章
铁路 PPP 项目投资与进度控制

第一节　铁路项目投资控制的要求

一、投资控制政策依据

2019 年 1 月，国家铁路局发布《铁路基本建设工程投资估算预估算编制办法》《铁路基本建设工程投资估算预估算费用》及《铁路工程概算定额（共 13 册）》。新标准是在 2017 年新版《铁路基本建设工程设计概（预）算编制办法》《铁路工程预算定额》等标准的基础上，对既有标准的全面修订，是构成铁路工程造价标准体系的主体标准，是编制和审查铁路工程估算、预估算的重要依据。新标准紧密结合铁路工程前期项目决策和投资控制要求，满足铁路工程项目估算预估算编制文件需要，更加简明适用，为科学合理确定投资规模、加强行业投资管理提供可靠保障。

二、铁路项目投资控制内容[1]

铁路建设的全生命周期包括立项决策、勘察设计、工程实施和竣工验收 4 个阶段，因各阶段实施主体不同、管控重点差异，各阶段的投资控制重点也各有侧重。总体而言，投资控制作为项目建设的一项刚性管理内容，对各方具有较强约束力。铁路建设项目各阶段投资控制的内容如表 30 所示。

[1] 崔继风 . 铁路建设项目投资控制研究 [D]. 北京：北京交通大学，2011.

表30　铁路建设项目各阶段投资控制内容

阶段	投资控制重点	投资控制依据
立项决策	投资估算与融资方案设计，初步测算偿债能力、经济效益和社会效益	项目建议书
	交通量预测、线路方案、技术标准、建设规模选择的基础上，完成财务评价、国民经济评价，做出项目投资估算，作为建设项目投资控制的最高限额	项目可行性研究报告
勘察设计	做好地质勘察和路线测量基础上，比选路线方案，得出初步设计概算	项目初步设计
	技术设计对重大技术问题深化设计，编制修正概算，修正投资控制额，该投资额不突破初步设计阶段概算	项目技术设计
	控制设计标准和主要技术参数，进一步优化设计方案，通过施工图预算审查，确定项目造价，该投资不突破技术设计确定的概算	施工图设计
招投标阶段	工程量清单编制，通过招投标竞争机制合理降低工程造价	项目招标文件
实施阶段	按设计要求，使实际支出控制在施工图预算之内，施工图预算控制在初步设计概算之内	项目施工合同
竣工阶段	工程结算审查，分析投资控制情况	项目竣工决算

资料来源：张铭.高速铁路建设全过程投资控制的分析研究[J].工程建设与设计，2020（5）.

第二节　杭绍台铁路项目投资控制情况

一、项目投资批复过程

《国家发展改革委关于新建杭州经绍兴至台州铁路核准的批复》（发改基础〔2016〕2516号），批复项目总投资448亿元，其中工程投资433亿元，动车组购置费16亿元。《浙江省发展改革委关于新建杭州经绍兴至台州铁路全线初步设计的批复》（浙发改设计〔2018〕34号）和《浙江省发展改革委关于新建杭州经绍兴至台州铁路绍兴北站等8座站房等变更设计的批复》（浙发改设计〔2019〕103号）共计批复概算455亿元。

根据PPP项目合同，纳入PPP合作范围投资概算为433亿元。按照社会资本竞争性磋商报价建安工程费用下浮8%后，PPP项目合同投资概算为413亿元。2017年11月13日，省政府领导与国铁集团领导就杭绍台铁路等铁路开工计划相关事宜进行了商谈，明确了杭绍台铁路采取EPC模式建设。经公开招标程序，确定EPC工程总承包单位，中标价与社会资本竞争性磋商报价相比略高。

2017年12月28日，项目公司与EPC工程总承包中标单位中国铁路设计集团公司签订《EPC工程总承包合同》，全线控制性工程“一桥一隧”如期开工建设。

二、投资执行情况

经对照项目核准批复（发改基础〔2016〕2516号）、项目初步设计批复内容，扣除不纳入PPP合作范围的部分（土地综合开发费5.5亿元，动车购置费16亿元），杭绍台铁路PPP项目总投资初步按照413.6亿元控制。各阶段费用对比如表31所示。

表31　杭绍台铁路PPP项目不同阶段费用对比表

章号	工程及费用名称	项目核准批复金额（万元）	初步设计批复金额（万元）	PPP 合作范围总投资(万元)
第一章	拆迁及征地费用	887 921	973 595	990 080
第二至第十章	路桥涵隧轨，信号电力站房等	2 578 257	2 730 044	2 511 640
第十一章	其他费用	208 632	221 318	221 318
第十二章	基本预备费	367 481	189 885	189 885
	静态投资	4 097 291	4 169 843	3 912 923
	概算总投资	4 489 397	4 552 537	4 135 618

按照投资计划，初步预计建设期内，杭绍台铁路项目实际完成总投资431.6亿元，预计实际投资比初步设计批复概算投资少23.6亿元，主要涉及建安工程费、综合土地开发费、机车车辆购置费，三项投资减少27.76亿元；拆迁及征地费用和建设期投资贷款利息，两项投资增加4.12亿元。经对比PPP项目合同，预计实际投资比初步设计批复概算投资增加18.1亿元，主要涉及建安工程费用和建设期贷款利息。

杭绍台铁路项目的建设资金来源主要是资本金和银行融资。其中，资本金占比约30%，总额为123.64亿元，由政府方和社会资本方按照股权比例出资。按照PPP项目交易条件，杭绍台铁路项目中省、市政府出资比例为34%，建设期内，浙江省、绍兴市、台州市政府方出资人合计出资42.04亿元，约为项目总投资的10%。铁路PPP项目的财政资金撬动作用明显，社会资本参与铁路投资对于地方财政当期出资压力的平滑作用十分显著。

第三节　铁路建设项目进度管理要求

工程项目进度管理，是指在项目实施过程中，对各阶段的进展程度和项目最终完成的期限所进行的管理，目的是保证项目在满足时间约束的条件下实现项目总目标。加强进度管理，按期完成项目建设任务，是工程项目管理的一项重要任务。[1]铁路项目工程进度管理，是指根据合同规定的工期要求，编制工程进度计划并作为管理的目标，对工程建设全过程经常进行检查、对比、分析，及时发现实施中的偏差，并采取有效措施，调整工程进度计划，排除干扰，保证工期目标实现的全部活动。

一、铁路工程总体施工顺序

铁路工程项目施工按照站前工程、站后工程顺序推进。其中，站前工程包括路基、桥涵、隧道、站场、轨道等，在土地征迁整理基础上，开展路基、桥梁、隧道施工，架梁工程完成后，经沉降评估后，进行无砟道床施工并铺设轨道。站后工程包括通信、信号、电力、电气化"四电"工程和房屋工程。其中，路基、桥梁、隧道等内部预留的四电接口同步施工。总体施工顺序如图 22 所示。

二、铁路工程施工组织设计

根据中国铁路总公司发布的《铁路工程施工组织设计规范》(Q/CR9004—2018)，施工组织计划的目标是实现质量、安全、工期、投资、环保和稳定"六位一体"，在决策阶段、设计阶段和实施阶段，需要按照深化细化工作的要求，分别编制概略施工组织方案意见、施工组织方案意见、施工组织设计意见、指导性施工组织设计和实施性施工组织设计。从工程进度控制角度出发，项目实施性施工组织设计的详细目标包括：

[1] 全国咨询工程师（投资）职业资格考试参考教材编写委员会 . 工程项目组织与管理 2021 年版 [M]. 北京：中国统计出版社，2021.

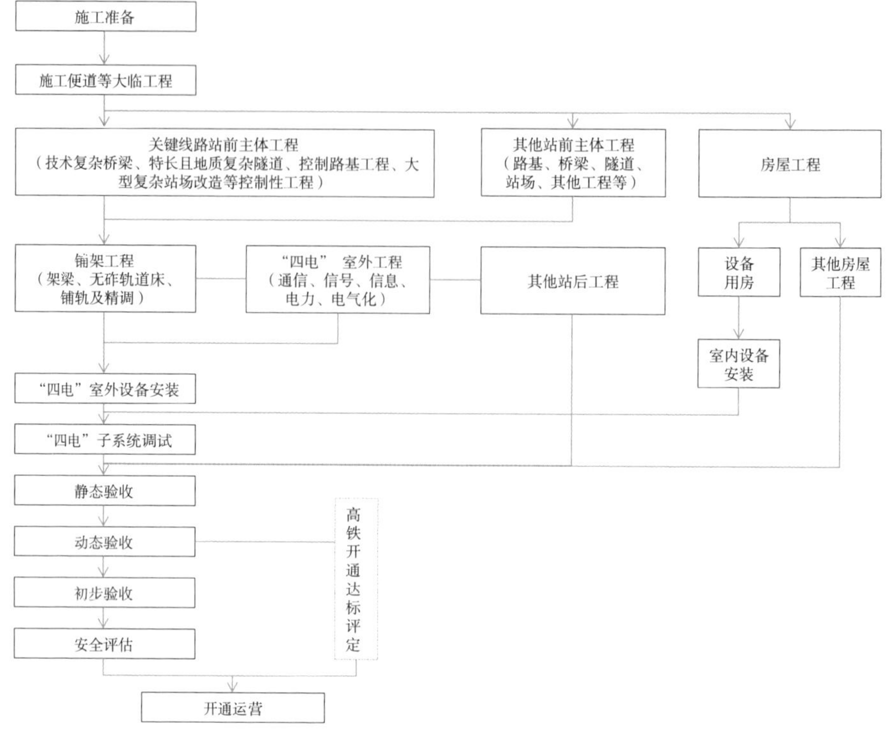

图22　铁路工程总体施工顺序图

资料来源：中国铁路总公司《铁路工程施工组织设计规范》（Q/CR9004—2018）。

（一）质量目标

满足建设项目各项工程质量目标要求；重点保证线下基础沉降评估、梁体收缩徐变、无砟轨道铺设、轨道精调与锁定、联调联试等各专业工程接口技术要求。

（二）安全目标

满足建设项目各项工程安全事故控制目标要求；满足营业铁路行车事故控制目标要求；对重大危险源编制专项施工方案及应急预案。

（三）工期目标

以批复的总工期为基础，以“铺架工程”和“联调联试及运行试验”为主线，确定标段工期目标；确定控制性工程和重难点工程工期目标、主要工程节点目标；做好各工程接口安排，确保工期目标可控。

（四）投资目标

以批复的总投资为控制目标，进行目标分解；优化施工方案，体现资金时间价值；做好资源优化配置；做好变更管理，确保投资控制目标实现。

（五）环保目标

提出环境污染控制目标和措施；提出土地资源节约利用控制目标和措施；提出节能、节材、节水控制目标和措施。

（六）稳定目标

提出文明施工目标和措施；提出社会环境和谐友好协调发展目标和措施；根据社会稳定评估对可能影响稳定因素提出应对预案和防范措施。

实施性施工组织（以下简称施组）设计的重点是铁路项目的重难点工程，包括技术复杂桥梁，特长、地质复杂隧道、大型复杂站房及枢纽改造、无砟轨道路基及软土路基以及邻近营业线特别是高铁线路工程的施工等。主要是考虑重难点工程大多关系到项目的总工期控制。在工程实施过程中，由于多种因素的重叠影响，在保证重难点工程推进的过程中，还需要密切关注由于第三方原因造成的，导致非重点工程成为影响项目工期的主要因素。实施机构要督促项目公司密切关注工程进展，协调处理重点卡控事项，比如征地拆迁难点、三电迁改难点等。

三、铁路工程进度管理措施[1]

（一）组织措施

合理的组织机构管理是进度目标能否顺利实现的关键性因素，为实现项目的进度目标，应充分重视项目管理的组织体系建设。建立进度控制管理体系，将工程管理、安全质量、物资设备、综合管理、财务管理等有关职能部门或者负责人纳入管理体系，各部门或负责人按职能范围对项目进度控制负责。建立进度控制管理制度，包含项目进度计划审核制度、项目进度报告制

［1］潘宝良 . D-Z 铁路 J 站改造项目进度控制研究 [D]. 大连：大连理工大学，2016.

度、项目进度计划检查分析制度、项目进度协调会议制度，以及图纸审查、设计变更和工程变更等管理制度，通过各项管理组织制度保障项目进度得以实现。

（二）管理措施

1. 合理编制项目计划

合理编制项目进度计划、实施进度计划、对施工进行跟踪监测、偏差分析、制定赶工措施或调整计划，以及实施计划，形成计划、实施、检查、调整的PDCA循环系统。根据施工完成情况，及时对进度计划进行修正和优化，采取有效措施调整工序，做到“以日保周，以周保旬，以旬保月”，动态管理各项工程，确保控制工期目标。

2. 高度重视制约性强的征地拆迁工作

加大与地方协同工作力度，形成推动全线征地拆迁工作的合力；力争实现补偿资金早落实、迁改难点早施工的局面，确保先期工程早用地、重点工程顺利开工、征地拆迁工作能够满足全线工程分期开工、分批用地的需要，为保证主体工程工期创造条件。

3. 依托信息化进行项目进度管理

在项目实施中，实行施工进度报告制度，通过信息化手段掌握项目进度情况，当出现偏差时，分析查找影响因素，并采取纠偏措施。

4. 实施关键节点管理

对业主的关键节点工期要求进行重点管理，确保按时保质完成。

5. 开展劳动竞赛活动

在项目实施过程中开展多种形式的劳动生产竞赛活动，并制定奖励办法，加强相互观摩评比，调动人员的积极性，将监督检查和思想动员工作有机结合起来。

（三）经济措施

编制与项目进度相适应的各种资源需求计划，保障项目资金需求及经济激励措施。根据总体施工计划安排，对各工区、工点的人、材、机等现场资源需求梳理。根据不同的时间节点、施工安排，明确不同时间节点的人、材、机等进场要求，合理配置，现场跟进检查，确保落实到位。

（四）技术措施

借助信息化施工技术、计算机辅助管理技术、网络计划技术等技术方法进行进度控制，对施工进度计划进行编排、调整，以关键工序为纲，点面结合，优化施工程序，合理确定并控制好关键线路。采用偏差分析方法，将项目动态监测结果与项目进度计划预期相比较，对产生的偏差及时进行调整、修正。

第四节 杭绍台铁路项目进度管理

杭绍台铁路项目进度管理由杭绍台铁路公司直接负责，建设期内，项目公司加强施组盯控目标，全力做好工程管理工作。实施机构切实履行服务职责，通过现场调研、合同事项审批、政府事项协调等方式，保障项目工期、投资、质量安全等进度目标的如期实现。

一、施组设计动态管理

（一）分阶段管理重点

2018 年 4 月，杭绍台铁路指导性施组设计通过原中铁总工管中心审查。按照施组设计要求，建立重难点桥梁、隧道工程日报表，时时盯控、及时发现进度异常，针对东茗、白罗山、林盘山、九龙山隧道施组进度滞后，开展专题推进、分析会，发函督促 EPC 管理机构加强施组管理。按照公司施组管理办法，督促 EPC 管理机构形成指导性施组执行情况、每季度形成执行情况分析，并于年底开展剩余工程指导性施组编制。

2019 年，项目进入全面建设的投资高峰期。项目公司结合用地征迁开展施组梳理，用施组需求指导征迁，提出影响重难点、控制性工程工期节点兑现的征迁计划，建立问题库周报，形成施组对征地拆迁、“三电”迁改的有效指导，突出重点、难点、卡控点管理。实施机构实地调研各卡控点推进难情况，配合省发展改革委、涉及的沿线地方政府加大协调力度，加快推进问题解决。及时研究扩大梁场规模、增加运架设备、倒运平台等工程措施，动态调整标段施组，确保工期。

2020 年，在做好疫情防控和复工复产推进的同时，项目公司认真落实国铁集团工管中心施组审查会议精神，会同 EPC 管理机构开展施组梳理，合理编制剩余工程施组和分解目标；做好剩余征迁收尾工作，组织召开专题协调周例会，做好现场盯控工作，推进并完成绍兴北站燃气管线二次迁改、站房工程一期实施等；积极调动监理单位积极性，责任到人，对关键工点进行日盯控，并监督施工单位按施组节点推进，及时反馈、解决问题，形成合力，取得较好效果。

（二）控制性工程施组管理

根据 2019 年 7 月《杭绍台铁路剩余工程总体实施性施组设计》修编文件，确定杭绍台铁路控制工程为“两桥一隧”，即椒江特大桥、东茗隧道、绍兴特大桥。

1. 椒江特大桥

(1) **工程概况。**椒江特大桥桥长 4 463.62 米（四线部分），中心里程 DK212+563。位于浙江省台州市，桥址处位于浙东低山丘陵和海相沉积平原地貌处，地势南、北两面临山，东西向为平原区。线路于 DK212+056 处跨越椒江，为Ⅳ级航道。主桥跨椒江采用（84+156+480+156+84）米四线钢桁斜拉桥，主墩桩基直径为 2.5 米，桩长 130 米，承台厚度 6 米，水中墩基础采用水上钻孔平台配 KTP3000 钻孔施工，承台采用双壁钢套箱围堰施工，主塔高度 188 米，爬模法施工，主跨边梁采用顶推法施工，主跨中梁架梁吊机大节段吊拼。该桥是全线重难点工程之一，全线的控制性工程之一。

(2) **工期安排。**椒江特大桥工期总计 34 个月，关键线路合计 32 个月，具体安排如表 32 所示。

表32　杭绍台铁路椒江特大桥工期安排表

工程名称	工程数量及施工方案说明	工期（天）	结束时间
开工时间			2018/2/25
大临工程	栈桥、钻孔桩平台、护筒插打	75	2018/5/10
钻孔桩	49#、50# 主墩：桩径 2.5 米，桩长大于 130 米，桩尖入强风化的凝灰岩，入岩深度约 0.5 米，42 根钻孔桩，每个墩安排 7 台 KYT3000 型旋转钻机进行气举反循环钻孔，每根桩工期 15 天，总工期 3 个月（钻孔桩梅花形布置，中心距 6.3 米）	91	2018/8/9
台风影响	按照 3 次 / 年，10 天 / 次	31	2018/9/9
围堰施工	二十年一遇水位 5.26 米，对应水深约 10.5 米，围堰顶高程 6 米，主墩围堰高度 26 米	115	2019/1/2

续 表

工程名称	工程数量及施工方案说明	工期（天）	结束时间
承台及塔座	圆端型承台 48.96×32.22×6.00 米，塔座高 5 米	60	2019/3/3
下塔柱及下横梁	下塔柱高 39.4 米，按节段 6 米施工，共 7 个节段，从 2# 节段开始，采用爬模施工（钢筋及型钢骨架 3 天，混凝土浇筑 1 天，带模养护 6 天，脱模升模 3 天，共 13 天 / 节段），下横梁施工 40 天	166	2019/8/16
台风影响	按照 3 次 / 年，10 天 / 次	31	2019/9/16
中塔柱	中塔柱高 74 米，按节段 6 米施工，共 14 个节段，11 天 / 节段	129	2020/1/23
上塔柱	上塔柱高 59 米，按节段 6 米施工，共 11 个节段，14 天 / 节段	71	2020/4/3
施工上塔柱 29 米	中跨侧钢梁悬臂架设 1 个双节间，塔梁同步衔接	87	2020/6/29
斜拉桥钢桁梁架设			
钢梁边跨顶推+中跨悬拼（双节间整吊）	49#、50# 墩旁托架搭设，滑到及顶推系统安装，导梁与 1.5 米节间钢梁散拼，1 100 吨吊机拼装试吊	294	2020/6/5
	中跨侧钢梁悬臂架设 1 个双节间	4	2020/6/9
	对称挂设第一、二层斜拉索	10	2020/6/19
	中跨侧悬臂架设 7 个双节间钢梁至合龙	77	2020/9/4
台风影响	按照 3 次 / 年，10 天 / 次	30	2020/10/4
	钢梁合龙	20	2020/10/24
	全桥索力、线形调整，桥面附属结构	61	2020/12/24
关键线路合计（月）		32	

（3）**施组管理**。根据《杭绍台铁路 2020 年上半年施组执行情况和剩余工程总体实施性施组》，至 2020 年 6 月，椒江特大桥主桥、38# ～ 40# 墩（72 米 + 72 米）T 构、41# ～ 47# 墩（72 米 + 4×124 米 + 72 米）连续梁及 110# ～ 116# 墩（6×32.7 米）道岔连续梁的施工进度较施组基本不滞后；55# ～ 58# 墩（48 米 + 80 米 + 48 米）连续梁按照剩余工程施组计划应完成 1# 块浇筑，进度滞后 10 天；82# ～ 85# 墩（60 米 + 100 米 + 60 米）连续梁按

照 2020 年 4 月剩余工程施组计划应完成 5# 块浇筑，进度滞后 30 天；这两处连续梁在挂篮安装过程中，发现部分挂篮杆件材质不符合设计图纸要求，为确保施工安全，将已安装的挂篮杆件拆除并重新安装，造成工期延误。

2020 年下半年，现场采取 24 小时作业、增加人员机械设备等赶工措施，现场施工工效可达 9 天 / 节，后续按此工效，55# ～ 58# 墩（48 米 + 80 米 + 48 米）连续梁总进度不滞后，82# ～ 85# 墩（60 米 + 100 米 + 60 米）连续梁进度滞后约 12 天。

椒江特大桥施工现场图如图 23、图 24。

图23　杭绍台铁路椒江特大桥施工现场图

图24　杭绍台铁路椒江特大桥合龙现场图

2. 东茗隧道

(1)**工程概况。**东茗隧道位于浙江省新昌县东茗乡境内，隧道进出口及洞身上部均有乡间道路通过，交通条件一般。隧道起讫里程 DK95 + 920 ～ DK114 + 146.15，全长 18 226.15 米，最大埋深约 262 米，是全线第一长隧，穿越多处断层破碎带，工期风险高，为全线控制工程，设 3 个斜井、8 个工作面施工。

(2)**工期安排。**东茗隧道总工期 28 个月，具体工期安排如表 33 所示。

表33 杭绍台铁路东茗隧道工期安排表

工区	斜井长度（米）	工作面	承担任务	工期（月）
进口		进口	DK95+920 ～ DK98+142 段，长 2 222 米	28
1# 斜井	315	杭州方向	DK98+142 ～ DK100+400 段，长 2 258 米	28
		台州方向	DK100+400 ～ DK103+055 段，长 2 655 米	25.6
2# 斜井	555	杭州方向	DK103+055 ～ DK105+900 段，长 2 845 米	25.6
		台州方向	DK105+900 ～ DK108+400 段，长 2 500 米	23
3# 斜井	1 045	台州方向	DK108+400 ～ DK110+856 段，长 2 456 米	24.2
出口		出口	DK110+856 ～ DK114+146.15 段，长 3 290.15 米	24.2

(3)**施组管理。**东茗隧道按进口、出口、1# 斜井、2# 斜井、3# 斜井 5 个工区 8 个工作面组织施工，各施工单元间平行作业。无砟道床施工按 6 个作业面组织施工，施工时间：2020.10.1—2020.11.30；铺轨时间：2020.12.21—2020.12.25。

关键线路 1# 斜井至 2# 斜井段，2020 年 4 月施组计划于 2020 年 7 月 31 日贯通。截至 6 月 20 日，完成开挖 17 751 米、二衬 15 542 米，剩余开挖 475 米、二衬 2 684 米。其中关键线路 1# 斜井至 2# 斜井承担施工任务 5 520 米，已完成开挖 5 085 米，剩余 435 米，贯通日期较 2020 年 4 月施组不滞后。

东茗隧道施工现场图如图 25、图 26。

图25　杭绍台铁路东茗隧道施工现场图

图26　杭绍台铁路东茗隧道贯通现场图

3. 绍兴特大桥

（1）**工程概况。**绍兴特大桥全桥长 23 901 米。该桥结构类型多，多处跨越地方道路、河流，施工条件复杂，是全线最长桥梁，也是全线重难点工程之一。该桥梁临近绍兴城区，最大跨 72+128+72 米连续梁，全桥共有 41 联连续梁，566 孔双线简支梁，架梁工期控制，剩余征拆量大、施工难度大。

（2）**工期安排。**绍兴特大桥总工期11个月，具体工期安排如表34所示。

表34　杭绍台铁路绍兴特大桥工期安排表

工程名称	承担任务	工期（天）	结束时间
准备时间	各种要素准备到位，主墩具备开工条件	30	2018/6/30
先架段下部结构完成时间	主墩桩基、承台、墩身等施工完成，具备连续梁施工条件，连续梁施工要素准备到位，其他非控制工程根据实际同步组织施工，不影响后面工作	109	2019/10/17
先架段上部结构完成时间	连续梁施工全部完成	195	2019/4/30
桥面清理	挂篮等拆除具备运梁车通过条件	30	2019/5/31
架梁计划通过时间			2019/6/1（总体规划要求最晚时间）

（3）**施组管理。**绍兴特大桥于2018年11月13日开始施工，计划2020年8月17日完工。按照批复的实施性施工组织设计，该桥最先合龙孔跨为DK15＋598.72-DK15＋776.42段（48米＋80米＋48米）连续梁，原施组计划合龙日期为2019年8月20日，以满足架桥机通往杭州方向架梁的需求。但受征地拆迁及“三电”迁改影响，截至2019年6月，该桥进度已经滞后原施组8个月，其他连续梁进度均存在不同程度的滞后。

考虑到绍兴特大桥属于项目关键线路，为确保工期控制，根据6月份施组梳理情况，确定该桥272#～275#墩（32米＋48米＋32米）、276#～279#墩（48米＋80米＋48米）连续梁由悬臂浇筑法改为支架现浇法施工。至2020年4月，该桥施工进度已满足施组要求。

绍兴特大桥施工现场图如图27、图28。

图27 杭绍台铁路绍兴特大桥施工现场图

图28 杭绍台铁路绍兴特大桥建成图

二、项目变更设计管理

（一）实施机构管理

杭绍台铁路项目是第一个在EPC模式下建设的高铁工程，工程设计变更的调整没有现成办法可供借鉴。为了规范杭绍台铁路项目I类变更设计等管理要求，实施机构与省发展改革委、杭绍台铁路公司多次沟通对接，并对照《杭绍台铁路PPP项目合同》、《铁路建设项目变更设计管理办法》（铁建设〔2012〕253号）等相关规定，研究制定《铁路PPP项目实施机构变更设计管理办法（试行）》，初步明确先由实施机构对Ⅰ类变更设计的必要性、合理性和变更流程的合规性进行核实，并取得中国铁路集团公司经规院咨询意见后，再由省发展改革委（初步设计审查单位）对变更设计文件进行批准。同时在管理过程中，不断完善变更设计申请备案初审、变更设计方案会审、变更设计文件受理、变更设计文件审查、报送变更设计文件审查意见等管理机制。

（二）项目公司管理

鉴于项目公司与EPC管理机构对总承包合同关于变更调整合同总价条款的理解存在较大分歧，具体在变更设计对照基准、费用处理等方面意见无法统一。在此情况下，实施机构会同项目公司，积极探索EPC模式下的变更设计管理，根据《铁路PPP项目实施机构变更设计管理办法（试行）》，参与项目公司组织的变更设计四方会审会议，基于梳理出的杭绍台铁路Ⅰ类和Ⅱ类a的变更设计管理台账，工程部采取每周一报的形式积极跟进项目公司，实时更新台账信息。同时借助全过程跟踪审计单位技术力量，对变更设计的必要性、合理性和造价等进行审核。另一方面，项目公司根据工程建设实际情况，积极协调EPC单位，确保变更满足现场正常推进。

建设期内，项目公司全年收到EPC上报的林盘山、顾山增设斜井和全线隧道素混凝土段增设钢筋网片等Ⅰ类变更5项，收到椒江特大桥42#～46#墩贝壳层注浆固结等Ⅱa类的变更设计22项，均组织完成会审工作并将按照审查意见完成批复。同时跟踪全线隧道工程围岩变更工作，组织围岩变更现场确认54次，并形成变更纪要。

三、影响工程推进因素管理

实施机构配合项目公司认真分析影响工程推进的因素，并对关键影响因素进行协调管理。

（一）积极协调，全力解决资金问题

1. 跟踪协调银行融资授信批复

2018 年 9 月，在浙江省重点项目“银项”对接会上，项目公司与银团签订了《银项合作意向书》。但受诸多因素影响，项目贷款一直未能到位，对工程推进产生影响。得知情况后，实施机构抓紧时间向省发展改革委报告情况，经省发展改革委与国开行总行和国开行省分行沟通协调，为项目融资审批开通绿色通道，缩短流程时间，提早完成银团组建工作。同时，与浙商银行总行协调，给予项目公司短期资金支持，以解燃眉之急。在省领导和省发展改革委多方协调基础上，实施机构每日追踪杭绍台铁路银团融资审批情况。2018 年 12 月 21 日，国家开发银行 120 亿元融资额度顺利获批，2019 年 4 月 26 日，杭绍台铁路公司与国开行、工行、农行、建行、进出口银行、邮储银行等 6 家项目银团成员行共同签署贷款合同，贷款规模达 281 亿元。

项目融资情况如表 35 所示。

表35　杭绍台铁路项目融资情况表

序号	融资银行	审批额度（万元）
1	国家开发银行浙江省分行	900 000
2	中国工商银行股份有限公司台州分行	730 000
3	中国农业银行股份有限公司台州经济开发区支行	640 000
4	中国建设银行股份有限公司台州分行椒江支行	200 000
5	中国邮政储蓄银行股份有限公司台州分行	170 000
6	中国进出口银行浙江省分行	170 000
合计		2 810 000

2. 积极督促资本金到位

资本金方面，实施机构建立和完善股东出资协调机制，在资本金缴纳时点，采用每日一报的形式及时跟踪反馈资本金到位情况，并向欠缴项目资本金的各方股东发出《资本金催缴函》，特别是要求省、市政府方出资股东抓

紧足额出资。2019 年，受外部宏观环境影响，部分民营联合体成员企业出现经营困难，难以按时缴纳资本金。在省发展改革委指导下，实施机构密切跟踪联合体成员动向，督促联合体牵头人承担相关出资责任。对于拟引入的民营联合体合伙人，实施机构在与省发展改革委、项目公司和民营联合体牵头人充分沟通的前提下，深入开展其尽职调查工作，报省政府同意后，引入新的联合体合伙人，承接合伙企业内部股份，及时并妥善地解决了项目资金问题。

（二）科学抗疫，积极服务企业复工复产

2019 年底，由于突发新冠肺炎疫情，原计划安排的春节连续施工及节后复工均受到了严重影响，为加快推进复工复产，根据中央统一部署以及浙江省政策要求，按照省委省政府“两手都要硬、两战都要赢”决策部署，在省发展改革委、省铁路建设推进攻坚专班、实施机构指导协调帮助下，春节期间未停工的杭绍台铁路在省新冠肺炎疫情防控领导小组生活生产组（省发展改革委）的调度下，列入浙江省 39 个第一批复工项目计划名单。随后，台州市组建复工复产工作专班，快速响应项目复工所需，2 月 17 日，杭绍台铁路项目全线正式复工。截至 3 月 3 日，杭绍台铁路人员返岗数达 11915 人，复工强度（持绿码返岗人数 / 计划满员人数）达 100.5%。

第十一章
铁路 PPP 项目质量安全管理

第一节 铁路项目质量安全管理概述

一、铁路建设项目质量安全管理特征及要求

（一）主要特征

铁路建设项目管理中安全管理与质量控制，两者是相辅相成、相互统一的。“安全第一”与“质量第一”并不矛盾，安全是为质量服务的，也是质量建设的基础之一。只有正确处理好质量与安全这两者之间的关系才能确保铁路项目生产稳步向前。铁路项目质量安全管理特征主要有：

（1）**项目规模大、周期长、技术复杂，质量安全管理难度大。**铁路项目建设投资规模越来越大，一条铁路动辄几百亿元、甚至上千亿元投资，一个标段少则几亿元，多则几十亿元的投资额。在这么庞大的工程中，各项工艺技术、配套设备设施等都与施工安全质量息息相关。同时，铁路建设期往往需 4 ～ 5 年，相对的较长建设周期，也增加了安全管理难度。

（2）**项目对全行业管理和作业人员的专业知识、技能水平要求较高。**铁路建设项目涉及面广，涉及工艺、专业众多，从业人员需要有很高的专业技术水平才能控制好项目的安全质量。

（3）**管理主体众多。**从管理体制上看，从上至下依次包括国家铁路局、地方铁路监督管理局、质量安全监督管理总站等；具体到项目参与主体上，

包括建设、勘察、设计、施工、监理五方责任主体。

（二）管理要求

针对铁路建设项目的质量安全管理，国家铁路局曾印发《铁路建设工程质量安全监管暂行办法》（国铁工程监〔2016〕9号），加强和规范铁路建设工程质量安全监督管理。

依据国铁工程监〔2016〕9号文件，国家铁路局负责铁路建设工程质量安全行业监督管理，指导、协调地区铁路监督管理局铁路建设工程质量安全监督管理，对地方政府有关部门铁路建设工程质量安全监管工作予以行业指导。地区铁路监督管理局负责辖区内铁路建设工程质量安全行业监督管理和国务院投资主管部门审批（核准）铁路建设项目的工程质量安全监督。

项目参与主体层面，建设单位应当选择具备相应资质等级的勘察、设计、施工、监理单位进行工程建设，并对建设工程的质量安全进行监督检查，制作检查记录留存备查。铁路建设工程的勘察、设计、施工、监理应当遵守法律、行政法规关于建设工程质量和安全管理的规定，执行国家标准、行业标准和技术规范。铁路建设工程的勘察、设计、施工单位依法对勘察、设计、施工的质量负责，监理单位依法对施工质量承担监理责任。

二、铁路质量安全管理的要点

（一）建立完善的安全管理体系与制度

安全管理制度定义了在安全理念的要求下需要遵守的一系列办事规程和行动准则，是将安全文化从理念向实践转化的保证。建立完善的安全管理体系与制度，包含三个方面的具体内容：第一，要全面落实安全生产责任制，建立严密科学的安全生产责任体系。安全生产责任制是保障安全生产最基本、最重要的管理制度。只有明确各单位、各部门、各岗位的安全生产职责，各尽其责，才能形成严密科学的安全生产责任体系。第二，要建立完善的安全生产监管体系，加强监管队伍的建设。安全生产管理离不开管理组织、管理手段、管理方法。政策、措施的落实，关键在于组织和人员，落实效果的评价，核心在于监管。因此要加强监管队伍的建设，主要通过培训教育，提高各级人员的安全生产意识，法律法规知识以及专业技术水平。第三，要建立完善的安全生产规章制度，促进安全生产管理的规范化。铁路项目中涉及安全的各单位、部门、岗位及各环节关系错综复杂，相互关联，相互制约，只有通过建立相应的规章制度，并采取管理措施，才能确保铁路项目建设的安全。

（二）加强从业人员安全培训与教育

铁路建设人员应该具备较强的自我保护意识，同时应该加强安全教育。尤其是对于新上岗或者经验比较欠缺的人员，必须要加强岗前培训管理，对于关键人员要加强安全管理。对于特殊工种，需要获取从业资格证、经过专门培训方可上岗操作。对于所有从业人员，要建立安全培训与教育的常态化机制，使得全体人员包括从管理者到实操人员，都时刻铭记安全生产红线。

（三）建立完善的质量管理体系与制度

为了全面提升铁路建设工程的质量，需要制定出严格的质量管理体系，明确规定各方的责任，加强各个环节的管理与控制，各个部门与工程都要实施到位。建设过程中还应该加强队伍建设与管理，及时消除所存在的共性问题，确保工程质量达到要求。另外还要结合质量管理目标来进行组织设计，制定出切实可行的应对措施。建立完善的质量管理体系与制度，包含两方面的具体内容：第一，要落实好质量管理责任制，明确各单位、各部门的领导是质量问题第一责任人，层层建立严格的质量责任制，确保主要领导抓质量的思想到位、工作到位、责任到位。第二，要建立起项目质量管理的奖惩制度。对于促进项目高质量建设的措施、方案要及时给予奖励，对于出现的质量事故要坚决给予处罚。

（四）实施全面质量管理

要做到全方位的质量管理，主要指的是在实际工作中要将质量管理工作深入到各个环节中，保证各个部门与专业的协调进行，合理的利用各项资源，实现资源共享，以全面提升工程的效率。铁路建设周期长，过程中的每一个阶段，每一个环节，每一道工序都要严把质量关，才能确保最终整个项目的高品质。要做到全体人员参与的管理，让全体人员实际参与进来，强化全体职工的质量意识，并健全激励机制，调动起全员的积极性，做到奖罚分明。

第二节　杭绍台铁路质量安全管理

一、建立完善的安全质量管理体系与制度

杭绍台铁路公司成立后，根据EPC工程总承包模式和国铁集团现行规定，借鉴先前的高铁建设经验，编制完成《杭绍台铁路建设项目工程质量管理办法》《杭绍台铁路建设项目安全生产管理办法》《杭绍台铁路监理管理办法》等36个管理办法及制度，并及时下发参建单位。全面明确了项目公司、工程总承包、工程监理、第三方检测、初步设计、咨询等单位的安全质量责任及相关工作要求，使参建各方明晰安全质量责任，为做好安全质量工作提供了制度保障。项目公司安质部作为项目质量安全管理的第一责任部门，实行年度总结与计划工作机制，每年年末对本年度工作进行全面总结，并在此基础上制定下一年工作计划与目标。

二、确立明确的安全质量目标

（一）安全目标

杜绝安全生产一般及以上等级责任事故；杜绝铁路交通一般C类及以上等级责任事故；遏制铁路交通一般D类责任事故；实现公司安全年。

（二）质量目标

工程质量符合国家和铁路行业有关标准、规范及设计文件要求；检验批、分项、分部工程验收合格率100%，单位工程一次验收合格率100%，工程质量合格。

三、杭绍台铁路安全质量保障措施

杭绍台铁路公司安质部每年制订工作计划时，均会根据本年度工程内容特点确定详细的保安全、保质量措施。主要措施如下：

（一）加强质量安全基础建设

（1）**加强思想教育。**通过专题座谈会、质量安全现场会、问题分析会等各种方式，深入分析建设过程中存在的质量安全突出问题，引导参建单位认真贯彻“百年大计、安全第一、质量为本”的方针，坚持守住质量安全这条政治生命线和职业操守底线。

（2）**落实主体责任。**按照EPC工程总承包合同约定和标准化管理要求，督促EPC总承包单位建立完善的质量安全保障体系，优化人员、设备、技术、资金等资源配置，有效落实参建单位各方的质量安全责任，加强对参建单位质量安全自控系统的检查和考核。

（3）**依法合规建设。**探索EPC工程总承包模式的创新管理工作，并在推进过程中积极总结探索经验，依法合规组织建设。

（4）**落实管理制度，兑现奖惩措施。**管理制度不是仅“讲在嘴上、写在纸上、挂在墙上、立在地上”，更重要的是要狠抓落实，确保各项工作有据可依。

（5）**优化人员配备。**铁路建设的过程就是管理的过程，而管理的主体就是相关管理人员和技术人员，受体是作业人员。因此，抓好质量安全的基础，关键在于管理者，也就是参建单位的管理人员和技术人员。督促EPC总承包单位落实优化现场管理人员。

（6）**落实支撑手段。**督促EPC总承包单位认真落实“工厂化、机械化、专业化、信息化”要求，确保工程质量。

（二）推进“精品工程、示范工程”

要求杭绍台铁路各参建单位认真落实“精品工程、示范工程，EPC项目管理创新引领的新模式”目标要求，突出问题导向，加强工艺试验，严格工序管理，按“标准建设、试验先行、样板引路、首件验收”的要求，要求分包施工单位对照工作制度，落实项目管理团队、工装设备、技术支撑和专业化队伍等资源配置，实行样板引路。从标准、制度、流程、职责、培训、评价六个关键环节入手，推行示范先行，把握过程控制，严格工序验收，开展效果评价，确保结果优质。

（三）强化安全管理工作

（1）**加强安全风险管理和危险源辨识。**督促各参建单位高度重视风险管理，认真做好施工阶段风险评估，实行动态管理，按照“分级分层管理、整体协作运行”的思路，明确高风险工点，制订防范措施，实施重点控制。切实抓好隧道、桥梁、大型基坑开挖、跨公路或铁路营业线（邻近营业线）及其他高风险工程的风险评估、风险识别，认真编制和落实专项施工方案以及专项危险源控制措施，并按风险等级建立责任制，实行隐患挂牌督办、风险工点领导包保管理和施工单位领导带班制度。

（2）**抓好安全关键控制。**隧道施工安全方面，要严格执行《隧道施工安全九条规定》，切实做到“铁规定、钢执行、全覆盖、真落实、见实效”，切实做好各项安全防范措施的落实。桥梁施工安全方面，要严格桥梁施工安全方案的编制、审查、复核、论证和审批，严格把控移动吊篮、大型脚手架和跨线桥施工防护架专项设计、检算、复核等关键环节，确保达到钢度和强度要求；严格执行施工方案和作业标准，做好高墩、高空作业人员及临边防护；严格控制墩身、梁体混凝土浇筑速度，防止爆模、坍塌事故发生。铁路营业线施工安全方面，要高度重视铁路营业线（邻近营业线）施工安全，严格遵守《铁路营业线施工安全管理办法》等相关规定，有针对性地制订营业线施工的安全防护及卡控措施，认真落实各级安全包保责任制，强化施工作业和管理人员的岗前安全培训；严格落实铁路营业线（邻近营业线）施工计划，按批准的施工方案组织实施，禁止无施工计划、超范围施工和擅自上道作业。

（3）**做好季节性安全工作。**各参建单位要针对沿海和山区特点，及时做好防范台风暴雨的各项准备工作，落实好夏季防暑、冬季防寒和各项施工质量保证措施。

（四）加强质量管理工作

（1）**加强原材料质量把关。**建立和完善原材料管理制度，落实管理责任，加大对不合格的原材料的处理力度，对不合格材料坚决清除出场。

（2）**做好过程控制。**督促EPC总承包单位及分包施工单位深入现场，严格作业过程的把控，采取有效措施，确保现场作业人员按照规定要求施作。

（3）**抓好首件工程评估。**各施工单位要选择具有代表性的专业工程进行试验，明确工艺流程、作业标准及管理要求，在首件工程评估合格后，要固化标准，分层级推广应用，做到同类工程执行同一标准，充分发挥试验先行、样板引路的作用。

（4）**做好技术和基础保证。**EPC总承包单位要高度重视技术管理工作，狠抓技术措施的落实，以技术的科学性、工艺的先进性、工装的可靠性来保证工程质量。

（五）严格执行日常检查和红线管理制度

要求参建各方积极接受国家、行业、国铁集团、浙江省和铁路上海局集团公司依法、依规进行的安全质量监督检查。同时，公司采取大检查、专项检查、夜查、抽查等多种方式开展安全检查。监理单位要做好日常巡查、平行检查，施工单位要做好自查。要加强红线管理，EPC总承包单位要严格遵守国铁集团“十严禁”规定。对于碰触红线的，必须严肃追责，确保工程质量达标、施工安全可控。

（六）加强作业人员培训

督促EPC总承包单位切实做好人员培训工作，采取自培、送培和观摩学习的方式，加大对各级、各类人员的培训力度，加大对营业线施工人员的安全培训力度，进一步提高各类人员的管理能力和安全质量意识。

（七）加大问题的整改力度

要求各参建单位要以“零容忍”的态度，坚持问题导向，重视各级检查、检测和验收发现的问题，要按公司要求及时对问题进行梳理汇总，建立问题库，并按定人、定期、定责要求，制定整改计划和整改措施，落实整改责任人、整改复查人。

（八）加强 EPC 管理，严格考核评价和责任追究

EPC 管理机构的质量安全管理行为必须接受项目公司的监控管理，质量安全管理机制的运转情况应报公司核备，如施工单位的信用评价考核、标准化达标创优考核、质量安全红线管理情况等。

（九）充分发挥监理作用

要求监理单位要按有关规定和监理合同约定，设置现场监理机构，代表其履行监理合同，同时要求其组织机构健全、人员职责明确、岗位设置合理。

（十）发挥第三方作用，确保工程质量

加强第三方检测单位的管理，建立健全质量保证体系，根据检测相关规范和投标承诺，及时配足检测工作所需要的技术负责人、技术员及检测设备；要提高检测人员素质，确保工程质量检测工作的科学性、准确性和公正性；要及时对检测结果进行分析，按规定提供检测结果和正式检测报告；工程验收后，发现质量问题，属于检测单位原因的，追究施工单位责任的同时，按相关规定追究第三方检测单位的责任。必要时将引入第四方对检测工作质量进行验证与考核。

（十一）各专业部门提前介入，及时消除质量安全隐患

为保障项目如期开通，要求各参建单位进一步抓好提前介入工作深入推进，EPC 管理机构应按照国铁集团和铁路上海局集团的有关要求，积极配合铁路上海局集团各专业部门及相关站段的提前介入工作。组织施工单位做好工务系统的提前介入检查发现问题的整改销号。对于其他专业系统即将启动的提前介入工作，按照上海局集团公司推进要求及时启动展开。

第十二章 杭绍台铁路建设期绩效管理

惯常的政府投资项目绩效考核一般由地方财政部门组织开展，并已经建立起完整的绩效考核评价体系。但铁路 PPP 项目绩效考核在业内尚无先例，因此，实施机构根据 PPP 项目合同和建设期绩效考核办法，组织第三方咨询机构，开展绩效考核工作。四年建设期中，实施机构共开展绩效考核 6 次，形成年度绩效考核报告 3 份。[1]

第一节 铁路建设期绩效考核办法

根据《杭绍台铁路 PPP 项目合同》，建设期绩效管理办法共设置项目资金、工程进度、工程质量、安全管理、环境保护、内部制度、公众满意度、项目公司考核与整改等八个方面的考核指标。

一、考核指标

（一）项目资金（15 分）

考核内容：项目资金到位情况。

考核要求：项目融资资金符合 PPP 项目合同规定的项目资金到位时间、融资计划要求。

计分事项与标准：未按照合同甲乙双方商定的融资资金到位计划完成项

[1] 本书成稿期间，实施机构正在同步开展杭绍台铁路建设期最后一次（第 4 年度）绩效考核工作，本书未列入第 4 年度考核工作。

目融资的，扣 15 分。

（二）工程进度（10 分）

考核内容：关键工期。

考核要求：在约定的关键工期时点完成相应工作。

计分事项与标准：

- 未在约定的关键工期时间完成相应工作的，每滞后 1 个月扣 2 分；
- 在约定的关键工期时间前完成相应工作的，每超前 1 个月加 2 分。

本考核指标累计扣分上限为 10 分。

（三）工程质量（10 分）

考核内容一：质量控制管理。

考核要求：符合 PPP 项目合同与绩效考核办法约定的建设期考核的主要依据和规范。

计分事项与标准：

- 未按规定办理工程质量监督申报手续的，扣 2 分；
- 政府质量监督机构检查过程中发现问题、项目公司未按时整改到位的，扣 2 分；
- 发生质量事故且相关部门认定项目公司有主要责任的，工程质量一般事故扣 5 分，工程质量较大事故扣 15 分，工程质量重大、特别重大事故按不合格评定；
- 因项目公司原因造成工程质量隐患并给政府方造成损失的，扣 4 分；
- 工程存在影响开通的质量缺陷的（过程中整改并经验收合格的除外），扣 10 分；
- 工程一次性交工验收未达到有关法律、法规和工程建设强制性标准的，记为不合格；
- 未按批复的设计文件施工或私自变更方案施工的，记为不合格；
- 私自将工程转包、分包的，记为不合格。

本考核指标累计扣分上限为 15 分。

考核内容二：质量管理制度。

考核要求：符合《建设工程质量管理条例》等管理要求。

计分事项与标准：

- 未建立质量管理制度，扣 5 分；
- 政府质量管理部门认为质量管理制度有缺陷且不整改的，每发现一处扣 1 分。

本考核指标累计扣分上限为 5 分。

（四）安全管理（20 分）

考核内容一：安全制度与管理体系。

考核要求：建立完善的安全生产管理制度。

计分事项与标准：

- 未建立建设安全生产管理制度的，扣 5 分；
- 政府安全管理部门认为安全管理制度有缺陷且不整改的，每发现一处扣 1 分。

本考核指标累计扣分上限为 5 分。

考核内容二：安全生产执行。

考核要求：符合 PPP 项目合同与绩效考核办法约定的建设期考核的主要依据和规范，杜绝死亡事故，确保不发生重大质量安全事故。

计分事项与标准：

- 发生安全事故且安监部门认定项目公司有主要责任的，一般事故扣 5 分，较大事故扣 15 分，重大事故、特别重大事故按不合格评定。

本考核指标累计扣分上限为 15 分。

（五）环境保护（10 分）

考核内容：环保措施。

考核要求：按照国家和浙江省环保、水保有关法律法规、标准规范和批复的环境影响报告书和水土保持方案报告书的要求开展建设。

计分事项与标准：

- 未建立完善的环保和水保措施的，扣 5 分；
- 发生环境事故、被省级及以上行政部门进行通报批评以上处罚的，每次扣 5 分；
- 发生环境事故、被市级行政部门进行通报批评以上处罚的，每次扣 3 分；
- 发生环境事故、被县（区）级行政部门进行通报批评以上处罚的，每次扣 2 分。

本考核指标累计扣分上限为 10 分。

（六）内部制度（15 分）

考核内容一：资料管理与报送。

考核要求：按照相关工程资料管理规定，建立档案资料管理制度，所有相关工程材料按规定收集存档。

计分事项与标准：

- 未按有关规定建立档案管理制度，扣 2 分；
- 管理制度未落实的，扣 2 分；
- 未及时向实施机构与主管部门报送符合相关规范要求的资料的，扣 4 分。

本考核指标累计扣分上限为 4 分。

考核内容二：人员管理。

考核要求：按要求投入相应的管理人员，并督促确保参建单位按约定组织人员。

计分事项与标准：

- 未按要求投入岗位需要管理人员的，每发现 1 次扣 0.5 分；
- 未按建设合同等约定组织参建单位人员履约检查的，扣 2 分；
- 检查发现参建单位人员未按合同约定到岗后督促并确保参建单位及时整改履约的，每发现 1 次扣 0.5 分。

本考核指标累计扣分上限为 4 分。

考核内容三：资金监管。

考核要求：项目资金专款专用，资金流向符合监管要求。

计分事项与标准：

- 未建立专门账户、专款专用的，扣2分；
- 未按项目公司制定的《建设资金流向监管检查制度》（该制度须由实施机构书面认可）检查资金流向的，扣1分。

本考核指标累计扣分上限为4分。

考核内容四：廉政建设。

考核要求：按照国家法律法规相关规定，建立完善并严格执行廉政作风制度，项目公司人员严格执行。

计分事项与标准：

- 项目公司违反党风廉政建设有关规定，情节较轻的，扣3分；
- 情节严重，受到国家部委、省纪委、省监察厅通报批评以上处罚，或构成违法犯罪、被移送司法机关处理的，记为不合格。

本考核指标累计扣分上限为3分。

（七）公众满意度（5分）

考核内容：公众满意度。

考核要求：项目建设过程中相关公众的满意度。

计分事项与标准：因项目公司原因，被周边居民投诉（施工干扰除外），或者遭到省级及以上媒体曝光的，一次扣1分，两次扣3分，三次扣5分。

本考核指标累计扣分上限为5分。

（八）项目公司考核与整改（5分）

考核内容：项目公司考核与整改情况。

考核要求：项目公司积极配合绩效考核工作，并及时就绩效考核单位与监督部门提出的问题进行整改。

计分事项与标准：

- 项目公司代表拒签考核记录表的，扣5分；

- 项目公司对绩效考核单位与监督部门提出的问题未及时整改的，扣5分。

本考核指标累计扣分上限为5分。

二、考核工作流程

（一）不定期考核

实施机构组织的考核小组根据需要不定期对项目的建设、运营管理情况进行考核。

不定期考核可采取抽查、专项检查等方式，并以抽查为主，不固定次数、时间。

考核人员针对存在问题、隐患与项目公司代表确认，并填写考核记录表作相应计分处理。

考核小组与项目公司沟通考核记录表及相关计分，提出整改意见、制定整改措施。

（二）常规考核

每半年度考核单位组织人员进行一次常规考核，实施机构制定绩效考核工作方案，并将相关考核内容通知项目公司，提前准备相关资料备查。

考核人员对存在的问题现场登记在考核记录表，并根据考核细则计分。

考核小组与项目公司沟通考核记录表及相关计分，提出整改意见，制定整改措施。

第二节　建设期绩效考核情况

根据《杭绍台铁路 PPP 项目绩效考核办法》和考核评分操作细则要求，实施机构组织第三方咨询机构、地方政府、部门等组成绩效考核小组，通过发现问题、交流讨论、整改反馈，共同完成项目绩效期考核工作。

一、考核组织

按照实施机构工作机制中对绩效考核工作的具体要求，确定考核日期前 10 天，由实施机构工程部完成《杭绍台铁路 PPP 项目建设期第 X 次绩效考核工作方案》，经院领导审定后报省发展改革委，明确考核内容、时间安排和组织形式。

按照既定考核方案，实施机构组织省级有关部门、政府方出资代表、第三方咨询机构等，组成绩效考核小组，并明确责任分工，细化考核程序。明确方案后，由实施机构提前 5 个工作日通知项目公司绩效考核工作安排，并要求其做好行程规划、准备相关资料备查。

在考核正式开始的准备期内，实施机构需要根据项目实际进展及社会关注情况，明确本期考核重点，并由绩效考核第三方咨询机构进一步细化考核内容，列出考核所需资料清单。

考核小组完成现场考核和初步计分后，提出整改问题清单反馈项目公司，收到项目公司整改反馈后，考核小组形成《杭绍台铁路 PPP 项目建设期第 X 次绩效考核报告》，经院长办公会议审议后上报省发展改革委，并将年度绩效考核结果通报项目公司。

二、考核开展

在前期准备基础上，由绩效考核第三方咨询公司根据先期提供资料查找问题、分析原因，形成明确的检查重点，以便在现场检查时更有针对性。绩效考核一般采取实地检查和座谈会议相结合的方式。赴杭绍台铁路项目相关标段现场进行踏勘检查，同时查阅相关标段施工、监理等单位的各类规章制度、项目台账及文件资料，对工程投资、进度、质量、安全、环保等工程实施情况进行调查摸底，取得项目实际进展的第一手资料。同时，与项目公司相关管理人员座谈，就考核初步情况和重点难点问题进行交流。对部分考核时无法准确计分的项目，及时优化考核办法和考核内容，做到绩效考核客观公正。考核记录表及评分表样式如表 36 和表 37 所示。

表36　杭绍台铁路PPP项目建设期绩效考核记录表样式

<table>
<tr><td>考核项目</td><td></td><td>考核日期</td><td></td><td>考核人</td><td></td></tr>
<tr><td>违规事项</td><td colspan="5"></td></tr>
<tr><td>处理意见</td><td colspan="5"></td></tr>
<tr><td>经办人</td><td colspan="2"></td><td>项目公司确认</td><td colspan="2"></td></tr>
</table>

表37　杭绍台铁路PPP项目建设期绩效考核评分表样式

考核指标	分值	考核内容	考核要求	计分事项与标准	扣分	扣分原因	备注
项目资金	15	项目资金到位情况	依合同	具体事项	*	具体原因	
工程进度	10	关键工期	依合同	具体事项	*	具体原因	
……							

现场考核完成后，实施机构组织考核小组成员讨论，形成绩效考核问题清单及报告，并向项目公司书面反馈，要求对考核存在的问题进行说明及整改。在后续工作中按照“边整改、边跟踪”的原则，以“三服务”活动和整改落实“回头看”等措施，持续跟踪督促项目公司整改落实。整改问题清单样式如表38所示。

表38　杭绍台铁路PPP项目建设期绩效考核整改问题清单样式

考核指标	考核要求	存在问题	整改意见	整改落实情况
项目资金	依合同	依评分表	考核组提出，项目公司落实	项目公司据实填写
工程进度	依合同	依评分表	考核组提出，项目公司落实	项目公司据实填写
……				

三、考核结果

根据PPP项目合同约定的绩效考核管理办法，实施机构在省发展改革委的精心指导下，在建设期内共开展6次绩效考核任务，形成3个年度绩效考核报告。各年度绩效考核结果如下：

（一）第一年度（2018年6月至2019年5月）

根据《杭绍台铁路PPP项目合同》第106条及附件9“年度绩效考核成绩为两个半年度成绩的算数平均值”的规定，第一年度绩效考核成绩优秀。

第一年度考核期内，发现了资本金到位率不足、参建单位管理方案审批不到位、内部管理制度不到位等13个问题。问题及时反馈项目公司并要求研究措施整改，大部分均完成整改。

（二）第二年度（2019年6月至2020年6月）

根据《杭绍台铁路PPP项目合同》第106条及附件9“年度绩效考核成绩为两个半年度成绩的算数平均值”的规定，第二年度绩效考核成绩优秀。

第二年度考核期内，发现了资本金到位率不足、工程进度整体滞后、特种作业人员管理不到位等 8 个问题。问题及时反馈项目公司并要求研究措施整改，有些已完成整改，有些持续整改中。

（三）第三年度（2020 年 7 月至 2021 年 6 月）

根据《杭绍台铁路 PPP 项目合同》第 106 条及附件 9“年度绩效考核成绩为两个半年度成绩的算数平均值”的规定，第三年度绩效考核成绩优秀。

第三年度考核期内，项目公司、EPC 总承包项目部和各参建单位紧紧把控工程投资、质量、安全、进度等关键环节，全力推进工程建设。项目建设整体推进情况良好，截至 2021 年 6 月底，累计完成投资 397.93 亿元，占总投资的 94.52%；已圆满完成项目永久征地、拆迁、路基土石方、特大、大、中桥及隧道工作，已完成全线铺轨，为 2021 年底通车打下了坚实的基础。杭绍台铁路 PPP 项目建设中的亮点、热点多次被国家级、省级媒体公开报道。

第三年度第一次考核发现项目资本金到位率不足、未按设计文件施工等 8 项问题；该年度第二次考核发现了项目资本金到位率不足、材料检测的质量管理制度未落实到位等 8 个问题。这些问题已及时反馈项目公司，项目公司已研究措施并整改。

项目绩效考核报告过程中提出的整改问题，均保留原始照片和影像资料，确保报告依据充分、数据准确、客观公正。实施机构将年度 PPP 项目绩效评价报告及时报送相关主管部门、财政部门，严格落实 PPP 项目绩效评价结果按效付费。

全部完成后，实施机构将绩效考核过程中收集的全部有效资料，包括绩效考核报告、专家论证意见和建议、实地调研和座谈会记录等一并归档，并按照有关档案管理规定妥善管理。

第十三章
杭绍台铁路开通前准备

第一节　杭绍台铁路“保开通”安排

一、总体安排部署

（一）阶段性目标安排

2021年9月中旬完成静态验收、具备联调联试条件，确保实现2021年12月底高质量开通目标。具体阶段包括：

全线静态验收，2021年8月15日至9月15日。

联调联试，2021年9月21日至11月25日。

动态验收，2021年12月10日完成。

初步验收，2021年12月15日完成。

安全评估，2021年12月20日完成，具备开通条件。

（二）组织领导

为确保杭绍台铁路2021年底按期开通，参照国铁集团《关于规范开展高速铁路项目依法开通工作的实施办法》（铁办〔2020〕82号）要求，需要项目公司和地方政府共同成立开通工作机构，协调推进项目开通必备十项条件落实。主要包括：剩余工程、外部环境整治、隔声窗安装、环评线房屋拆迁、高压电力线迁改、大临用地复垦复绿、环保、水保验收工作和站前广场及市政配套工程等。

根据省委省政府部署要求，为确保杭绍台铁路年内建成通车，自 2021 年 5 月起，实施机构配合省发展改革委，全力开展杭绍台铁路“保开通”工作，针对“十大开通必备条件”的工作事项职责分工，省发展改革委挑选部分重难点工作专门印发《杭绍台铁路保开通工作清单》，由实施机构、省级有关部门、省电力公司、省交通集团和沿线市、县(市、区)明确目标、落实责任，按照相关时间节点扎实高效推进。工作清单表如表 39 所示。

表39　杭绍台铁路“保开通”工作清单（2021年5月）

序号	工作事项	当前情况	目标要求	完成时限	责任单位	责任人（略）
1	剩余工程	正在按计划推进铺轨、站房等工程建设	6 月 30 日前完成铺轨工程；8 月 15 日前基本完成站房工程，具备静态验收条件	8 月 15 日	杭绍台铁路公司	
2	外部环境整治	根据验收要求，铁路开通前，需将影响铁路安全运行的安全隐患整治完成。截至 5 月 20 日，全线共涉及 704 处(分区县数据略)	相关费用纳入地方政府包干，按时完成整治，确保通过验收	7 月 31 日	沿线各县(市、区)政府	
3	隔声窗安装	根据初设及环评批复要求和施工图设计，对沿线部分噪音未达标的民房需安装隔声窗，满足环评验收要求，目前沿线各地推进缓慢，需协调加快实施安装工作。	对未安装或已安装声屏障后噪音仍不达标的敏感点需要安装隔声窗，通过环评验收	8 月 15 日	沿线各县(市、区)政府	
4	环评线房屋拆迁	截至 5 月 20 日，全线环评线房屋剩余 ×× 户未拆迁(分区县数据略)	需及时拆除	7 月 31 日	沿线各县(市、区)政府	
5	高压电力线迁改	共 ×× 处，影响运营安全，正在开展迁改施工	限时完成迁改	7 月 31 日	相关地方政府	

续 表

序号	工作事项	当前情况	目标要求	完成时限	责任单位	责任人（略）
6	大临用地复垦复绿	加快开展大临用地复垦复绿、验收移交工作，顺利通过环水保验收	完成复垦复绿、验收移交工作	7月31日	杭绍台铁路公司、EPC管理机构、沿线各县（市、区）政府	
7	环保、水保验收工作	杭绍台铁路建设施工基本完成，即将开展各项验收工作，需要请生态环境、住建、水利等部门提前介入，帮助指导项目公司开展自主验收工作	按期完成验收工作	7月31日	杭绍台铁路公司，省级有关厅局	
8	站前广场及市政配套工程	站房工程完工后，站前广场及市政配套工程需同步完成，满足站房投入运营条件	与站房工程同步完成	11月30日	沿线相关县（市、区）政府	

二、工作推进机制

为推进“保开通”工作事项落实，自2021年10月中旬，省级有关部门和市级铁路主管部门，成立省市驻点工作小组，掌握项目动态验收情况，盯促涉及地方责任且推进不够顺利的事项，及时晾晒有关情况。省市驻点工作小组采用“每日报告”，通报当日工作和发现的问题，布置近期主要工作。每日报告格式见表40。

表40 杭绍台铁路保开通省市驻点工作小组每日报告格式

杭绍台铁路保开通省市驻点工作小组每日报告 （2021年11月×日） 省市驻点工作小组主要负责掌握动态验收进展，盯促涉及地方责任且推进不够顺利的事项，及时通报有关情况。11月×日（星期×）有关情况如下。

一、杭绍台铁路动态验收情况

11 月 × 日，杭绍台铁路动态验收主要工作是进行联调联试，今日正常开展联调联试，时速为 350 公里。

二、今日主要工作

（一）小组联合开展工作。上午，协调绍兴北站雨水、污水管施工事宜；下午，对接某区便桥事宜；晚上，参加杭绍台铁路联调联试日交班会。

（二）省、绍兴、台州驻点工作人员分头开展工作。今日，主要以分头对接梳理工作为主，分头对站房建设、贵宾室装修及市政配套、站房消防验收、交叉施工等。

三、今日盯促事项

（一）上虞南站站房及市政配套相关事宜。贵宾室装修协议已签订，施工准备中；市政道路已完成 69%，给排水已完成，站前广场已完成 96%。

（二）嵊州新昌站、嵊州北站站房及市政配套相关事宜。嵊州新昌站贵宾室装修协议已签，进场施工中，市政道路已完成 80%，站前广场已完成 76%，给排水已完成 95%；嵊州北站市政道路已完成 84%，给排水已完成，站前广场已完成 75%。

（三）台州站站房、市政配套工程日建设情况。本日台州站站房装修及全覆盖雨棚完成玻璃幕墙 $126m^2$、石材地面（墙面）$646m^2$、吊顶 $295m^2$、龙骨 $1043m^2$、铝板 $631m^2$ 施工；落客平台匝道完成 50m 防撞护栏安装；进站道路完成 190m 人行道（非机动车道）施工。

（四）临海站站房、市政配套工程日建设情况。落客平台匝道完成 10m 防撞护栏安装，停车场完成场地整平 $100m^2$，进站道路完成 20m 环向保通道路、20m 路基、6m 钢箱梁施工。

四、今日发现问题

外部安全环境问题整治已进入攻坚冲刺阶段，但仍存在销号卡片和加固工程验收表上报不及时、各部门的外部环境问题台账总数及已销号数据不一致、数据滞后等情况。请杭绍台公司积极沟通工务段、供电段，核实问题库、已销号问题数量及清单，现场核对、现场督查、现场销号，加大支持力度；请绍兴、台州两市政府主管部门高度重视路外安全环境整治工作，采取更加有力措施强力组织推进。

五、近期主要工作

（一）衔接细化保开通工作清单。目前，主要是市政配套建设，通所道路补征用地、外部环境整治、站房接水、站房贵宾室建设、隔声窗安装、临时用地复垦、燃气管线迁改、河道补偿、桥下防护栅栏安装等 10 个保开通工作清单，通过驻点工作小组衔接，进一步明确每项工作路径、责任、时限明确。

（二）盯促紧迫事项加快推进。每日衔接路方、建设单位有关意见，实时动态做好影响制约项目开通事项的盯促工作。近期重点衔接贵宾室装修、站房及市政配套工程建设。

第二节 杭绍台铁路竣工验收

根据《高速铁路竣工验收办法》（铁建设〔2012〕107号）相关要求，高速铁路竣工验收分为静态验收、动态验收、初步验收、安全评估、正式验收五个阶段。

一、各阶段验收工作内容

（1）**静态验收**。确认各专业工程是否按设计完成且质量合格，系统设备是否已安装并调试完毕，提出各专业静态验收报告，组织对静态验收报告进行专家评审，提出评审意见。

（2）**动态验收**。是项目静态验收合格后，对工程全部系统验证性综合调试，并委托专业机构按规定进行实车运行条件下动态检测，形成动态验收报告，组织动态验收报告进行专家评审，提出评审意见。

（3）**初步验收**。是对工程建设情况以及静动态验收情况进行确认的过程，核对初步验收条件，开展初步验收工作，提出初步验收报告。

在初步验收前，要完成相关专项验收和取证等有关工作，主要内容包括：环水保设施专项检查及验收、消防验收、建设用地验收、档案验收、铁路安全保护区划定、劳动卫生安全验收、电梯取证、公跨铁立交移交、下穿油气管线防护、电力及通信线路迁改等国家、行业有规定的事宜，以及外部环境整治等。

（4）**安全评估**。是经初步验收合格后，且初步验收发现的影响运营安全的问题得到解决后，对安全管理、设备设施、规章制度、人员素质等是否具备开通安全运营条件进行检查评价的过程。

（5）**正式验收**。是在开通初期运营一年以上由国家主管部门或委托铁道部组织对建设项目整体情况进行检查和评价的过程。

2021年8月15日，杭绍台铁路开始静态验收，标志着项目正式进入竣工验收阶段。

二、竣工验收依据

除国家有关法律、法规，原铁道部、原中铁总、国铁集团颁布的设计规范、工程施工质量验收标准之外，主要验收依据包括：

（一）原铁道部、原中铁总和国铁集团有关文件

原铁道部《关于发布〈高速铁路竣工验收办法〉的通知》（铁建设〔2012〕107号）。

《高速铁路工程静态验收技术规范》（TB 10760—2013）。

《高速铁路工程动态验收技术规范》（TB 10761—2013）。

《中国铁路总公司关于印发〈高速铁路联调联试及运行试验实施细则〉的通知》（铁总办〔2012〕107号）。

《中国国家铁路集团有限公司印发〈关于规范开展高速铁路项目依法开通工作的实施办法〉的通知》（铁办〔2020〕82号）。

根据国铁集团办公厅《关于同意上海局集团公司受托提供新建杭州经绍兴至台州铁路（以下简称杭绍台铁路）工程验收咨询服务的复函》（铁办建设函〔2021〕71号），按照《国铁集团关于规范非控股非代建合资铁路和地方铁路委托运营验收及运营安全评估工作的指导意见》（铁建设〔2019〕31号）规定要求，结合杭绍台铁路工程进展和完成情况，开展杭绍台铁路竣工验收咨询服务工作。工程验收咨询服务由铁路上海局集团公司负责。

（二）项目批复的可研、初步设计等文件及有关说明

包括经批准的可行性研究报告、经批准的初步设计（含变更设计）文件、审核合格的施工图和设备技术说明书。

三、竣工验收咨询工作流程

静态验收咨询前，杭绍台铁路公司应向铁路上海局集团公司出具承诺书，承诺工程自验符合相关程序规定，工程质量符合验收标准要求，提供的包括隐蔽工程、内业资料等全部资料真实准确。

（一）静态验收咨询

在具备静态验收条件后，铁路上海局集团公司静态验收咨询领导小组按照国家、国铁集团和集团公司相关文件规定开展静态验收咨询相关工作。

（1）**静态验收咨询申请。**在具备静态验收条件后，杭绍台铁路公司按照规定格式和内容向铁路上海局集团公司报送申请开展静态验收咨询的函。在具备静态验收条件前 1 个月，杭绍台铁路公司向铁路上海局集团公司报送涉及静态验收咨询方案编制的相关资料文件，主要包含工程概况、主要技术标准、参建单位、验收咨询范围及内容、验收组织机构和验收节点安排等。

（2）**静态验收条件确认及咨询方案发布。**收到杭绍台铁路公司报送的申请开展杭绍台铁路静态验收咨询的函后，由铁路上海局集团公司静态验收咨询领导小组办公室。（建设部）组织确认达到静态验收条件后形成杭绍台铁路工程静态验收咨询方案，并由集团公司审核后发布。

（3）**静态验收咨询开展。**依据铁路上海局集团公司发布的杭绍台铁路工程静态验收咨询方案，各验收咨询专业工作组及时组织开展专业静态验收咨询工作。

（4）**形成静态验收报告。**各验收咨询专业工作组与杭绍台铁路公司对接问题整改、销号确认情况，复查合格后，由杭绍台铁路公司填写专业工程验收记录、形成静态验收报告。

（5）**静态验收报告评审。**杭绍台铁路公司形成静态验收报告及各专业静态验收报告后，将各报告送铁路上海局集团公司静态验收咨询领导小组办公室。铁路上海局集团公司各验收专业专家参照《高速铁路竣工验收办法》（铁建设〔2012〕107 号）有关规定，协助杭绍台铁路公司对静态验收报告进行评审，提出评审意见。

（6）**形成静态验收整改报告。**杭绍台铁路公司形成静态验收问题整改报告和静态验收报告专家评审意见整改报告，报送相关单位和铁路上海局集团公司相关部门。

（二）动态验收咨询

在具备动态验收条件后，铁路上海局集团公司动态验收咨询领导小组按照国铁集团和集团公司相关文件规定开展动态验收咨询相关工作。

（1）**试验大纲审查**。在静态验收完成30日前，杭绍台铁路公司组织路内专家和检测测试单位完成试验大纲初步审查并修改后，向铁路上海局集团公司动态验收咨询领导小组办公室（科信部）报送试验大纲和申请审查咨询的函。铁路上海局集团公司动态验收咨询领导小组确认达到条件后，组织开展试验大纲审查咨询工作，提出试验大纲审查咨询意见后交杭绍台铁路公司。

（2）**动态验收咨询申请**。在具备动态验收条件后，杭绍台铁路公司按照规定格式和内容向铁路上海局集团公司报送申请开展动态验收咨询的函，同时报送工程静态验收报告、静态验收问题整改报告，以及静态验收报告专家评审意见整改报告。在具备动态验收条件前1个月，杭绍台铁路公司向铁路上海局集团公司动态验收咨询领导小组办公室（科信部）报送涉及动态验收咨询方案编制相关资料文件。

（3）**动态验收条件确认及咨询方案发布**。收到杭绍台铁路公司报送的申请开展动态验收咨询的函后，由铁路上海局集团公司动态验收咨询领导小组办公室（科信部）组织确认杭绍台铁路是否达到动态验收条件。确认达到动态验收条件后，铁路上海局集团公司动态验收咨询领导小组办公室（科信部）组织形成杭绍台铁路工程动态验收咨询方案，并由集团公司审核后发布。

（4）**动态验收咨询开展**。依据铁路上海局集团公司发布的杭绍台铁路动态验收咨询方案和试验大纲，铁路上海局集团公司动态验收咨询领导小组及时组织开展动态验收咨询工作，形成动态验收咨询意见，经各专业分管副总经理审批盖章，咨询委员会办公室（建设部）形成动态验收咨询意见提交杭绍台铁路公司。

（5）**动态验收报告编制**。收到动态验收咨询意见后，杭绍台铁路公司形成动态验收报告。

（6）**动态验收报告评审**。杭绍台铁路公司形成动态验收报告及各专业动态验收报告后，送铁路上海局集团公司咨询委员会办公室（建设部）。集团公司各验收专业专家组参照《高速铁路竣工验收办法》（铁建设〔2012〕107号）有关规定，协助杭绍台铁路公司对动态验收报告进行评审，提出评审意见。

（7）**动态验收整改报告**。杭绍台铁路公司形成动态验收问题整改报告和动态验收报告专家评审意见整改报告后送有关单位和铁路上海局集团公司相关部门。

（三）初步验收咨询

在具备初步验收条件后，铁路上海局集团公司初步验收咨询委员会按照国铁集团和集团公司相关文件规定组织开展初步验收咨询。

（1）**初步验收咨询申请**。在具备初步验收条件后，杭绍台铁路公司按照规定格式和内容向铁路上海局集团公司报送申请开展初步验收咨询的函，明确初步验收的具体范围、内容等；同时附送建设项目工程质量监督报告、动态验收问题整改报告、动态验收报告专家评审意见整改报告、静动态验收报告专家评审意见、剩余工程以及专项验收完成情况。

（2）**初步验收条件确认及咨询方案发布**。收到杭绍台铁路公司报送的申请开展初步验收咨询的函后，由铁路上海局集团公司初步竣工验收咨询委员会办公室组织确认杭绍台铁路是否达到初步验收条件。确认达到初步验收条件后，铁路上海局集团公司初步竣工验收咨询委员会办公室形成杭绍台铁路工程初步验收咨询方案，并由集团公司审核后发布。

（3）**初步验收咨询开展**。依据铁路上海局集团公司发布的杭绍台铁路初步验收咨询方案，铁路上海局集团公司初步验收咨询委员会组织开展初步验收咨询工作，提出初步验收咨询意见后交杭绍台铁路公司，由杭绍台铁路公司履行决策程序。

（4）**形成初步验收整改报告**。杭绍台铁路公司形成初步验收问题整改报告并送铁路上海局集团公司。

第三节　杭绍台铁路联调联试情况

一、启动联调联试

2021 年 9 月 27 日，首趟检测列车从绍兴北站发出，驶向台州方向，标志着杭绍台铁路启动联调联试，正式开始动态验收，全线开通运营进入倒计时。

联调联试是动态验收的重要内容，在静态验收及相关问题整改完成并确认合格后，采用检测列车、综合检测列车、试验列车和相关检测设备，对高速铁路相关系统性能、功能和系统间匹配关系进行综合测试和验证，对问题的整改以及系统的调整和优化，使相关系统和整体系统性能、功能达到设计要求。联调联试结束后，预计 11 月底开始试运行，年底前具备开通运营条件。

2021 年 9 月 27 日，杭绍台铁路首趟检测列车驶出，如图 29。

图29　首趟检测列车驶出杭绍台铁路绍兴北站

二、逐级提速综合测试

逐级提速试验是指根据联调联试试验大纲要求，联调联试期间安排综合检测列车在线路上逐步提升运行试验速度，直至按线路设计速度的 110% 这个速度标准进行最高测试速度运行试验。杭绍台铁路设计时速 350 公里，按上述标准，逐级提速试验的最高测试速度应达到 385 公里 / 小时。

2021 年 10 月 12 日，一列 CRH380AJ-0203 高速综合检测列车从绍兴北站出发，对杭绍台铁路进行逐级提速综合测试。当日逐级提速到 200 公里 / 小时，标志着该条高铁经过前期相关测试达标后进入联调联试新阶段。10 月 26 日，杭绍台铁路在前期逐级提速联调联试的基础上，进行最高测试速度等级提速试验，试验列车顺利跑出了时速 385 公里的试验目标速度值，实现了联调联试阶段性目标。

试验现场如图 30。

图30　杭绍台铁路检测列车提速试验现场图

根据联调联试试验计划安排，最高测试速度等级提速试验还将持续开展。在完成逐级提速试验后，杭绍台铁路将转入信号系统联调联试阶段，为随后进行的全线拉通运行试验打下基础。

第四篇
实施机构运营期管理[1]

[1] 本书成稿时，正值杭绍台铁路 PPP 项目运营通车前夕，实施机构的运营期管理尚未正式开始。本篇重点以国内现有 PPP 项目运营期管理实践为基础，并结合铁路 PPP 项目特点，围绕杭绍台铁路 PPP 项目运营期的规范管理、高效经营、资本运作等内容展开阐述。

第十四章

铁路 PPP 项目运营期绩效管理

第一节　运营期绩效考核

一、铁路 PPP 项目运营期绩效考核重点

由于铁路项目运营服务内容繁杂且要求较高，故运营绩效指标的设计应凸显运营服务目标和服务内容。运营期绩效考核重点包括服务质量控制和运营成本控制两个方面：

（一）服务质量控制

对于影响项目运营服务质量的指标，要重点进行评价，加大在绩效指标体系中的权重，例如列车准点率、列车服务可靠度、清客次数、乘客满意度、车站清洁率等；对于政府方特别关注的指标，比如运营安全指标，如站房内客伤与客流比、火灾救援演练、突发大客流应急疏散演习次数、空气质量状况、C 类及以上安全事故次数等，当指标值低于要求时，可直接扣减项目公司当年的运营利润或该运营安全指标总项不得分。

（二）运营成本控制

铁路运营成本支出的主要项目有运营中各项能耗产生的电费、设备系统及基础设施的更新及维护费用、人员工资及相关支出、运营综合管理费用等几个大项。基于项目全生命周期的铁路运营成本控制主要有如下路径：一是改善财务费用分配管理制度。运营期绩效考核中，考虑按照预算定额，对各

项相关费用实行分解，把费用层层分解、分配，即根据统一领导和分级管理相结合的原则，以约束和控制各项费用的最终使用者节约用款、合理用款。二是合理控制设备、设施的更新、维护费用。考虑引入市场竞争机制，扩大维修承包商的选择范围，利用竞标等方式，提高维修商选择的竞争程度，把维修费用控制下来；设备更新、基础设施改造规划要科学，进一步做好可行性研究，充分论证必要性和可行性；合理确定设备标准，为后期运营维护成本控制提供条件。三是合理配置人员岗位。合理安排人员，积极稳妥地实行人员精简，按专业和工种合理配置岗位技术人员，积极稳妥地实行人员精简，力求做到不重叠、不超员，逐步建立科学合理的岗位用人机制，降低运营管理费用。

二、铁路 PPP 项目运营期绩效考核管理办法

根据《杭绍台铁路 PPP 项目合同》约定的运营期绩效考核内容，并结合委托运输管理协议相关内容，初步确定运营期绩效考核办法，并明确考核重点。

（一）设备设施维护管理

考核内容：考察轨道，路基、桥梁、隧道，动车组，牵引供电系统、信号与控制系统、通信系统等维护管理情况。

考核要求：符合相关法律、规范要求。

（二）车站服务管理

考核内容：考察车站服务质量情况。

考核要求：符合《高铁中型及以上车站服务质量规范》《高铁车站服务质量暂行规范》及其他相关法律、规范要求。

（三）应急与安全管理

考核内容：考察安全管理制度、安全运营等方面。

考核要求：

内容一：建立完善的安全运营制度。

计分事项与标准：

- 未建立建设安全生产管理制度的，扣5分；
- 政府安全管理部门认为安全管理制度有缺陷且不整改的，每发现一处扣1分。

本考核指标累计扣分上限为5分。

内容二：符合国家、浙江省及国铁集团有关法律法规、标准规范，杜绝死亡事故，确保不发生重大运营安全事故。

计分事项与标准：

- 发生安全事故且安监部门认定项目公司有主要责任的，一般事故扣5分；
- 较大事故扣15分；
- 重大事故、特别重大事故按不合格评定。

本考核指标累计扣分上限为15分。

（四）运营管理

考核内容：考察列车开行对数、票价与清算相关性、始发车数量、多元经济开发情况等。

考核要求：

内容一：积极向国铁集团或铁路局争取增加本线路列车开行对数与/或重联列车对数。

计分事项与标准：

- 当年度列车开行对数较对应基准列车开行对数增加3对的，加1分；
- 增加5对的，加2分；增加5对以上的，加4分；
- 加分前提为当年度重联列车所占比重不低于基准值53%。

本考核指标累计扣分或加分上限为4分。

内容二：积极向国铁集团或铁路局争取线路客运票价与线路使用清算收入标准挂钩。

计分事项与标准：

- 线路使用费、服务费、电费和接触网使用费清算标准与线路客运票价同步上涨，但上涨幅度低于客运票价上涨幅度的，加 2 分；
- 线路使用费、服务费、电费和接触网使用费标准与线路客运票价同步上涨，且上涨幅度等于或大于客运票价上涨幅度的，加 4 分。

内容三：线路内车站开行始发车数量。

计分事项与标准：

- 本线路车站成为始发站的，每增加一个始发站加 4 分；本线路上年度始发车数量较上年增加，增长率高于 10% 的，加 2 分；
- 增长率高于 30% 的，加 4 分。

本考核指标累计扣分或加分上限为 4 分。

内容四：项目公司在铁路客运服务之外其他经营业务开展得当、有利于增加经营利润。

计分事项与标准：

- 年度多元经济开发收入较上年度增长率高于 10% 的，加 2 分；
- 增长率高于 20% 的，加 3 分。

本考核指标累计扣分或加分上限为 3 分。

（五）内部制度管理

考核内容：考察资料管理、政策执行、廉政建设等方面。

考核要求：

内容一：按照相关资料管理规定，建立档案资料管理制度，所有相关材料按规定收集存档，及时、全面地向实施机构与主管部门报送。

计分事项与标准：

- 未按有关规定建立档案管理制度的，扣 2 分；
- 管理制度未落实的，扣 2 分；
- 未及时向实施机构与主管部门报送符合相关规范要求及资料的，扣 4 分。

本考核指标累计扣分上限为 4 分。

内容二：落实与执行新发布的适用法律、法规、政策、行业规范等；配合主管部门完成重点工作任务指标；配合主管部门做好重大活动保障、检查迎检、临时交办任务等的执行。

计分事项与标准：

- 因项目公司原因造成新发布的适用法律、法规、政策、行业规范等在正式发布后30个工作日内未执行或落实的，扣3分；
- 未配合主管部门完成重点工作任务指标的，扣3分；
- 未配合主管部门做好重大活动保障、上级检查迎检、临时交办任务等的，扣3分。

本考核指标累计扣分上限为3分。

内容三：按照国家法律法规相关规定，建立完善并严格执行廉政作风制度，项目公司人员严格执行。

计分事项与标准：

- 项目公司违反党风廉政建设有关规定，情节较轻的，扣3分；
- 情节严重，被国家部委、省纪委、省监察厅进行通报批评以上处罚，或构成违法犯罪、被移送司法机关处理的，记为不合格。

本考核指标累计扣分上限为5分。

（六）公众满意度和项目公司整改

考核内容：分别考察项目运营中的相关公众满意度和项目公司对绩效考核单位与监督部门提出问题的整改情况等。

考核要求：

内容一：项目运营过程中相关公众的满意度。

计分事项与标准：

- 由第三方专业机构评估公众对铁路运输服务的满意度，低于95%且高于等于90%的，扣1分；
- 低于90%且高于等于85%的，扣3分；
- 低于85%且高于等于80%的，扣5分；

- 低于 80% 的，记为不合格；
- 因项目公司原因，被周边居民投诉（施工干扰除外），或者遭到省级及以上媒体曝光的，一次扣 1 分，两次扣 3 分，三次扣 5 分。

本考核指标累计扣分上限为 5 分。

内容二：项目公司及时就绩效考核单位与监督部门提出的问题进行整改。

计分事项与标准：

- 项目公司代表拒签考核记录表的，扣 5 分；
- 项目公司对绩效考核单位与监督部门提出的问题未及时整改的，扣 5 分。

本考核指标累计扣分上限为 5 分。

运营期绩效考核记录表样式如表 41 所示。

表41　杭绍台铁路PPP项目运营期考核记录表样式

<table>
<tr><td>考核项目</td><td></td><td>考核日期</td><td></td><td>考核人</td><td></td></tr>
<tr><td>违规事项</td><td colspan="5"></td></tr>
<tr><td>处理意见</td><td colspan="5"></td></tr>
<tr><td>经办人</td><td colspan="2"></td><td>项目公司确认</td><td colspan="2"></td></tr>
<tr><td colspan="6">此表适用于定期、不定期检查记录，此表一式两份，考核单位与项目公司各留存一份</td></tr>
</table>

第二节　运营期按效付费管理

一、PPP 项目付费相关规定

（一）付费方式和要求

PPP 项目付费是 PPP 项目合作期的一项关键内容，付费机制的确定更是 PPP 项目合同的核心条款之一。关于 PPP 项目付费机制，一般而言，有政府付费、使用者付费和可行性缺口补助三类，分别有不同特点，具体如表 42 所示。

表42　PPP项目不同付费机制的特点

机制类型	含义	适用性
政府付费	政府直接付费购买公共产品和服务	适用公用设施类和公共服务类项目，在一些公共交通项目中也会采用这种机制
使用者付费	由最终消费用户直接付费购买公共产品和服务	适用公路、桥梁、地铁等公共交通项目以及供水、供热等公用设施项目
可行性缺口补助	使用者付费不足以满足项目公司成本回收和合理回报时，由政府给予项目公司一定的经济补助，以弥补使用者付费之外的缺口部分	可行性缺口补助的形式多种多样，包括土地划拨、投资入股、投资补助、优惠贷款、贷款贴息、放弃分红权、授予项目相关开发收益权等其中的一种或多种。是一种折中的机制

2014 年以来，涉及 PPP 项目付费机制的相关政策文件主要包括：

①《关于在公共服务领域推广政府和社会资本合作模式的指导意见》（国办发〔2015〕42 号）要求，针对政府付费、使用者付费、可行性缺口补助等不同支付机制，将项目涉及的运营补贴、经营收费权和其他支付对价等，按照国家统一的会计制度进行核算，纳入年度预算、中期财政规划，在政府财务报告中进行反映和管理，并向本级人大或其常委会报告。

②《关于在公共服务领域深入推进政府和社会资本合作工作的通知》（财金〔2016〕90 号）要求，各级财政部门会同行业主管部门合理确定公共

服务成本，统筹安排公共资金、资产和资源，平衡好公众负担和社会资本回报诉求，构建 PPP 项目合理回报机制。

③《政府和社会资本合作项目财政管理暂行办法》（财金〔2016〕92 号）要求，行业主管部门应当根据预算管理要求，将 PPP 项目合同中约定的政府跨年度财政支出责任纳入中期财政规划，经财政部门审核汇总后，报本级人民政府审核，保障政府在项目全生命周期内的履约能力。各级财政部门应依据绩效评价结果合理安排财政预算资金。对于绩效评价达标的项目，财政部门应当按照合同约定，向项目公司或社会资本方及时足额安排相关支出。

可见，不论何种付费机制，对于 PPP 项目而言，项目公司在运营期获得财政部门的付费收入，是各级财政部门、行业主管部门需要统筹安排并按照 PPP 项目合同约定的时点，按时按效付费，以确保项目公司的现金流稳定。

（二）铁路 PPP 项目付费管理

铁路 PPP 项目进入运营期后，需要按照 PPP 项目合同约定进行运营期绩效考核，并根据绩效考核结果，由政府方向项目公司支付可行性缺口补助。实施机构作为 PPP 项目管理机构，按照《财政部关于印发政府和社会资本合作模式操作指南（试行）的通知》（财金〔2014〕113 号）第二十六条要求，应根据项目合同约定，监督社会资本或项目公司履行合同义务，定期监测项目产出绩效指标，编制季报和年报，并报财政部门（政府和社会资本合作中心）备案。政府有支付义务的，项目实施机构应根据项目合同约定的产出说明，按照实际绩效直接或通知财政部门向社会资本或项目公司及时足额支付。设置超额收益分享机制的，社会资本或项目公司应根据项目合同约定向政府及时足额支付应享有的超额收益。

根据文件要求，在项目年度绩效考核工作完成后，如涉及政府付费，则由实施机构向财政部门提出书面付费申请，并随附年度绩效考核报告和相关证明材料。付费申请中需载明 PPP 项目合同中付费相关约定、绩效付费金额等相关信息。实施机构需保证付费申请及年度绩效考核报告的真实性。财政部门在对绩效付费金额核实后，根据财政管理办法和预算管理办法支付相应费用。

二、杭绍台铁路可行性缺口补助支付

根据《杭绍台铁路 PPP 项目合同》约定的可行性缺口补助支付条款，进一步明确支付责任、支付申请、补助支付等操作细则。

（一）支付责任

可行性缺口补助、补助调整、税收补偿与一般补偿的支付责任分担，按照省市 4∶6 比例分担，省政府与所有沿线地方政府均将其承担的补助与补偿纳入财政预算管理。绍兴与台州两市各自协调市内所辖沿线县（市、区）政府的补助分配比例，省政府通过适当方式予以保障。

（二）支付申请

各项补助调整机制与补偿机制自满足触发条件即开始，项目公司按照《杭绍台铁路 PPP 项目合同》相关条款约定向项目实施机构提交书面《补助调整或补偿申请书》，列明合同中对应机制、调整依据、计算过程与补助调整或补偿的金额。

《补助调整或补偿申请书》中对建设期内发生的补助调整或一般补偿、运营期内发生的补助调整或一般补偿、运营期内发生税收补偿等，均需按照时点要求提出。收到项目公司提交的《补助调整或补偿申请书》后，实施机构会同政府方出资代表审核《申请书》，在收到《申请书》后 30 日内做出决定并出具书面通知，项目公司遵照执行。

政府方有权主动提出补助调整、税收补偿与一般补偿。在与项目公司协商、确认后，实施机构向项目公司出具确认补助调整、税收补偿或一般补偿的书面通知，并列明合同中对应机制、调整依据、计算过程与补助调整金额，项目公司遵照执行。

（三）补助支付

《杭绍台铁路 PPP 项目合同》中设计的补助支付，既包含政府方承担的、向项目公司支付的补助调整与补偿；也包括一定情形下（如发生超额收入分配时），由项目公司承担的、向政府方支付的补助调整与补偿。

杭绍台铁路 PPP 项目投资合同和项目合同均约定了可行性缺口补助的 3 项补助调整机制：基准利率调整、列车开行对数调整、超额收入分配。在不触发调整机制的前提下，根据 PPP 项目合同第 97 条“可行性缺口补助”，政府方按照约定在运营期第一年需支付的补助金额为 8.84 亿元。此外，因发生总投资调整、资产补偿、税率调整等事项，纳入可行性缺口补助的调整金额中，将在运营期的第二年及以后年度视情况落实补助支付。

两种补助支付形式的流程，如图 31 和图 32 所示。

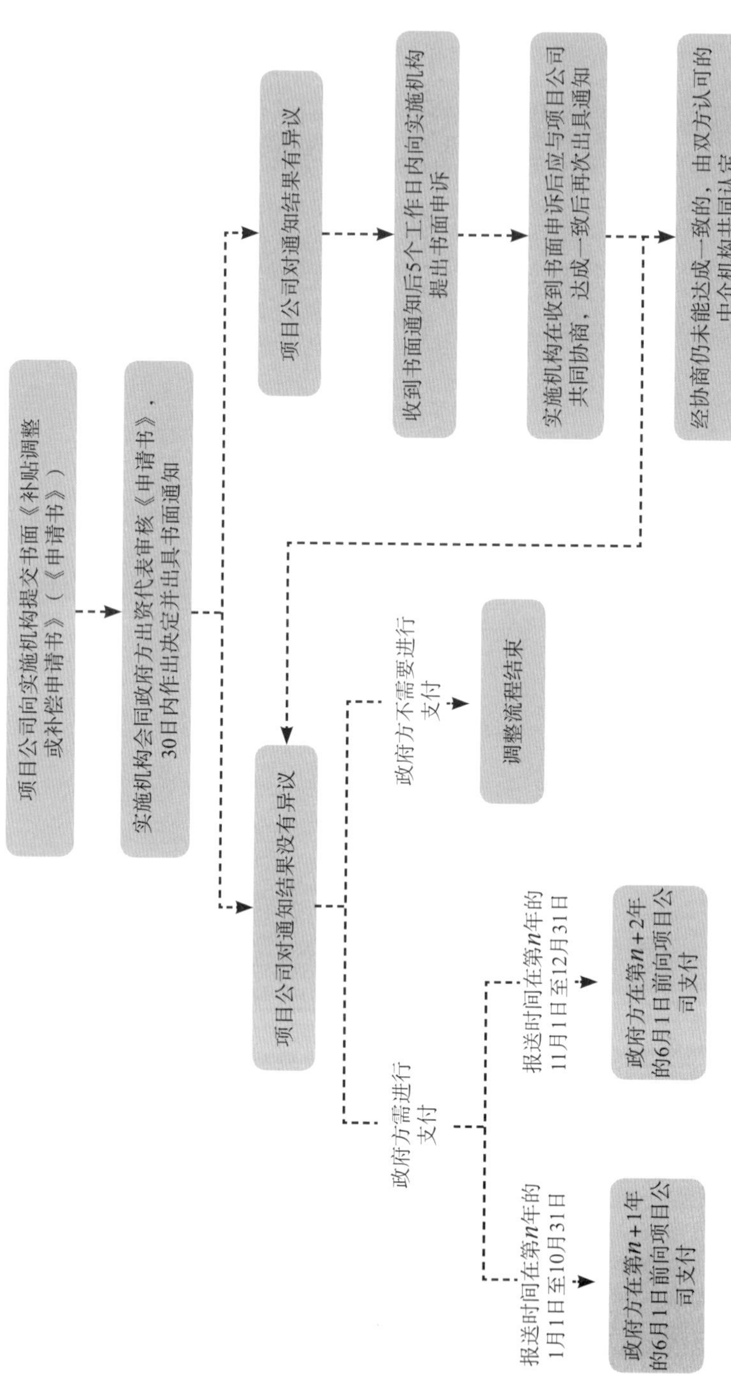

图31　政府方向项目公司支付补助调整与补偿流程图

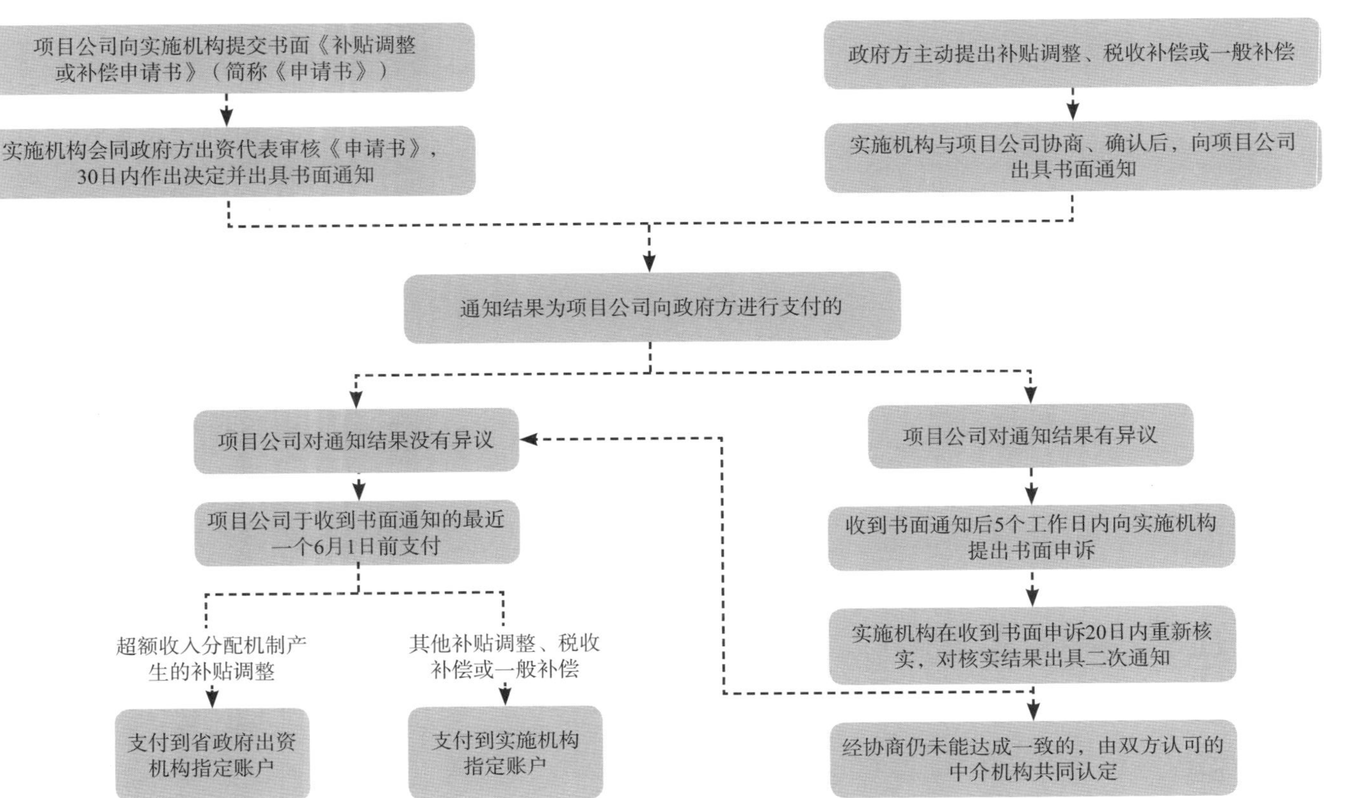

图32　项目公司向政府方支付补助调整与补偿流程图

第十五章
铁路 PPP 项目资产管理

PPP 项目涉及相关权益价值的评估、相关经济指标的估算及部分实物资产价值的评估，应当遵守《资产评估法》及资产评估准则。特定单项资产价值评估还需要根据相关法律法规和 PPP 项目实际情况遵守相关标准和准则。铁路 PPP 项目资产与一般铁路项目不同，也与一般 PPP 项目有差异。

第一节　铁路项目资产管理

一、铁路项目资产权属认定

涉及铁路项目资产权属的相关规定，主要有以下两个方面。

（一）产权认定管理

1995 年 11 月，原铁道部发布《铁路企业国有资产产权管理暂行规定》（以下简称《规定》），适用于占有、使用国有资产的铁路各类企业。根据《规定》，铁路企业国有资产是指国家以各种方式对铁路各类企业投资（包括企业运用国有资产再投资）和投资收益形成的财产，以及依据法律、行政法规认定属于国有的其他财产。《规定》定义了“铁路企业产权关系”，即铁路企业国有资产的所有权和与所有权有关的经营权、使用权等财产权利的相互关系，明确铁路各级产权主体之间行使权利的财产范围和管理责任。

对于原铁道部与地方政府、企业及境外法人合资组建的有限责任公司、股份有限公司及其他合资铁路公司，产权属于铁路的部分，一般情况下，由原铁道部授权部属企业行使股东权，同时调整该授权企业的国家资本金。

（二）固定资产管理

根据《中国铁路总公司固定资产管理办法》（铁总财〔2015〕45号）第十八条，固定资产应当按照成本进行初始计量。其中特别指出：投资者投入的固定资产，按投资合同或协议约定的价值加上应支付的相关税费作为入账价值。关于入账价值的确定，文件也有明确要求：所建造的固定资产已达到预定可使用状态，但在尚未办理竣工决算时，应当自达到预定可使用状态之日起，根据工程预算、造价或者工程实际成本等，暂估入账，待办理了竣工决算手续后再按实际成本调整原来的暂估价值。文件同时明确，固定资产的后续支出和减值，符合相关条件的，计入固定资产成本。

二、铁路合资公司资产确认

对于铁路合资公司的资产，原铁道部给出了明确规定。

根据《合资铁路公司国有铁路股权及财务管理的若干规定》（1998），明确指出：原铁道部对合资铁路的投资，是指对合资铁路建设以现金、实物资产和无形资产的资本性投入。合资公司内国家部分产权的资产确认依据是：原铁道部对合资铁路投资形成的国有铁路股权，由原铁道部授权的铁路单位作为产权代表（以下统称国铁持股单位），依照法定程序持有，对合资铁路公司行使股东权利，履行股东义务和承担相应的责任。对于会计入账的处理方法，该规定也分情况给出了指导：

第一，以现金对合资铁路建设投入的资本金，作为“拨付资本金”拨付国铁持股单位，由国铁持股单位计入“实收资本——国家资本金”，作为“长期投资”投入到合资铁路公司。

第二，以既有线、设备器材等实物资产及无形资产的投入，由国铁持股单位依照国家规定的程序进行资产评估，以确认后的评估值（或由投资各方签订的合同、协议所确定的价值）进行账务调整，并作为“长期投资”投入到合资铁路公司。

第三，合资铁路公司以国铁持股单位投入的资本额计入公司“实收资本——国法人资本”，并向国铁持股单位签发出资证明书，出资证明书由合资铁路公司盖章。

第四，国铁持股单位对合资铁路公司投资所形成的权益，应通过“长期投资”科目按照权益法进行核算。

第二节　PPP项目的资产确认

一、PPP 项目资产权属确认

PPP 项目资产权属确认，就是要明确政府方向项目公司移交的存量公共资产所有权或项目公司新建的公共资产所有权，应归属于政府方还是归属于项目公司。PPP 项目资产权属界定的一般原则是：谁投资、谁建设、谁享有，资产权属界定要有利于项目公司融资。一般而言，在符合法律规定并能满足金融机构担保要求的情况下，PPP 项目资产权属确认给项目公司，将大大增加项目公司的资产体量，对于公司融资是巨大利好。[1]

目前，涉及 PPP 项目资产权属确认的相关政策依据主要有早期政策和现行政策两类。

（一）早期政策

早在 2008 年，财政部就印发《企业会计准则解释第 2 号》（财会〔2008〕11 号），规定了 BOT 业务中基础设施的资产管理要求，即 BOT 业务中所建造的基础设施不应作为项目公司的自有固定资产管理。但从目前实务情况来看，还没有国家层面的规范，指导授予方（政府方）对 PPP 业务形成的政府控制的资产登记入账。

2014 年财政部《政府和社会资本合作模式操作指南（试行）》（财金〔2014〕113 号）规定了 PPP 项目的几类典型模式，对资产的权属问题也做了较为明确的界定，可归纳为四种情形。具体如表 43 所示。

表43　PPP项目资产权属情形表

政府方资产所有权	特征	项目运作	适用情况
始终保留	公共资产在运营期始终不涉及资产权属变更问题	政府将存量公共资产交由项目公司管理或运营，同时向项目公司支付管理费	O&M、MC、LOT

[1] 杨帆．不同资产权属下的 PPP 项目会计核算与涉税处理 [J]. 财会通讯，2020(19):105-108.

续 表

政府方资产所有权	特征	项目运作	适用情况
分阶段保留	在项目运营期间政府暂无资产所有权，合同期满后资产及其所有权等移交给政府所有	政府方转让存量资产或项目公司在存量资产上新增投资增加资产，由项目公司运营维护并获取收益	TOT、ROT
不保留	政府方自始不享有项目资产所有权，亦不涉及资产产权后续变更	项目公司承担新建项目的设计融资、建造运营维护及用户服务职责，保证项目公益性，项目公司长期拥有资产所有权	BOO
约定保留	可约定变更	项目公司承担从新建项目设计、融资到建设、运营、维护的任务，合同期满再将项目资产移交给政府	BOT

（二）现行政策

2019 年，我国 PPP 模式推进经历了高速发展期和阵痛整理过程，进入规范发展通道。财政部 PPP 中心统计显示，2019 年初，全国入库项目投资总额已超过 20.7 万亿元，是全球规模最大、最具影响力的 PPP 市场。因此，财政部研究出台了《政府会计准则第 10 号——政府和社会资本合作项目合同》，对 PPP 项目资产的确认和计量做出明确规定。

1. 明确 PPP 项目资产确认的会计主体

按《政府会计准则第 10 号》第二条和第五条，会计主体一般为政府有关职能部门或者事业单位，即政府授权或指定的 PPP 项目的实施机构。

2. 明确 PPP 项目资产确认的时点

按《政府会计准则第 10 号》，根据 PPP 项目资产形成的方式，明确不同的资产确认时点。[1]具体如表 44 所示。

[1] 侯静.《政府会计准则第 10 号——政府和社会资本合作项目合同》应用探析 [J]. 当代会计，2020(11A):34-35.

表44　PPP项目资产确认情形表

资产形成方式	确认时点	确认依据
社会资本投资建造形成	PPP 项目资产验收合格交付使用时	资产竣工验收及交付使用文件、PPP 项目合同约定的投资额确认文件（如竣工财务决算或审计部门审计报告）等
从第三方购买形成	PPP 项目资产验收合格交付使用时	项目公司提供的资产转让合同、发票、产权变更时税费缴纳的凭证、资产验收交付使用文件等，可用项目公司盖章的复印件作为凭证附件
使用社会资本现有资产	使用社会资本现有资产形成的 PPP 项目资产开始运营之日	按 PPP 项目合同中约定的资产转让条款确认转让价格；PPP 项目设立项目公司的，资产从社会资本转让给项目公司的资产转让合同、发票、产权变更时税费缴纳的凭证、资产验收交使用文件等（可用项目公司盖章复印件作为记账凭证附件），资产评估报估，使用社会资本现有资产形成的 PPP 项目资产运营日的确认文件
政府方使用其现有资产形成	PPP 项目资产开始运营之日	政府方与项目公司签署的资产委托使用合同或转让合同
社会资本方对政府方现有资产进行改建、扩建形成	PPP 项目资产验收合格交付使用时确认 PPP 项目资产，同时终止确认现有资产	资产竣工验收及交付使用文件、PPP 项目合同约定的投资确认文件（如竣工财务决算或审计部门审计报告）等

3. 明确 PPP 项目资产确认的金额

按《政府会计准则第 10 号》，根据 PPP 项目资产形成的方式不同，资产确认金额也不同：

①社会资本投资建造形成 PPP 资产的确认金额：按照 PPP 项目合同条款确定的项目总投资，包括该项资产至竣工合格交付使用前所发生的全部必要支出，尚未办理竣工财务决算手续的 PPP 项目资产，可参照可研报告上投资明细，结合项目变更情况暂估入账，以实际财务决算金额为基础，进行原本估价金额的调整。

②从第三方购买形成的 PPP 资产的确认金额：资产购买涉及的各种费用，如税费、运输费、服务费、装卸费等。

③使用社会资本现有资产形成的PPP项目资产的确认金额：政府方和社会资本方确认该项资产的转让价格的，按确认的转让价格；未确认转让价格的，按资产转让合同约定价格或评估价格[1]。

④政府方使用其现有资产形成的PPP项目资产的确认金额：PPP项目开始前涉及的相关评估价值的确定，包括资产、收入及费用，按资产评估价值及资产账面价值确定。

⑤社会资本方对政府方现有资产进行改建、扩建形成的PPP项目资产的确认金额：按资产扩建、改建前后的账面价值及支出为基础，扣除应该替换价值后的金额确定。

二、实施机构的相关工作要求

2016年9月，财政部出台《政府和社会资本合作项目财政管理暂行办法》（财金〔2016〕92号），要求各级财政部门会同相关部门加强PPP项目涉及的国有资产管理，并对实施机构的工作职责提出要求：

（1）**受财政部门督促做好资产管理台账。**根据财金〔2016〕92号第二十九条，各级财政部门应会同相关部门按照规定，督促项目实施机构建立PPP项目资产管理台账。政府在PPP项目中通过存量国有资产或股权作价入股、现金出资入股或直接投资等方式形成的资产，作为国有资产在政府综合财务报告中进行反映和管理。

（2）**按照合同确认项目公司资产权属。**根据财金〔2016〕92号第三十二条，项目实施机构与项目应当根据法律法规和PPP项目合同约定确定项目公司资产权属。对于归属项目公司的资产及权益的所有权和收益权，经行业主管部门和财政部门同意，可以依法设置抵押、质押等担保权益，或进行结构化融资，但应及时在财政部PPP综合信息平台上公示。项目建设完成进入稳定运营期后，社会资本方可以通过结构性融资实现部分或全部退出，但影响公共安全及公共服务持续稳定提供的除外。

[1] 邢海福.PPP项目会计核算模式存在的问题及对策[J].纳税,2019(36).

第三节 铁路PPP项目资产确认浅析

一、铁路 PPP 项目资产确认要素

根据《政府会计准则第 10 号》的规定，视 PPP 项目资产形成的方式，明确资产确认时点。结合铁路 PPP 项目的特点，可采用的时点为：PPP 项目资产验收合格交付使用时。

确认资产的参与方应为政府方主体，即省市政府方和实施机构，并做好固定资产管理台账。

确认资产的材料主要包括：PPP 项目资产竣工验收及交付使用文件、PPP 项目合同约定的投资额确认文件（如竣工财务决算或审计部门审计报告）等。

二、铁路 PPP 项目资产确认影响因素

铁路 PPP 项目的资产确认，需要充分考虑政府方资本金出资、项目投融资结构设计、项目土地使用权、铁路特许经营权、铁路设施所有权和收益权归属等多种因素。

（1）**考虑政府方投入资源。**铁路 PPP 项目中，政府方投入资源包括划拨土地使用权、征地拆迁费用投入、项目公司股东出资等。可以归为两类资产：土地使用权让渡和征地拆迁费用的投入资源应列为“无形资产”；政府方同级出资平台代表政府出资，向项目公司投入资本金，按照国有资本保值增值的要求，在项目公司存续期间，社会资本方负责项目公司的管理和运营，政府参股的国有资本在项目公司存续期间循环使用，项目合作期满清算时可以收回。政府方参股资金属于资本金性质，纳入国有资本预算支出。

（2）**考虑项目付费机制。**铁路 PPP 项目采用“使用者付费 + 可行性缺口补助”的付费机制。项目公司通过 PPP 项目合同，获取铁路项目的特许经营权，属于政府方“无形资产”。而可行性缺口补助需纳入政府中长期财政预

算，属于政府预算资金，纳入一般公共预算。

（3）**考虑项目固定资产权属。**铁路 PPP 项目属于大型线性工程，铁路用地采用划拨方式供给，铁路 PPP 项目模式选择上采用 BOOT 方式，要求项目公司拥有土地使用权、并拥有公共基础设施投资权。具体确认时，可在项目公司投资的基础设施建设完工通过验收后，政府方可在借方确认为“固定资产”，贷方确认为“递延收益”，作为尚待确认给予项目公司的未来收入[1]；项目运营期内政府方支付可行性缺口补助后，将相应 PPP 项目资产的价值计入净资产，借记“PPP 项目资产”科目，贷记“累计盈余”科目。[2]

[1] 崔志娟 . 政府会计的 PPP 项目资产确认问题探讨 [J]. 会计之友，2018(1):2-9.
[2] 俸芳，尚唯 .PPP 项目资产及其相关事项会计处理问题研究——以政府会计主体为视角 [J]. 会计之友，2020(6):24-28.

第十六章
铁路 PPP 项目资产证券化

第一节　PPP项目资产证券化背景

一、良好的政策环境支持

资产证券化是指以未来稳定现金流的财产或财产权作为基础资产，通过结构化金融技术，将其转化为可以在资本市场上流通和转让的证券。优质基础设施资产证券化的重要意义重大，主要表现为：盘活存量资产，降低宏观杠杆率，化解地方政府债务风险；可为社会资本提供多种可供选择的退出途径，能够引导、激发社会资本参与基础设施投资；为投资者增加一个具有稳健收益的投资渠道。2016 年 12 月，国家发展改革委、证监会联合发布《关于推进传统基础设施领域政府和社会资本合作（PPP）项目资产证券化相关工作的通知》（发改投资〔2016〕2698 号）。这是我国政府关于 PPP 项目资产证券化第一个比较全面而完善的文件，主要内容是肯定了 PPP 项目资产证券化是保障 PPP 项目持续健康发展的重要机制，对盘活 PPP 项目存量资产、加快社会投资者的资金回收、吸引更多社会资金具有重要意义。[1] 2017 年 6 月 7 日，财政部联合中国人民银行、中国证监会发布了《关于规范开展政府和社会资本合作项目资产证券化有关事宜的通知》（财金〔2017〕55 号），拉

---

［1］ 孙汉康．浅析政府与社会资本合作项目（PPP）资产证券化 [J]. 金融理论与实践，2019（2）：70-78.

开了财政部 PPP 项目资产证券化的序幕。这两个通知在 PPP 领域掀起了资产证券化的热潮，也对 PPP 模式的完善和推广产生深远影响。2020 年 4 月 30 日，国家发展改革委联合证监会发布《关于推进基础设施领域不动产投资信托基金（REITs）试点相关工作的通知》（证监发〔2020〕40 号），被称为公募 REITs 起始点。

2021 年，基础设施 REITs 写进了“十四五”规划，2021 年 5 月，首批公募 REITs（主要包含产业园区、高速公路、仓储物流、污水处理等基础资产）火爆发行，优质资产受到资本市场的追捧。2021 年 7 月 2 日，国家发展改革委发布《关于进一步做好基础设施领域不动产投资信托基金（REITs）试点工作的通知》（发改投资〔2021〕958 号），这些政策的出台标志着基础设施 REITs 已成为提升投资效率、促进投资合理增长的重要工具。近年来政策出台情况如表 45 所示。

表45　近年来基础设施REITs主要政策文件

时间	文件名	部门	内容概要
2016.12	《关于推进传统基础设施领域政府和社会资本合作（PPP）项目资产证券化相关工作的通知》（发改投资〔2016〕2698 号）	国家发展改革委、证监会	推动不动产投资信托基金（REITs）进一步支持传统基础设施项目建设
2017.2	《关于推进传统基础设施领域政府和社会资本合作（PPP）项目资产证券化业务的通知》	上交所、深交所	明确交易所成立 PPP 项目资产证券化工作小组，对于符合条件的优质 PPP 项目资产证券化产品建立绿色通道
2017.6	《关于规范开展政府和社会资本合作项目资产证券化有关事宜的通知》（财金〔2017〕55 号）	财政部、人民银行、证监会	营造良好发展环境，建立多元化、可持续的资金保障机制，推动不动产投资信托基金（REITs）发展
2019.6	《政府和社会资本合作（PPP）项目资产证券化业务尽职调查工作细则》（中基协字〔2019〕292 号）	证监会	规范了 ABS 的尽职调查工作的原则和标准，要求各参与方严格履行尽职调查过程中相应的义务

续　表

时间	文件名	部门	内容概要
2020.4	《关于推进基础设施领域不动产投资信托基金（REITs）试点相关工作的通知》（证监发〔2020〕40号）	国家发展改革委、证监会	正式启动基础设施领域的公募REITs试点工作。该通知明确了基础设施REITs试点的基本原则、试点项目要求和试点工作安排
2020.8	《关于做好基础设施领域不动产投资信托基金（REITs）试点项目申报工作的通知》（发改办投资〔2020〕586号）	国家发展改革委	对公募REITs项目试点的申报工作涉及的要点做出具体说明
2020.8	《公开募集基础设施证券投资基金指引（试行）》（证监发〔2020〕54号）	证监会	对公募基础设施证券投资基金的定义、结构和市场参与各方职责等做出详细规定
2021.7	《关于进一步做好基础设施领域不动产投资信托基金（REITs）试点工作的通知》及附件《基础设施领域不动产投资信托基金（REITs）试点项目申报要求》（发改投资〔2021〕958号）	国家发展改革委	《通知》从五个方面提出了具体工作要求：一是不断深化认识，加强支持引导；二是加强项目管理和协调服务；三是严把项目质量关；四是促进基础设施REITs长期健康发展；五是加强部门协作和政策落实。《申报要求》包括试点区域和行业范围、项目基本条件、申报材料要求、项目申报程序、项目审查内容、中介机构要求、其他工作要求等内容

二、庞大的PPP项目池资源

目前，我国已是全球最大的PPP市场。截至2021年6月底，全国PPP综合信息平台管理库项目达3 378个，总投资额3.9万亿元。[1]庞大的项目池资源中，不乏优质的PPP项目，具备条件采用资产证券化方式进行资本运作。从浙江省PPP项目来看，浙江省在库的512个PPP项目，分布前三位的地市是温州、杭州、台州，均为经济发展、资源活跃的经济强市。从行业类别来看，市政工程和交通运输项目占据全部项目的53%以上，投资额超过6 000亿元。

［1］财政部PPP中心全国PPP综合信息平台管理库项目2021年半年报。

三、丰富的行业实践基础

近几年来，随着政策的引导，以及市场环境的日趋成熟，资产证券化在在交通基础设施领域有了广泛应用。这里选择庆春路隧道、杭徽高速和广河高速三个交通领域项目加以说明。

（一）庆春路隧道 PPP 项目资产支持专项计划[1]

该计划以杭州市庆春路隧道专营权收费收益权作为基础资产，PPP 项目公司杭州市庆春路过江隧道有限公司为原始权益人，负责基础资产筛选以及资产池的组建和转移，同时也是项目的资产服务机构，负责基础资产的催收和交存。该计划以未来收益权为基础开展，杭州市政府授权钱江新城管委会支付项目专营补贴款（含运营维护），补贴资金在杭州市每年的城建维护计划中列支，具体由钱江新城管委会和萧山区政府按照各自承担的比例承担。交易结构如图 33 所示。

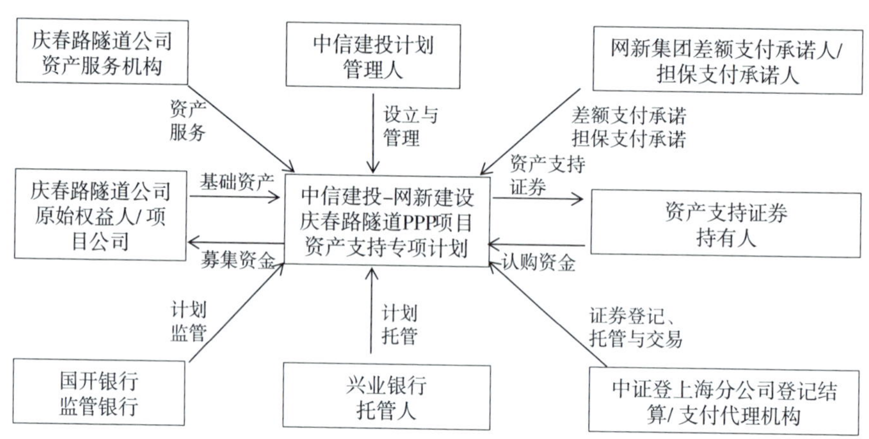

图33　庆春路隧道PPP资产支持专项计划交易结构图

（二）杭徽高速资产支持专项计划[2]

该专项计划底层资产是杭徽高速公路浙江段的收费公路权益。项目公

---

［1］王楚珺 .PPP 资产证券化实践研究——以庆春路隧道项目为例 [D]. 杭州：浙江大学，2018.

［2］沪杭甬高速封闭式基础设施证券投资基金招募说明书。

司浙江杭徽高速公路有限公司股东包括浙江沪杭甬高速公路股份有限公司（以下简称沪杭甬公司）、杭州市交通投资集团有限公司、杭州市临安区交通投资有限公司和杭州余杭交通集团有限公司，持股比例分别为 88.6737%、5.4838%、4.0145% 和 1.8279%。所有持股股东均为基础设施项目原始权益人，其中沪杭甬公司为主要原始权益人。项目公司主要业务收入来源为高速公路收费，其他业务收入包括服务区房屋及经营权租赁收入、通信管道租赁收入等。2018 年、2019 年和 2020 年高速公路通行费分别为 52 910.10 万元、58 165.05 万元和 45 187.74 万元，占当期营业收入的比重分别为 98.70%、99.19% 和 98.94%。

沪杭甬公司将持有的项目公司股权转让给基于基础设施 REITs 需要设立的特殊目的载体后，承诺将在基础设施 REITs 发行时认购本次基金发售比例的 51.00%，以确保杭徽高速公路（浙江段）收费权的控股股东地位不发生变化，并将对项目公司进行并表管理；沪杭甬公司承诺项目公司的股权转让不会导致杭徽高速公路（浙江段）收费权的控股股东地位发生变化，该股权转让不需要报省人民政府批准。交易结构如图 34 所示。

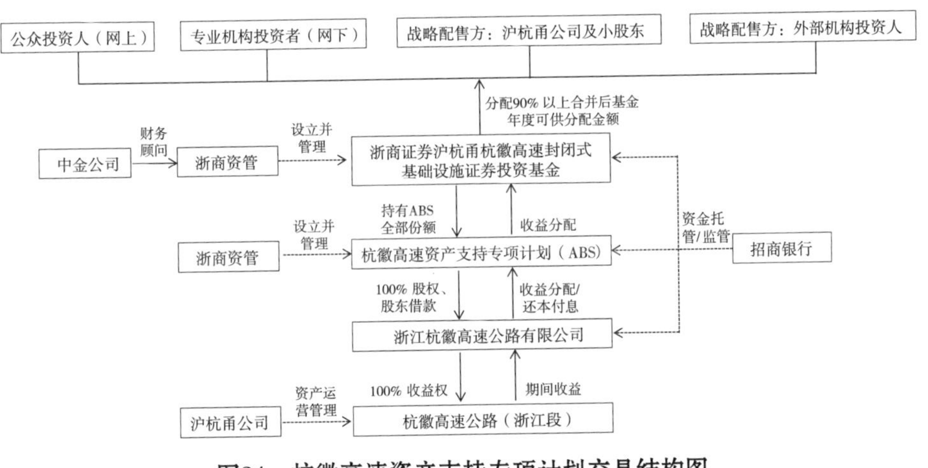

图34　杭徽高速资产支持专项计划交易结构图

（三）平安广州交投广河高速公路基础设施资产支持专项计划[1]

该专项计划底层资产是广河高速公路广州段的收费公路权益，广州交投

[1] 资料来源：平安广州交投广河高速公路封闭式基础设施证券投资基金招募说明书。

是原始权益人。广河高速（广州段）项目收入来源为广河高速按照监管部门制定的收费标准对过往车辆收取的通行费收入，收入来源分散，不依赖第三方补贴等非经常性收入。从历史运营情况看，通行费收入占比达到99%以上，收入持续、稳定，2020年受到新冠肺炎疫情免通行费政策的影响，收入有一定下滑，但整体未出现异常波动。

作为广州市交通运输管理部门及《初始特许经营协议》《初始特许经营协议之补充协议》签署方的广州市交通运输局于2020年11月17日作出了《广州市交通运输局关于以广河高速（广州段）发行公募REITs的复函》（2020—690号），同意广河高速项目股权转让。广州交投合法持有广河项目公司全部股权。交易结构如图35所示。

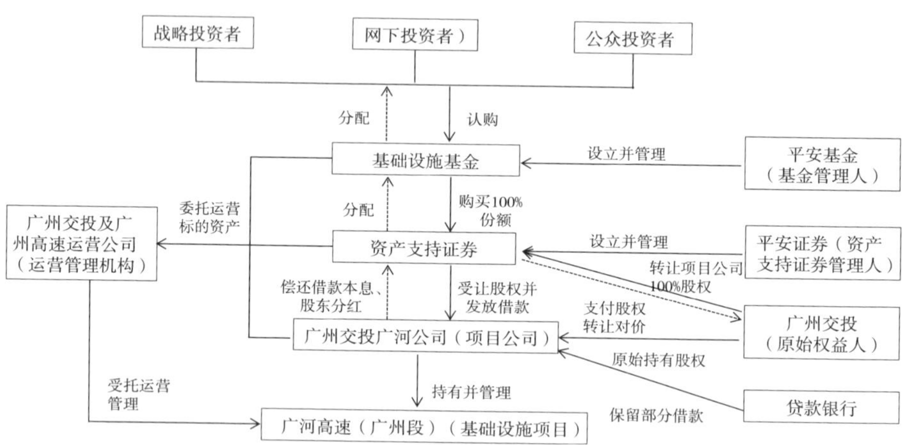

图35 广州交投广河高速资产支持专项计划交易结构图

第二节　PPP项目资产证券化模式

一、项目基础资产分析

（一）基础资产类别

PPP 项目资产证券化的基础资产主要有收益权资产、股权资产、债权资产三种类型。其中，收益权资产最为常见，包括使用者付费、政府付费、可行性缺口补助等几种模式。具体如表 46 所示。

表46　PPP项目资产证券化资产类型

类型		适用项目	基础资产内容
收益权资产	使用者付费模式	市场化程度高、财务效益良好的经营性项目或准经营性项目，如收费高速公路（桥梁、隧道）、市政供水、燃气、地铁、铁路、港口、机场等	基于特定时期内特许经营提供商品或服务而享有的收费权
	政府付费模式	不直接向最终用户提供服务的基础设施项目，如市政污水处理、垃圾焚烧发电等	基于特定时期内提供商品或服务而享有的政府补贴
	可行性缺口补助模式	财务效益欠佳，PPP 项目公司直接向最终用户提供服务但收费无法完全覆盖投资和运营回报的基础设施项目，如学校、医院、文化体育场馆等	基于特定时期内提供商品或服务而享有的收费收益权和政府补贴
股权资产		通用项目	PPP 项目公司股权或股权收益权或基金份额所有权
债权资产		通用项目	PPP 项目银行贷款或金融租赁债权或企业应收账款 / 委托贷款

（二）铁路 PPP 项目资产分析

铁路 PPP 项目现金流主要包括运营收入，以及政府可行性缺口补助等，铁路项目经过一定的培育期、运营期后（一般为 2~3 年），客流逐步稳定，从而产生稳定、可持续的现金流。因此，可以铁路 PPP 项目未来产生的收费收益权与财政补助作为基础资产开展证券化，具有现实可操作性。

二、资产证券化运作模式

（一）资产证券化投资逻辑

2004年10月，证监会发布《关于证券公司开展资产证券化业务试点有关问题的通知》，对ABS给出了明确定义：即证券公司面向境内机构投资者推广资产支持受益凭证，发起设立专项资产管理计划，用所募集的资金按照约定购买原始权益人能够产生可预期稳定现金流的特定资产（即基础资产），并将该资产的收益分配给受益凭证持有人的专项资产管理业务活动。

因此，ABS的投资逻辑主要由三个基础理论构成，分别对应ABS开展过程的三个步骤，一是构建资产池的资产组合理论，即发起人通过将缺乏流动性但在未来能够产生可预见稳定现金流的资产进行组合并出售给特殊目的载体（SPV）；二是实现基础资产风险分割的破产隔离理论，即原始权益人与财产、财产权利或组合实现破产隔离；三是设计基础资产信用资质的信用增级理论，即通过内、外部增信，进一步降低项目风险。

（二）资产支持证券的主要模式

主要有三种模式：资产支持专项计划、资产支持票据和资产支持计划。[1]

（1）**资产支持专项计划**。是指将特定的基础资产或资产组合通过结构化方式进行信用增级，以资产基础所产生的现金流为支持，发行资产证券化产品的业务活动。

（2）**资产支持票据**。是指非金融企业在银行间债券市场发行的，由基础资产所产生的现金流提供支持的，约定在一定时间内还本付息的债务融资工具。

（3）**资产支持计划**。是指将基础资产托付给保险资管公司等专业管理机构，以基础资产所产生的现金流为支持，由受托机构作为发行人设立支持计

[1] 郭上，孟超，孙玮，张茂轩，聂登俊．关于PPP项目资产证券化的探讨[J]. 经济研究参考，2017（8）：20-30。

划，合格投资者购买产品而获得再融资资金的业务活动。

三、铁路 PPP 项目资产证券化路径

根据财金〔2017〕55 号文件，铁路 PPP 项目资产证券化，是落实中央关于金融供给侧改革指引，从金融工具运用和现有金融政策角度出发，谋划推进的重要举措，可尝试从以下路径渐次推进：

一是通过资产证券化实现资金“腾笼换鸟”。响应中央对于提高直接融资比例的号召，利用盈利性铁路资产现金流，发行 ABS（资产担保证券），拓宽铁路融资渠道，降低融资成本。铁路 PPP 项目投入运营后产生的客运收入、车站相关商业物业租赁收入等，都符合资产证券化条件的稳定现金流。相对于目前铁道部门发行的标准化企业债、中票、短融等传统债券，ABS 更能体现市场化融资机制，更能激发铁路经营者挖掘资产盈利潜力，最终降低铁路运营的潜在负债。

二是通过资产重组上市完成管理模式现代化。铁路 PPP 项目建成运行后，可以通过混合所有制构建新的铁路运营公司，把线上部分资产通过 PPP 概念，优化增量资源配置，让高铁概念资产在 A 股上市融资，形成新的民营铁路板块，全面促进中国铁路的投融资创新，并引领世界铁路资产证券化创新发展。

第三节 铁路PPP项目REITs探索

一、PPP 项目发行 REITs 的优势和不足

（一）主要优势

PPP 项目因其制度设计方面的条件，使项目本身更加规范、更加市场化，并与金融市场连接紧密。其中，更加规范，是指 PPP 项目的主要内容是运营收费权、特许经营权，较少涉及土地等问题，合规性问题相对较少。与传统项目相比，PPP 项目的合同相对规范，有关各方的权责利更加明确，约束和边界条件更为清晰。更加市场化，是指相对于传统方式建设的项目，PPP 项目引入社会资本方后，项目主体的市场化意识更强，发行 REITs 的意愿也更高。与金融市场紧密，是指 PPP 项目的社会资本方、财务投资人更贴近金融市场，金融知识更丰富，金融理念更先进，与金融机构沟通更密切，更愿意、更容易发行 REITs。

（二）主要的不足

PPP 项目发行 REITs 产品，目前还有一些政策层面难以契合的点，主要包括：

1. PPP 项目 100% 转让股权存在诸多限制

《公开募集基础设施证券投资基金指引（试行）》要求，基础设施 REITs 应通过资产支持证券和项目公司等载体取得基础设施项目完全所有权或经营权利。有关政策文件中，对 PPP 项目转让股权上限有要求。签署 PPP 项目合同或特许经营协议时，要求股权转让需经政府同意。很多 PPP 项目中，地方政府保留了少量股权，这部分股权转让难度大。针对这一问题，需要项目方加强与地方政府沟通，同时在项目运营期，加强科学管理，切实保障公共利益。

2. 政府付费或政府补助占比较高的项目过多

稳定的现金流和良好的投资回报是基础设施 REITs 的基础。政府补助存

在较大的不确定性。政府付费或补助受政策调整、监管要求的影响较大。绩效考核具有一定主观因素，不确定性较大。政府付费或补助受地方财力影响较大。针对这一问题，需要创新政府付费 PPP 项目的发行产品思路：要做好项目区分，选取运营属性强的项目发行 REITs；要做好资产重组工作，剥离有运营、有收益的资产进行重点工作；要创新政府付费或补助方式，探索从补企业向补使用者转变，将政府付费变成使用者付费，将外部效应显性化、外部效应内部化。

3. PPP 项目收益难以满足 REITs 投资人要求

PPP 项目要保障社会资本收益、投资人收益，同时不少 PPP 项目还要保障建设期施工利润和运营期运营利润等，项目实际收益难以满足投资人要求。针对这一问题，需要全面认识提升收益水平的意义，多渠道提高项目收益，主要渠道包括：挖掘项目商业价值、提高运营效率、加快技术创新和进步、通过管理挖潜降低运营成本等。

二、铁路 PPP 项目发行 REITs 的机会分析

（一）有利条件

铁路 PPP 项目发行 REITs 具有政策支持、基础资产优质、项目属性契合以及资产估值高等四方面的有利条件。

（1）**良好的政策支持环境。**财政部、国家发展改革委、证监会等部门密集发布推动 PPP 项目资产证券化的相关政策，特别是铁路领域的投融资改革，鼓励铁路资产证券化，以盘活存量资产，形成存量资产和新增投资的良性循环。

（2）**营业现金流稳定。**铁路项目经过一定的培育期、运营期后（一般为 2～3 年），能形成较为稳定的客流，从而产生比较持续、稳定、可预测的现金流，这与 REITs 对基础资产现金流的要求完全一致。

（3）**铁路 PPP 项目与 REITs 特征相契合。**铁路 PPP 项目投融资链条前端通过 PPP 模式分散了政府方出资压力，后端通过发行 REITs 产品提高流动

性的方式促使铁路重资产向轻量化运营转变。

（4）**铁路 PPP 项目资产估值较高。**相比于一般交通基础设施项目，铁路项目投资规模庞大，资产估值起点较高。公募 REITs 产品一般按未来可分配现金流折现估值，即在净利润基础上将折旧摊销、财务费用及所得税加回，相较 IPO 按未来归属母公司净利润折现估值，相同的铁路资产发行公募 REITs 产品募集的资金规模将更大。

（二）不利因素

铁路 PPP 项目发行 REITs 的不利因素主要是与当前监管政策部分细节的冲突。

（1）**产品期限错配问题。**铁路 PPP 项目一般合作期长达 30 年，而 REITs 产品生命周期在 10 年左右，设计产品时应充分考虑期限匹配问题。

（2）**股权转让问题。**铁路 PPP 项目实施机构出于防范风险和运营稳定因素考虑，设置了较长的股权锁定期，PPP 项目不能及时通过发行 REITs 产品进行融资。同时，由于基础设施 REITs 通过资产支持证券持有项目公司的全部股权，PPP 项目公司原股东向 SPV 公司转让其股权是必不可少的交易环节。若社会资本方股东为中央或国有企业，则其持有的项目公司股权必然属于国有产权，该部分股权的交易转让须严格依照国有产权交易的相关规定执行。[1]根据财金〔2017〕55 号文件要求，发起人（原始权益人）要配合中介机构履行基础资产移交、现金流归集、信息披露、提供增信措施等相关义务，不得通过资产证券化改变控股股东对 PPP 项目公司的实际控制权和项目运营责任，实现变相“退出”，影响公共服务供给的持续性和稳定性。该要求同公募 REITs 真实出售这一特点相矛盾，即使可以通过结构设计实现项目不出表，但运营责任及实际控制权的“完全保存”依然存疑，因此目前试点的项目中尚无 PPP 项目参与。

（3）**内部收益率要求。**试点政策要求，公募 REITs 项目现金流持续稳定且来源合理分散，投资回报良好，近 3 年内总体保持盈利或经营性现金流为

［1］ 刘路然 . 铁路 PPP-REITs 投融资模式探究 [J]. 铁道经济研究，2021（5）5：31.

正，预计未来 3 年净现金流分派率原则上不低于 4%。一般来说，铁路 PPP 项目投资额巨大，项目估值较高，但净现金流满足 4% 分配率的要求难度较大。

(4) **杠杆率要求**。对于公募 REITs 项目，其直接或间接对外借入款项，应当遵循基金份额持有人利益优先原则，不得依赖外部增信，借款用途限于基础设施项目日常运营、维修改造、项目收购等，且基金总资产不得超过基金净资产的 140%。其中，用于基础设施项目收购的借款金额不得超过基金净资产的 20%，并符合证监会规定的其他条件。铁路 PPP 项目往往存在大额的银团贷款，因此也超过了上述政策对借款比例的要求，需要提前偿还大部分借款，实操难度很大。

三、铁路 PPP 项目 REITs 的路径探索

(一) 铁路 PPP 项目的 REITs

从初步可行性角度出，铁路 PPP 项目资产证券化是趋势所向，在铁路 PPP 项目稳定运营三年后，项目将具备稳定现金流保障，此时可由 PPP 项目公司或社会资本方股东发起，探索进行资产证券化运作。主要从以下方面入手开展：

(1) **分析基础资产**。探索将项目公司持有的社会资本方股权收益权带来的现金流作为基础资产发行资产证券化产品。在目前监管政策下，明确支持 PPP 项目股东以其所持有的股份所带来的现金流作为基础资产。

(2) **实现稳定现金流**。公募 REITs 要求项目现金流持续稳定且来源合理分散，投资回报良好，近 3 年内总体保持盈利或经营性现金流为正，预计未来 3 年净现金流分派率原则上不低于 4%。需要根据铁路 PPP 项目现场及经营预测数据，确定项目估值，力争满足净现金流 4% 分配率要求。

(二) REITs 参与铁路 PPP 项目融资

根据基础设施 REITs 在铁路 PPP 项目中扮演的角色不同，基础设施 REITs 在铁路 PPP 项目中应用可按如下两个方向进行探索。[1]

[1] 左大杰，唐莉，熊巧．铁路基础设施 REITs 融资研究 [J]. 综合运输，2020（7）: 40-41.

1. 基础设施 REITs 募集资金作为 PPP 模式中的社会资本

通过发行基础设施 REITs 募集公众资金作为社会资本，再与政府资本一起投资于铁路 PPP 模式项目。具体操作步骤可按如下进行：

①铁路企业以铁路 PPP 项目的收益权及附属权益作为基础资产，委托信托投资机构发行基础设施 REITs，汇集社会资本，交由专门的投资机构进行投资运营管理；

②政府出资代表再与社会资本方组建项目公司（SPV），获得特许经营权，负责铁路 PPP 项目的融资、建设和运营管理，并以特许经营期内产生的稳定运营收益及其他收入作为合理回报；

③在运营期满后，项目公司将全部项目资产无偿移交给政府或政府指定机构。

2. 基础设施 REITs 以再融资的方式参与铁路 PPP 项目

铁路 PPP 项目公司作为发起人，以项目公司股权或收益权作为基础资产在资本市场发行基础设施 REITs。具体操作步骤可按如下进行：

①政府与具备参与铁路 PPP 项目资格的中标企业签订 PPP 协议；

②政府与中标企业共同出资组建项目公司（SPV），由其负责铁路 PPP 项目的建设、运营等全生命周期管理；

③项目公司委托信托投资机构以其股权或资产收益权作为基础资产发行基础设施 REITs，向投资者募集资金；

④信托投资机构将募集到的资金用来支付向 SPV 购买铁路 PPP 项目股权或收益权所需的额度，SPV 由此获得融资，投资者获得相应收益回报；

⑤运营期满，政府通过 REITs 回购的方式收回项目资产，社会资本退出。

附录　杭绍台铁路大事记

★ 2015 年 ★

6 月 1 日，省发展改革委向国家发展改革委上报《关于要求将浙江省有关项目列入国家中长期铁路网规划的请示》，杭绍台铁路项目名列其中。

9 月 8—9 日，省发展改革委专题赴台州开展铁路建设专题调研。

10 月 10 日，省发展改革委在杭州主持召开加快推进杭绍台铁路项目前期工作座谈会。

10 月 12 日，原中国铁路总公司将杭绍台铁路项目作为《中长期铁路网规划（2016—2030 年）》建议稿中的项目报送给国家发展改革委。

11 月 24 日，杭绍台铁路项目被国家发展改革委、交通部列入《城镇化地区综合交通网规划》长三角城际轨道交通项目。

12 月 24 日，省发展改革委将杭绍台铁路项目作为浙江省两条“社会资本投资铁路示范项目”上报国家发展改革委。

12 月 28 日，国家发展改革委正式将杭绍台铁路项目列入全国“社会资本投资铁路示范项目”。

★ 2016 年 ★

1 月 14 日，上海铁路局、省发展改革委在宁波主持召开了杭绍台铁路接入杭州枢纽方案论证会。

2 月 18 日，省委主要领导赴台州调研铁路工作，指示“杭绍台铁路我支持上而且要快上”。

2月22日，台州市政府主要领导向省领导汇报杭绍台铁路前期工作，省领导指示要求“要加快推进项目前期工作，争取今年年内重要节点开工建设”。

3月24日，省发展改革委主持召开杭绍台铁路PPP示范项目投融资方案汇报会。

3月28—30日，中国铁路总公司鉴定中心在台州组织召开并通过了杭绍台铁路预可研报告专家评审。

4月14日，省政府与原中国铁路总公司就浙江省铁路建设发展进行专题对接，认为杭绍台铁路方案成熟，路网合理，线站位相对比较稳定，总公司将继续大力支持杭绍台社会资本投资铁路建设，积极支持技术方案审查，适当支持项目资本金出资。

6月1日，中国铁路经济规划研究院出具了杭绍台铁路预可研报告评审意见。

6月12日，省发展改革委主持召开杭绍台铁路PPP示范项目投融资方案汇报会。

7月11—14日，原中国铁路总公司鉴定中心在台州组织召开并通过了杭绍台铁路可研报告专家评审。

7月20日，杭绍台铁路项目正式列入国家发展改革委颁布的《中长期铁路网规划》。

8月2日，省领导在“浙江省加快推进铁路建设工作电视电话会议”上，指示“要大力推进杭绍台铁路国家PPP示范项目，争取今年年底先行段开工建设”。

8月11日，省政府领导主持召开专题会议，研究杭绍台铁路投融资方案。

8月18日，省发展改革委在杭州召开铁路项目前期工作第一次调度会。

8月29日，省发展改革委在绍兴召开铁路项目年内开工第二次调度会。

9 月 8 日，省发展改革委、省铁路办发文成立杭绍台铁路筹建协调小组及办公室。

9 月 21 日，省发展改革委在金华召开铁路项目年内开工第三次调度会。

9 月 21 日，项目先期开工段初步设计报告通过原中国铁路总公司鉴定中心审查。

9 月 28 日，原中国铁路总公司鉴定中心出具《新建杭州至绍兴至台州铁路可行性研究评审报告及审查意见》。

9 月 29 日，省发展改革委在杭州召开杭绍台铁路筹建办第一次会议，正式启动集中办公。

10 月 9 日，省政府领导在《省发展和改革委员会关于尽快组织确定杭绍台铁路 PPP 实施方案编制单位的请示》上批示，同意浙江省发展规划研究院作为杭绍台铁路项目实施机构，通过公开招投标方式确定第三方咨询机构作为 PPP 实施方案编制单位。

10 月 13 日，省国土厅在绍兴召开杭绍台铁路、金甬铁路用地报批推进会。

10 月 19 日，中国铁路经济规划研究院出具《关于发送新建杭州至绍兴至台州铁路九龙山隧道段站前工程初步设计咨询意见的函》（经规线函〔2016〕368 号）。

10 月 23 日，省政府向原中国铁路总公司上报《关于恳请明确杭绍台铁路项目路地（省部）资本金比例的函》。

10 月 25 日，省发展改革委向国家发展改革委上报《关于报请核准新建杭州至绍兴至台州铁路项目申请报告的请示》。

10 月 31 日，原中国铁路总公司工管中心在北京组织召开并通过了杭绍台铁路先期开工段——九龙山隧道站前工程施工图审查。

11 月 1 日，省发展改革委向国家铁路局上报《关于请求组织开展杭绍台铁路行业评审的函》。

11 月 4 日，省发展改革委印发《关于明确杭绍台铁路 PPP 实施机构的函》（浙发改交通函〔2016〕646号），授权浙江省发展规划研究院为杭绍台铁路PPP项目实施机构；

11月7日，省住建厅出具《关于新建杭州至绍兴至台州铁路建设项目选址意见书》（浙规选审字第〔2016〕096号）。

11月14日，省发展改革委召开年内开工铁路项目（杭绍台铁路、金甬铁路、金建铁路）推进会。

11月17日，国土部出具《关于新建杭州至绍兴至台州铁路项目建设用地预审意见的复函》（国土资预审字〔2016〕181号）。

11月16—18日，项目行业审查通过国家铁路局评审，可研报告第三方评估、PPP方案论证通过中国国际工程咨询公司评审（估）。

11月23日，中国国际工程咨询公司出具《关于新建杭州至绍兴至台州铁路（项目申请报告）的核准评估报告》（咨交通〔2016〕2247号）。

11月24日，国家铁路局出具《关于新建杭州至绍兴至台州铁路项目意见的函》（国铁综科法函〔2016〕693号）。

11月25日，省发展改革委向国家发展改革委上报《关于报送新建杭州至绍兴至台州铁路社会稳定风险评估报告的函》。

11月28日，省林业厅出具《关于同意新建杭州至绍兴至台州铁路项目先行使用林地的函》（浙林办便〔2016〕512号）。

11月29日，实施机构邀请相关专家和招标代理机构对PPP咨询机构采购事宜进行讨论，明确最高限价等相关内容。

12月1日，国家发展改革委以《关于新建杭州经绍兴至台州铁路核准的批复》（发改基础〔2016〕2516号）正式核准杭绍台铁路项目。

12月2日，省发展改革委以《关于新建杭州经绍兴至台州铁路九龙山隧道段站前工程初步设计的批复》（浙发改设计〔2016〕140号）批复项目先期开工段初步设计。

12月2日，原中国铁路总公司工管中心出具《关于新建杭州至绍兴至台州铁路九龙山隧道段站前工程施工图审核报告审查意见的函》（工管施审函〔2016〕242号）。

12月8日，实施机构委托招标代理机构浙江省工程咨询有限公司在“浙江政府采购网”上公开招标方式，采购PPP咨询机构，中标人为中国投资咨询有限公司。

12月9日，国土资源部办公厅出具《关于新建杭州至绍兴至台州铁路控制性工程先行用地的复函》（国土资厅函〔2016〕1999号）。

12月9日，省环保厅在绍兴召开杭绍台铁路环境影响报告书技术评审会。

12月12日，实施机构采购PPP咨询服务采购过程及结果，经省发展改革委2016年第28次主任办公会议审议通过。

12月23日，杭绍台铁路项目先期段九龙山隧道开工仪式成功举行。

★ 2017年 ★

1月16日，实施机构与PPP咨询服务中标单位中国投资咨询有限公司签订咨询服务合同。

2月15日，省政府领导专题听取了《杭绍台铁路项目PPP实施方案》研究成果汇报。

3月6日，省发展改革委带领课题组赴国家发展改革委和原中国铁路总公司进行汇报衔接。

3月11—17日，省发展改革委主要领导连续两次专题组织研究实施方案。

3月22日，省委领导听取《杭绍台铁路项目PPP实施方案》专题汇报。

3月28日，实施机构在中国政府采购网、《浙江日报》等媒体发布“杭绍台铁路PPP示范项目投资意向征集公告”。

4月5日，省发展改革委主任办公会议审议通过《杭绍台铁路项目PPP实施方案》。

4月6日，省政府主要领导听取省发展改革委关于《杭绍台铁路项目PPP实施方案》专题汇报并原则同意，要求加快与社会资本的磋商谈判，争取早日落地。

4月13日，省发展改革委向省政府上报《关于要求批准〈杭绍台铁路PPP项目实施方案〉的请示》（浙发展改革交通〔2017〕344号）。

4月19日，实施机构收到复星集团等12家社会资本提交的报名申请材料。

5月5日，省发展改革委向省领导汇报杭绍台铁路项目PPP实施情况，报告进展情况，并请示社会投资人采购方式。

5月7日，原中国铁路总公司鉴定中心在北京召开杭绍台铁路初步设计鉴修评审会。

5月8日，省政府领导批示同意启动竞争性磋商程序，遴选社会资本方。

5月17日，实施机构组织编制的《杭绍台铁路PPP项目实施方案》获省政府批复（浙政办函〔2017〕34号）。

6月1日，省发展改革委印发《杭绍台铁路PPP项目竞争性磋商邀请对象产生办法》《杭绍台铁路PPP项目竞争性磋商邀请小组产生办法与工作细则》（浙发展改革交通函〔2017〕346号）。

6月28日，杭绍台铁路PPP项目正式磋商会议召开，并遴选产生第一、第二候选人。

6月29日，原中国铁路总公司鉴定中心出具项目初步设计评审意见。

7月10日，实施机构组织开展杭绍台铁路第一阶段PPP项目合同确认磋商谈判。

8月4日，实施机构组织开展杭绍台铁路第二阶段PPP项目合同确认磋商谈判。

8月7—11日，杭绍台铁路项目施工图报告通过原中国铁路总公司工管中心审查。

8 月 20 日，实施机构组织完成杭绍台铁路 PPP 项目合同最后一轮谈判。

8 月 23 日，杭绍台铁路 PPP 项目合同草案获省政府同意。

8 月 24 日，杭绍台铁路 PPP 项目编入中央电视台《将改革进行到底》政论专题片。

9 月 8 日，省发展改革委批复杭绍台铁路项目初步设计。

9 月 11 日，省政府与中选民营联合体签署《杭绍台铁路 PPP 项目投资合同》。

9 月 22 日，省政府召开杭绍台高铁用地报批工作专题会议。

10 月 16 日，杭绍台铁路 PPP 项目载入《人民日报》头版“党的十八大以来大事记”。

10 月 17 日，杭绍台铁路项目林地使用报批手续上报国家林业局审批。

10 月 20 日，沿线各县（市、区）完成国有用地收回签约、安置用地确认及签约、主线征地签约等组件工作。

10 月 31 日，年底“一桥一隧”开工的政策处理工作启动。

11 月 7 日，省国土厅组织召开全线永久基本农田补划方案论证会。

11 月 15 日，绍兴北至东关段修改初步设计取得中国铁路总公司鉴定中心审查意见。

11 月 17 日，杭绍台铁路项目取得国家林业局林地使用许可批复。

11 月 20 日，省政府与中国铁路发展基金股份有限公司签署《杭绍台铁路 PPP 项目投资合同》。

11 月 30 日，省统征办组织召开部分铁路项目征地工作推进会。

12 月 15 日，杭绍台铁路有限公司获国家工商总局注册成立。

12 月 16 日，杭绍台铁路项目完成 EPC 总承包招投标。

12 月 21 日，杭绍台铁路有限公司创立大会及第一次股东会暨一届一次董事会、监事会召开。

12 月 22 日，杭绍台铁路项目取得省环保厅对环境影响评估的批复。

12 月 28 日，杭绍台铁路项目“一桥一隧”开工建设。

12 月 28 日，杭绍台铁路项目 EPC 总承包合同签约。

★ 2018 年 ★

1 月 19 日，项目防洪评价复审会召开。

3 月 2 日，省财政厅组织专家对《杭绍台铁路 PPP 项目财政承受能力论证报告（浙江省省本级部分）》和《杭绍台铁路 PPP 项目物有所值评价报告》进行评审，并完成省级财政承受能力论证。

4 月 2—3 日，杭绍台铁路项目通过台州市和绍兴市财政承受能力论证。

4 月 11 日，杭绍台铁路九龙山隧道工程完成掘进深度 300 米。

4 月 28 日，杭绍台铁路四标段百罗山隧道进口段正式破土开工。

4 月 28 日，杭绍台铁路七标段温岭段温岭跨甬台温铁路特大桥清表开工。

5 月 3 日，杭绍台铁路百罗山隧道开工。

5 月 25 日，杭绍台铁路椒江区段全面开工。

6 月 1 日，实施机构与杭绍台铁路公司正式签署《杭绍台铁路 PPP 项目合同》。

8 月 12 日，杭绍台铁路临海段改线征地协议全部签订。

★ 2019 年 ★

1 月 21—23 日，实施机构代表省政府组织对杭绍台铁路进行建设期第一次绩效考核，考核期为 2018 年 6 月至 12 月。

2 月 19 日，经省政府同意，平安信托和平安财富理财管理两家公司退出联合体，神州高铁技术股份有限公司成为杭绍台铁路民营联合体新成员。

4 月 12 日，国家发展改革委领导调研杭绍台铁路项目。

4 月 26 日，杭绍台铁路有限公司与 6 家项目银团成员共同签署杭绍台铁路项目《银团贷款合同》，贷款规模 281 亿元。

7 月 3—5 日，实施机构代表省政府组织对杭绍台铁路进行建设期第二次绩效考核，考核期为 2019 年 1 月至 6 月。

9 月 23 日，杭绍台铁路项目建设期投资控制与全过程跟踪审计服务单位开标，遴选出中标单位中国联合工程公司。

9 月 29 日，杭绍台铁路全线第一榀箱梁在台州临海琅坑特大桥开始架设，标志着全线架梁工程启动。

10 月 28 日，经省政府同意，浙江梅轮电梯股份有限公司成为杭绍台铁路项目民营联合体新成员。

11 月 8 日，省政府领导主持第十二次浙江省扩大有效投资重大项目协调例会，协调杭绍台铁路项目建设有关事宜。

12 月 17—19 日，实施机构代表省政府组织对杭绍台铁路进行建设期第三次绩效考核，考核期为 2019 年 7 月至 12 月。

★ 2020 年 ★

2 月 6 日，实施机构对杭绍台铁路有限公司《新型冠状病毒感染的肺炎疫情下杭绍台铁路建设面临情况的报告》复函。

2 月 18 日，杭绍台铁路“抓防控 促复工 保工期”劳动竞赛活动全线正式启动。

2 月 20 日，省委领导到杭绍台铁路东茗隧道调研指导。

3 月 16 日，杭绍台铁路站房及相关工程施工总价承包单位开标，标志着站后工程全面正式进入实施阶段。

4 月 20 日，杭绍台铁路站房施工单位进场动员大会召开，标志着全线站房建设工作全面启动。

5 月 12 日，杭绍台铁路首列长轨进场，标志着杭绍台铁路项目正式进入存轨施工阶段。

5月13日，省政府领导赴杭绍台铁路绍兴段施工现场调研，充分肯定杭绍台铁路工程进展以及项目建设重要意义。

5月15日，杭绍台铁路首座万米特长隧道白罗山隧道贯通。

5月21日，杭绍台铁路国内首条穿越硅藻岩（土）高铁隧道——飞凤山隧道实现贯通。

5月26日，省政府领导赴杭绍台铁路项目施工现场调研。

6月5日，杭绍台铁路全线首座成功转体的连续梁——胡呑跨甬台温铁路特大桥转体连续梁顺利完成转体。

7月21—23日，实施机构代表省政府组织对杭绍台铁路进行建设期第四次绩效考核，考核期为2020年1月至6月。

7月27日，杭绍台铁路全线控制性工程、华东地区最长的高铁隧道——东茗隧道正式贯通。

8月6日，省政府批复同意实施机构报送的《关于杭绍台高铁有限合伙企业有限合伙人要求转让出资份额的函》（浙规划院〔2020〕6号）。

8月12日，实施机构函复杭绍台铁路有限公司，同意公司与银团牵头行国家开发银行浙江分行签订《杭绍台铁路PPP项目银团贷款合同LPR利率转换变更协议》。

9月10日，杭绍台铁路全线主线用地报批获得省自然资源厅批复。

10月28日，杭绍台铁路全国首个单洞四线超大断面隧道下北山隧道贯通。

10月，杭绍台铁路首台重达70吨的变压器顺利完成安装，标志着项目“四电”工程设备进入安装阶段。

11月，杭绍台铁路全线首条承力索在首锚段望鹤楼村特大桥成功架设，标志着接触网挂线作业全面展开。

12月9日，杭绍台铁路笔架山隧道顺利贯通，标志着杭绍台铁路全线56座隧道全部安全贯通。

★ 2021 年 ★

1 月 19—21 日，实施机构代表省政府组织对杭绍台铁路进行建设期第五次绩效考核，考核期为 2020 年 7 月至 12 月。

2 月 1 日，杭绍台铁路开始全线铺轨，进入全面决战决胜阶段。

3 月 5 日，在省轨道交通建设与管理协会二届二次理事会暨二次常务理事会上，杭绍台铁路公司荣获“浙江省‘十三五’轨道交通建设管理先进单位”。

3 月 19 日，杭绍台铁路 2021 年度建设工作会议暨保开通动员大会在杭州召开。

4 月 2 日，中央组织部党刊《党建研究》2021 年第 4 期刊登杭绍台铁路公司党委撰写的《积极探索以党建引领项目建设新路径》。

4 月 13 日，国家铁路局领导到杭绍台铁路调研指导。

4 月 17 日，杭绍台铁路全线重点控制性工程、国内最大跨度的四线高铁双主桁钢桁梁斜拉桥——椒江特大桥合龙。

4 月 18 日，全线第一条接触网导线开始架设，标志着杭绍台铁路电气化工程进入核心技术施工阶段。

4 月 21 日，国铁集团批复杭绍台铁路与杭深铁路接轨方案。

4 月 27 日，杭绍台铁路公司党委书记、总经理吴培荣荣获“全国五一劳动奖章”，并被授予“浙江省劳动模范”称号。

5 月 5 日，国铁集团鉴定中心领导到杭绍台铁路检查调研。

5 月 18 日，省政府领导到杭绍台铁路调研指导。

5 月 19 日，杭绍台铁路接触网首件工程通过验收。

6 月 22 日，杭绍台铁路全线铺轨贯通，为 2021 年底开通运营奠定了坚实基础。

6 月 24 日，杭绍台铁路庆祝中国共产党成立 100 周年暨全线党建“联建共创”表彰大会隆重举行。

7月6—9日，实施机构代表省政府组织对杭绍台铁路进行建设期第六次绩效考核，考核期为2021年1月至6月。

7月9日，省发展改革委组织召开杭绍台铁路保开通动员会。

8月4日，铁路上海局集团公司主要领导带队添乘轨道车检查了杭绍台铁路，肯定了参建各方积极努力取得的成绩。

8月2—4日，铁路上海局集团公司领导带队对杭绍台铁路全线生产生活用房建设进行检查调研。

8月15日，杭绍台铁路开始静态验收，标志着项目正式进入竣工验收阶段，向着年底建成通车目标又迈出重要一步。

8月25—26日，国铁集团工管中心、省发展改革委、省发展规划研究院组织召开保杭绍台铁路开通推进协调会。

8月26日，省政协领导作为杭绍台铁路项目省级领导联系人，带队到杭绍台铁路调研。

9月3—8日，杭绍台铁路全线五座（上虞南、嵊州、天台、临海、温岭）220千伏牵引变电所分别一次送电成功。

9月23日，杭绍台铁路接触网正式送电。

9月27日，杭绍台铁路开始联调联试，标志着工程建设取得重要进展，全线开通运营进入倒计时。

10月1—2日，国铁集团领导带领国铁集团有关部门人员组成集中检查组，对杭绍台铁路进行开通前部门集中检查。

10月12日，一列CRH380AJ-0203高速综合检测列车从绍兴北站出发，对杭绍台铁路进行逐级提速综合测试，标志着该条高铁经过前期相关测试达标后进入联调联试新阶段。

10月20日，中国政企合作投资基金股份有限公司主要领导到杭绍台铁路调研。

10月21日，国家发展改革委召开专题发布会，介绍两年来我国在支持民营企业改革发展当中取得的重要成效，杭绍台铁路成为铁路投资建设领域实现“零”的突破的示范。

10 月 26 日，铁路上海局集团公司主要领导带队添乘检查杭绍台铁路，并召开了专题会议，重点对下阶段工作进行了部署并提出了要求。

11 月 26 日，G5501 次首趟运行试验列车从绍兴北站出发驶向台州方向，标志着杭绍台铁路进入试运行阶段。

12 月 9 日，杭绍台铁路顺利通过初步验收。

12 月 15 日，杭绍台铁路顺利通过安全评估，具备开通运营条件。

★ 2022 年 ★

1 月 8 日，全国首条民营控股高铁正式开通运营。

后 记

本书由浙江省发展规划研究院组织编写，周华富院长亲自统筹部署，对本书的框架结构、主要内容进行总体把关，浙江省发展改革委吴红梅副主任（原副院长）、周世锋副院长对本书给予具体指导，柴贤龙、吴洁珍、王永龙、陆军对本书提出了诸多建设性意见建议。杭绍台铁路有限公司、中国投资咨询有限责任公司、北京大成（杭州）律师事务所、浙江省工程咨询有限公司参与撰写。

本书由浙江省发展规划研究院铁路 PPP 项目研究所主持编写，得到了院基础设施研究所的大力支持。汪东为研究主持和总执笔人，靳丽芳为执行总执笔和统稿人。具体执笔分工：汪东、靳丽芳、王畅、徐斌、范高龄负责全书所有篇章的统筹；吴培荣、蒋理标、肖文华、熊玮参与第九章、第十章、第十一章、第十三章的撰写；周伟、杨蕾参与第一章、第五章、第六章、第十四章的撰写；陈松、汪小莉参与第八章的撰写，陆文俊、卢璐参与第十二章的撰写。

在实施机构工作和本书编写过程中，得到了国家发展改革委、国家铁路局、国铁集团，浙江省发展改革委、省财政厅、省交通投资集团等省级有关部门单位，杭绍台铁路沿线地方政府，杭绍台铁路有限公司、参建单位，以及中国市场出版社的大力支持，在此一并表示衷心感谢！